国际物流

（第2版）

主　编◎刘丽艳　关国哲　徐　刚
副主编◎唐玉珍　张　荣

清華大学出版社
北京

内 容 简 介

经济全球化为国际物流发展带来前所未有的机遇,保障我国全球经济活动的顺利运行,需要专业化的国际物流管理人才。本书以物流管理理论及国际物流管理实务为主要内容,注重课堂教学与业务实践相结合,力求在系统阐述基础知识的同时,增加大量具有实践性和可操作性的实习训练,通过相关案例实训达到学以致用、强化技能培养的目的。

本书内容具体,阐述简练,案例丰富,版式活泼,不仅可作为本科物流管理专业学生的学习用书,也可作为第三方物流企业及工商企业物流管理人员的参考书籍。

本书封面贴有清华大学出版社防伪标签,无标签者不得销售。
版权所有,侵权必究。举报:010-62782989,beiqinquan@tup.tsinghua.edu.cn。

图书在版编目(CIP)数据

国际物流 / 刘丽艳,关国哲,徐刚主编. —2版. —北京:清华大学出版社,2023.10(2025.2重印)
ISBN 978-7-302-64847-5

Ⅰ.①国… Ⅱ.①刘… ②关… ③徐… Ⅲ.①国际物流—高等学校—教材 Ⅳ.①F259.1

中国国家版本馆 CIP 数据核字(2023)第 206025 号

责任编辑:杜春杰
封面设计:刘 超
版式设计:文森时代
责任校对:马军令
责任印制:宋 林

出版发行:清华大学出版社
    网　　址:https://www.tup.com.cn,https://www.wqxuetang.com
    地　　址:北京清华大学学研大厦A座　　　　邮　　编:100084
    社 总 机:010-83470000　　　　　　　　　　邮　　购:010-62786544
    投稿与读者服务:010-62776969,c-service@tup.tsinghua.edu.cn
    质量反馈:010-62772015,zhiliang@tup.tsinghua.edu.cn
印 装 者:涿州市般润文化传播有限公司
经　　销:全国新华书店
开　　本:185mm×260mm　　　印　张:15.75　　　字　数:373千字
版　　次:2017年7月第1版　2023年11月第2版　　印　次:2025年2月第2次印刷
定　　价:59.80元

产品编号:095603-01

第2版前言

《国际物流（第2版）》的修订工作综合考虑并吸收了读者对第1版的意见和建议，沿袭第1版突出操作性、实用性的原则，在保持第1版教材的基本结构框架及主要内容不变的基础上，全面更新了每章开篇的引导案例及部分章节的案例分析，力图使新选案例更简明通俗，具有时代性，并更加契合理论内容。同时，由于2018年开始关检合一，实现了全国通关一体化，因此更新了第七章国际物流中的海关实务以及第九章中的报关单填制规范的部分内容，以紧跟实务前沿。

本版教材由大连科技学院刘丽艳、昶德东来物流（大连）有限公司董事长关国哲、大木国际物流集团有限公司董事长徐刚担任主编并统稿，大连交通大学唐玉珍、辽宁轻工职业学院张荣担任副主编。具体编写分工为：第一章、第二章由张荣编写，第三章、第八章由唐玉珍编写，第四章、第五章、第六章由徐刚编写，第七章、第九章由刘丽艳编写。

在教材编写过程中，我们力求与实务紧密结合，同时，本版教材借鉴、引用了大量国内外有关国际物流方面的网络资源、书刊资料和业界的研究成果，编者已在参考文献中尽可能详细地列出，并得到有关专家教授的具体指导，在此一并致谢。由于编者水平有限，书中难免有疏漏和不足之处，恳请同行和读者批评指正，以便修正。

编　者
2023年3月

第1版前言

随着国际贸易不断发展，资源全球化配置的趋势逐渐增强，国际物流业的发展异常迅速。国际物流在整个物流行业中发挥着越来越重要的作用。目前国际物流出现了展品物流、快递物流、保税物流等新的物流形式，而货运代理企业也向第三方物流企业转型，呈现出新时期的特点，因此急需适合我国国际物流环境，集理论和实践于一体，既具有知识的系统性又具有较强操作性的技能型人才。在这种背景下，我们组织编写了本教材。

全书共九章，以学习者应用能力培养为主线，依照国际物流的基本过程和规律，结合实际，突出实操性。本书内容包括国际物流与货运代理概述、与国际物流相关的业务知识、国际物流基础设施与标准化、国际海洋货物运输、国际航空货物运输、国际集装箱及多式联运、国际物流中的海关实务、国际物流关税筹划以及国际物流单证实务。

本书严格按照教育部"加强创新教育、突出实践技能培养"的教育教学要求，根据教学改革的实际需要，审慎地对教材内容进行反复推敲和修改，以使其更贴近现代物流企业实际，更符合社会经济发展，更好地为物流教学实践服务。

本书内容具体，阐述简练，案例丰富，版式活泼，不仅可作为本科物流管理专业学生的学习用书，也可作为第三方物流企业及工商企业物流管理人员的参考书籍。

本书由大连科技学院刘丽艳、大连财经学院袁雪妃主编，大连财经学院李宁、白璐璐担任副主编，参与本书编写的人员还有大连财经学院支海宇、李楠。具体编写分工为：第一章由大连财经学院支海宇、李楠编写，第二章、第九章由大连财经学院白璐璐编写，第三章、第四章由大连财经学院李宁编写，第五章由大连财经学院支海宇编写，第六章由大连科技学院刘丽艳编写，第七章、第八章由大连财经学院袁雪妃编写。在本书编写过程中，大连财经学院李楠老师在书稿的编辑、整理上做了大量工作，在此表示感谢。

在教材编写过程中，我们借鉴、引用了大量国内外有关物流方面的书刊资料和业界的研究成果，并得到编审委员会有关专家教授的具体指导，在此一并致谢。由于编者水平有限，书中难免有疏漏和不足之处，恳请同行和读者批评指正，以便修正。

编　者
2016 年 7 月

目　录

第一章　国际物流概述 ... 1
第一节　国际物流的概念、特点与分类 ... 1
一、国际物流的概念 ... 1
二、国际物流的特点 ... 2
三、国际物流的分类 ... 3
第二节　国际物流的发展历程及趋势 ... 4
一、国际物流的发展历程 ... 4
二、国际物流的发展趋势 ... 5
第三节　国际物流系统 ... 6
一、国际物流系统的概念 ... 6
二、国际物流系统的组成 ... 7
三、国际物流系统的运作模式 ... 8
四、国际物流系统的物质基础要素和支撑要素 ... 9
五、国际物流系统网络 ... 10
本章小结 ... 12
延伸阅读 ... 13

第二章　国际物流与国际贸易 ... 15
第一节　国际贸易概述 ... 17
一、国际贸易的产生 ... 17
二、国际贸易的分类和方式 ... 18
三、国际贸易理论 ... 21
四、主要国际贸易政策 ... 23
第二节　国际贸易术语与国际贸易惯例 ... 25
一、国际贸易术语概述 ... 25
二、有关国际贸易术语的惯例 ... 25
三、国际贸易惯例的性质与作用 ... 27
四、11种国际贸易术语的含义 ... 28
第三节　国际贸易业务流程 ... 34
一、交易前的准备工作 ... 34

二、交易磋商 34
　　三、订立合同 35
　　四、履行合同 35
 第四节　国际物流与国际贸易的关系 35
　　一、国际贸易与国际物流的关系 36
　　二、国际贸易的发展对国际物流提出新的要求 36
 本章小结 40
 延伸阅读 40
 知识链接 41

第三章　国际物流基础设施与标准化 42
 第一节　国际物流基础设施 43
　　一、铁路运输的技术设施与装备 43
　　二、公路运输的技术设施与装备 43
　　三、水路运输的技术设施与装备 45
　　四、航空运输的技术设施与装备 47
　　五、管道运输的技术设施与装备 47
 第二节　国际物流的标准化 47
　　一、物流标准化的概念和特点 47
　　二、物流标准的种类 49
　　三、物流标准化的意义和作用 50
　　四、物流标准化的基本原则 52
　　五、物流标准化的主要内容 53
　　六、物流标准化的实施办法 54
 第三节　国际物流标准化的现状 56
　　一、国际物流标准化的相关术语 57
　　二、国际物流的标准体系 57
　　三、发达国家物流标准化的现状 59
 本章小结 61
 延伸阅读 61

第四章　国际海洋货物运输 65
 第一节　国际海洋货物运输概述 65
　　一、海洋货物运输的特点 65
　　二、国际海洋运输的进出口业务 66
　　三、海上运输相关法规 70
 第二节　国际海洋货物的运输方式 73
　　一、班轮运输 73

二、不定期船运输 77
　　　三、不定期船经营策略 77
　　　四、不定期船市场各类船型的经营特点 78
　　第三节　不定期船的航次估算 79
　　　一、航次估算的基本内容 79
　　　二、航次估算实例 84
　本章小结 88
　延伸阅读 89

第五章　国际航空货物运输 91
　第一节　国际航空货物运输的基础知识 91
　　　一、国际航空货物运输的设施与技术 91
　　　二、国际航空货物运输的特点 94
　　　三、国际航空货物运输承运人的分类 96
　　　四、航空货物运输代理人的业务范围 96
　第二节　航空运输组织管理与设施设备 96
　　　一、航线、航班 96
　　　二、航空运输的营运方式 97
　　　三、航空运输设施设备 100
　第三节　国际航空运费的计算 103
　　　一、基本概念 103
　　　二、计费重量（chargeable weight） 103
　　　三、航空运价 104
　　　四、航空运费的计算 107
　　　五、其他费用 110
　本章小结 111
　延伸阅读 111

第六章　国际集装箱及多式联运运输 113
　第一节　集装箱运输 113
　　　一、集装箱概述 113
　　　二、集装箱船舶配载 117
　　　三、集装箱运输工作组织 118
　第二节　国际多式联运概述 120
　　　一、国际多式联运的含义及构成条件 120
　　　二、国际多式联运的优越性 120
　　　三、国际多式联运的业务特点 121
　　　四、国际多式联运的运输组织形式 122

第三节　国际多式联运的业务流程及单证 ... 124
　　一、国际多式联运的业务流程 ... 124
　　二、国际多式联运单证的定义 ... 126
　　三、多式联运单证的主要内容 ... 126
　　四、多式联运单证的签发 ... 127
　　五、多式联运单据的证据效力与保留 ... 128
第四节　大陆桥运输 ... 128
　　一、大陆桥运输的含义 ... 128
　　二、大陆桥运输的种类 ... 129
　　三、我国大陆桥运输 ... 131
本章小结 ... 136
延伸阅读 ... 137

第七章　国际物流中的海关实务 ... 139

第一节　海关管理基础知识 ... 139
　　一、海关的性质 ... 139
　　二、海关的任务 ... 140
　　三、海关的权力 ... 142
第二节　全国海关通关一体化 ... 145
　　一、全国通关一体化的含义 ... 145
　　二、全国通关一体化的具体内容 ... 145
　　三、全国通关一体化的好处 ... 147
　　四、全国通关一体化改革后的通关流程 ... 147
第三节　出入境检验检疫及其报检 ... 150
　　一、出入境检验检疫的内容 ... 150
　　二、出入境检验检疫的职责 ... 151
　　三、报检的含义 ... 151
　　四、报检的范围 ... 152
　　五、进出境货物报检的一般规定 ... 154
第四节　海关对国际货物的监管 ... 159
　　一、海关监管货物的含义及其分类 ... 159
　　二、海关对监管货物报关程序的管理 ... 160
第五节　进出境报关 ... 163
　　一、报关的含义 ... 163
　　二、报关的基本内容 ... 163
　　三、报关的分类 ... 165
　　四、报关单位的概念及其分类 ... 166
　　五、报关员的概念及其权利、义务 ... 167

本章小结 ... 168
延伸阅读 ... 168

第八章 国际物流关税筹划 ... 170
第一节 进口货物完税价格的关税筹划 ... 170
一、进口货物完税价格的审定方法 ... 171
二、进口货物完税价格的估定方法 ... 173
三、特殊进口货物完税价格的确定 ... 174
四、审定完税价格的税务筹划 ... 176
五、估定完税价格的税务筹划 ... 176
第二节 出口货物完税价格的关税筹划 ... 177
第三节 关税税率的关税筹划 ... 178
一、关税税率的种类 ... 178
二、关税税率的税务筹划 ... 179
三、报关的度量衡单位 ... 181
第四节 原产地的关税筹划 ... 182
第五节 特别关税的关税筹划 ... 183
一、进口国家的特别关税筹划 ... 183
二、出口型企业的特别关税筹划 ... 185

本章小结 ... 189
延伸阅读 ... 189

第九章 国际物流单证实务 ... 191
第一节 国际物流单证概述 ... 192
一、物流单证的含义及重要性 ... 192
二、信用证概述 ... 193
第二节 进出口货物报关单 ... 195
一、进出口货物报关单的含义 ... 195
二、进出口货物报关单的类别 ... 195
三、进出口货物报关单的填制规范 ... 195
第三节 进出口货物检验检疫申请 ... 218
一、进出口商品检验检疫的基本概念 ... 218
二、进出口商品报检 ... 218
第四节 国际航空业务单证 ... 220
一、国际航空运输的经营方式 ... 220
二、航空运单 ... 222
第五节 国际海运业务单证 ... 226
一、国际海运的经营方式 ... 226

二、班轮货运单证 227
第六节　国际集装箱业务单证 233
　　一、国际集装箱运输概述 233
　　二、国际集装箱运输单证 234
本章小结 237
延伸阅读 237

参考文献 239

第一章　国际物流概述

学习目标

- 掌握国际物流的概念、特点与分类；
- 了解国际物流的发展；
- 掌握国际物流系统的概念及组成；
- 熟悉国际物流系统网络结构。

引导案例

货拉拉进军国际物流市场

货拉拉成立于 2013 年，在货运 O2O（online to offline，在线离线/线上到线下）"百团大战"中脱颖而出，以共享模式整合社会运力资源，搭建货运平台，为个人、商户及企业提供高效的物流解决方案。目前，货拉拉已完成 7 轮融资，公司定位从最初的"同城货运平台"，发展为涉及同城/跨城/跨境货运、企业版物流服务、搬家、零担、汽车租售及车后市场服务的互联网物流商城。

货拉拉称，截至 2020 年 11 月，其业务范围已覆盖 352 座中国大陆城市，平台月活司机 48 万，月活用户达 720 万。

货拉拉新推的独立品牌"货六六"正式卡位国际物流市场，专注于提供面向东南亚市场的大件物流服务。依托货拉拉多年扎根东南亚多国的货运市场经验，货六六为客户提供包括海运、空运、陆运、清关在内的一站式跨境物流服务。

货六六以客户需求为根本。通过便捷、可追踪的全流程可视化的线上操作，客户即可享受平价、安全、专业的门到门国际物流服务。

资料来源：最航运. 重磅！货拉拉获新融资 5.15 亿美元！进军国际物流市场，旗下货六六专注东南亚跨境大件[EB/OL].（2020-12-23）[2022-07-31]. https://mp.weixin.qq.com/s/CcjaVYl3NJ-tEDjfbMcEUA.

第一节　国际物流的概念、特点与分类

一、国际物流的概念

（一）国际物流的定义

国际物流（international logistics）是国内物流的延伸和进一步扩展，是跨越国界的、流

通范围扩大了的"物的流通",是物品从一个国家(地区)的供应地向另一个国家(地区)的接收地的实体流动过程。

国际物流的实质是按国际分工协作的原则,依照国际惯例,利用国际化的物流网络、物流设施和物流技术,实现货物在国际的流动与交换,以促进区域经济的发展和世界资源的优化配置。

 小提示

广义的国际物流包括贸易性国际物流和非贸易性国际物流。

狭义的国际物流仅指贸易性国际物流。

贸易性国际物流是指组织国际贸易货物在国际的合理流动,即商品的生产和销售之间有空间距离和时间间隔时,对商品进行空间和时间转移的活动。

非贸易性国际物流是指各种行李物品、会展物品、办公用品、捐助、援外物资等非贸易货物在国际的合理流动。

(二)国际物流标准体系

随着经济全球化的发展,贸易活动实现国际化,其标准也日趋国际化,以国际标准为其制定本国标准,已成为 WTO 对其成员的要求。目前,世界上有近 300 个国际和区域性组织制定了标准和技术规则。其中最大的是国际标准化组织(International Organization for Standardization,ISO)、国际电工委员会(International Electrotechnical Commission,IEC)、国际电信联盟(International Telecommunication Union,ITU)、国际物品编码协会(EAN International,EAN)与美国统一代码委员会(Uniform Code Council,UCC)联盟等,它们创立的 ISO 标准、IEC 标准、EAN 标准、UCC 标准均为国际标准,构成了国际物流标准的两大体系。

二、国际物流的特点

国际物流最大的特点是物流跨越国界,物流活动是在不同国家之间进行的。因此,国际物流的存在与发展可以促进世界范围内物的合理流动,使国际间物资或商品的流动路线最佳、流通成本最低、服务最优、效益最高。

同时,由于国际化信息系统的支持和世界各地域范围的物资交流,国际物流可以通过物流的合理组织促进世界经济的发展,改善国际间的友好交往,并由此推进国际政治、经济格局的良性发展,从而促使整个人类的物质文化和精神文化朝着和平、稳定和更加文明的方向发展。

国际物流的总目标是为国际贸易和跨国经营服务,即选择最佳的方式与路径,以最低的费用和最小的风险,保质、保量、适时地将货物从某国的供方运到另一国的需方。国际物流为跨国经营和对外贸易服务,使各国物流系统彼此"接轨",因而与国内物流系统相比,国际物流具有以下六个特点。

1. 物流环境存在差异

国际物流的一个非常重要的特点是各国物流环境的差异,尤其是物流软环境的差异。

其主要体现在不同的物流适用法律、不同的经济和科技发展水平以及不同的标准。这些差异造成国际物流整体系统水平下降，最终使国际物流系统难以建立。

2．物流系统范围广

物流本身的功能要素、系统与外界的沟通已很复杂，国际物流在这复杂的系统上又增加了不同国家的要素，这不仅使地域和空间更广阔，而且所涉及的内外因素更多，所需的时间更长。广阔范围带来的直接后果是难度和复杂性增加，风险增大。

3．必须有国际化信息系统的支持

国际化信息系统是国际物流，尤其是国际联运非常重要的支持手段。国际信息系统建立的难度，一是管理困难，二是投资巨大，加上世界各地区的物流信息水平不均衡，因而信息系统的建立更为困难。

4．标准化要求较高

要使国际物流畅通起来，统一标准是非常重要的；没有统一的标准，国际物流水平将无法提高。目前，美国、欧洲基本实现了物流工具、设施的统一标准，如托盘采用1000毫米×1200毫米、集装箱采用统一的规格和条码技术等。国际物流的标准化降低了物流费用和转运的难度。

5．经营运作具有风险性

物流本身是一个复杂的系统工程，而国际物流在此基础上增加了不同国家的要素，这不仅仅是地域和空间的简单扩大，也涉及更多的内外因素，增加了国际物流的风险。例如，由于运输距离的扩大延长了运输时间并且增加了货物中途转运装卸的次数，使国际物流中货物灭失以及短缺的风险增大；企业资信汇率的变化使国际物流经营者面临更多的信用及金融风险；而不同国家之间的政治、经济环境的差异可能会使企业跨国开展国际物流遭遇一定程度的国家风险。

6．以海洋运输方式为主

国际物流以海洋运输为主，还包括铁路运输、航空运输、公路运输以及由这些运输手段组合而成的国际复合运输方式。运输方式选择和组合的多样性是国际物流的一个显著特征。海洋运输由于成本低，能进行长距离、大批量的货运，因而是国际物流运输中最普遍的方式，是国际物流的重要手段。如果提高远洋运输的效率，降低远洋运输的成本，就能在国际物流竞争中占有优势地位。目前，在国际物流活动中，为了追求整个物流系统的运作效率和缩短运输时间，"门到门"（door to door）的运输方式越来越受到货主的欢迎，而国际复合运输方式能够满足这种需要，因此得到了快速发展，逐渐成为国际物流运输中的主流。

三、国际物流的分类

根据不同的标准，国际物流可以分为以下几种主要类型。

1．进口物流和出口物流

按照货物流向不同，国际物流可分为进口物流和出口物流。凡是存在进口业务中的国际物流行为，被称为"进口物流"；而存在出口业务中的国际物流行为，则被称为"出口物流"。鉴于各国的经济政策、管理制度、外贸体制的不同，反映在国际物流中的具体表现既有交叉，又有类型的不同，因此须加以区别。

2．国家间物流和经济区域间物流

依照不同国家所规定的关税区域予以区别，国际物流可分为国家间物流和经济区域间物流。这两种类型的物流，在形式和具体环节上存在着较大差异。如欧共体区域间、欧共体与其他国家间、欧共体与其他区域间物流的差异现象，自由贸易区（或保税区）之间、自由贸易区（或保税区）与非自由贸易区（或非保税区）之间物流的差异现象。

3．国际商品物流和其他物品的物流

根据国家进行货物传递和流动方式的不同，国际物流又可以分为国际商品物流、国际军火物流、国际邮品物流、国际援助和救助物资物流等。

围绕国际物流活动而涉及国际物流业务的企业有经营国际货运代理、国际船舶代理、国际物流公司、国际配送中心、国际运输及仓储、报关行等业务的具体企业。

第二节　国际物流的发展历程及趋势

一、国际物流的发展历程

国际物流活动随着国际贸易和跨国经营的发展而发展。国际物流活动的发展经历了以下历程。

历程一：第二次世界大战以后，国际间的经济交往越来越频繁，越来越活跃。尤其在 20 世纪 70 年代的石油危机以后，国际间的贸易从数量上已达到了非常巨大的数字，交易水平和质量要求也越来越高。在这种新情况下，原有的为满足运送必要货物的运输观念已不能适应新的要求，系统物流就是在这个时期进入国际领域。

历程二：20 世纪 60 年代开始形成了国际间的大数量物流，在物流技术上出现了大型物流工具，如 20 万吨的油轮、10 万吨的矿石船等。

历程三：20 世纪 70 年代，由于石油危机的影响，国际物流不仅在数量上进一步发展，船舶大型化趋势进一步加强，而且出现了提高国际物流服务水平的要求，大数量、高服务型物流从石油、矿石等物流领域向物流难度最大的中、小件杂货领域深入，其标志是国际集装箱及国际集装箱船的大发展，国际间各主要航线的定期班轮都投入了集装箱船，使物流服务水平获得很大提高。

历程四：20 世纪 70 年代中、后期，国际物流的质量要求和速度要求进一步提高，这个时期在国际物流领域出现了航空物流大幅度增加的新形势，同时出现了更高水平的国际联运。

历程五：20 世纪 80 年代前、中期，国际物流的突出特点是在物流量基本不继续扩大的情况下出现了"精细物流"，物流的机械化、自动化水平有了提高。同时，伴随着新时代人们需求观念的变化，国际物流着力于解决"小批量、高频度、多品种"的物流，出现了不少新技术和新方法，这就使现代物流不仅覆盖了大量货物、集装杂货，而且覆盖了多品种的货物，基本覆盖了所有物流对象，解决了所有物流对象的现代物流问题。

历程六：20世纪80年代、90年代，伴随着国际联运式物流的出现，物流信息变得越来越重要，在国防物流领域首次出现了电子数据交换（electronic data interchange，EDI）系统。信息的作用使物流向更低成本、更高服务、更大量化、更精细化方向发展，许多重要的物流技术都是依靠信息才得以实现的。这个问题在国际物流中比国内物流表现更为突出：物流的几乎每一活动都有信息支撑，物流质量取决于信息，物流服务依靠信息。

历程七：20世纪90年代国际物流依托信息技术发展，实现了"信息化"。信息对国际物流的作用，依托互联网公众平台，向各个相关领域渗透，同时又出现了全球卫星定位系统、电子报关系统等新的信息系统。在这个基础上，构筑国际供应链，形成国际物流系统，使国际物流水平进一步得到了提高。

二、国际物流的发展趋势

（一）系统集成化

传统物流一般只是货物运输的起点到终点的流动过程，如产品出厂后从包装、运输、装卸到仓储这样一个流程。而现代物流，从纵向看：它将传统物流向两头延伸并注入新的内涵，即从最早的货物采购物流开始，经过生产领域再进入销售领域，其间要经过包装、运输、装卸、仓储、加工配送等过程，最终送达用户手中，甚至最后还有回收物流，整个过程包括了产品出"生"入"死"的全过程。从横向看：它将社会物流和企业物流、国际物流和国内物流等各种物流系统，通过利益输送、股权控制等形式有机地组织在一起，即通过统筹协调、合理规划来掌控整个商品的流动过程，以满足各种用户的需求和不断变化的需要，争取做到效益最大和成本最小。

国际物流的集成化，是将整个物流系统打造成一个高效、通畅、可控制的流通体系，以此来减少流通环节、节约流通费用，达到实现科学的物流管理、提高流通的效率和效益的目的，以适应经济全球化背景下"物流无国界"的发展趋势。

（二）管理网络化

在系统工程思想的指导下，以现代信息技术提供的条件，强化资源整合和优化物流过程是当今国际物流发展的本质特征。信息化与标准化这两大关键技术对当前国际物流的整合与优化起到了革命性的影响。同时，又由于标准化的推行，使信息化的进一步普及获得了广泛的支撑，使国际物流可以实现跨界界、跨区域的信息共享，使物流信息的传递更加方便、快捷、准确，加强了整个物流系统的信息连接。

（三）标准统一化

国际物流的标准化包括：以国际物流为一个大系统，制定系统内部设施、机械装备、专用工具等各个分系统的技术标准；制定各系统内分领域的包装、装卸、运输、配送等方面的工作标准；以系统为出发点，研究各分系统与分领域中技术标准与工作标准的配合性；按照配合性要求，统一整个国际物流系统的标准，最后研究国际物流系统与其他相关系统的配合问题，谋求国际物流大系统标准的统一。

目前，跨国公司的全球化经营正在极大地影响物流全球性标准化的建立。一些国际物流行业和协会在国际集装箱和 EDI 技术发展的基础上，开始进一步对物流的交易条件、技术装备规格，特别是在单证、法律条件、管理手段等方面推行统一的国际标准，使物流的国际标准更加深入地影响到国内标准，使国内物流日益与国际物流融为一体。

（四）配送精细化

由于现代经济专业化分工越来越细，相当一部分企业除了自己生产一部分主要部件，大部分部件需要外购。国际的加工贸易就是这样发展起来的，国际物流企业伴随着国际贸易的分工布局应运而生。为了适应各制造厂商的生产需求，以及多样、少量的生产方式，国际物流的高频度、小批量的配送也随之产生。早在 20 世纪 90 年代，台湾计算机业就创建了一种"全球运筹式产销模式"，即采取按客户订单、分散生产的形式，将计算机的所有零部件、元器件、芯片外包给世界各地的制造商去生产，然后通过国际物流网络将这些零部件、元器件、芯片集中到物流配送中心，再由该配送中心发送给计算机生产厂家。

（五）园区便利化

为了适应国际贸易的急剧扩大，许多发达国家致力于港口、机场、铁路、高速公路、立体仓库的建设，一些国际物流园区也因此应运而生。这些园区一般选择靠近大型港口和机场兴建，依托重要港口和机场，形成处理国际贸易的物流中心，并根据国际贸易的发展和要求，提供更多的物流服务。这些国际物流中心一般都具有保税区的功能。此外，港口还实现 24 小时作业，国际空运货物实现 24 小时运营。国际物流中心实行了同一窗口办理方式，简化了进出口以及机场港口办理手续，迅速而准确地进行检疫、安全性和通关检查等，提供"点到点"服务、"一站式"服务，为国际物流发展提供了许多便利。

（六）运输现代化

国际物流运输的最主要方式是海运，有一部分是空运，但它还会渗透在国内的其他一部分运输，因此国际物流要求建立起海路、航空、铁路、公路的"立体化"运输体系，来实现快速便捷的"一条龙"服务。为了提高物流的便捷化，当前世界各国都在采用先进的物流技术，开发新的运输和装卸机械，大力改进运输方式，如应用现代化物流手段和方式发展集装箱运输、托盘技术等。

第三节　国际物流系统

一、国际物流系统的概念

从系统的角度分析，物流本身是一个大的系统，其基本的模型如图 1-1 所示。由此，我们可以将国际物流系统定义为：建立在一定的信息化基础之上的，通过具体的物流作业转换，为实现货物在国家间的低成本、高效率地移动而相互作用的单元之间的有机结合体。

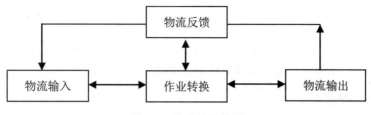

图 1-1　物流系统模型

为了实现期望的物流输出，国际物流的各子系统需要紧密结合，协同运作，并随时通过信息系统加强彼此间的沟通，将系统整体达到成本最低、运作效益最大。

另外，在国际物流系统的具体运作过程中，更要注重新的物流理念的指导作用，加强供应链条间的企业协同运作，以此降低交易成本，为顾客提供满意的服务。

二、国际物流系统的组成

从功能的角度看，国际物流系统是由商品的包装、储存、运输、检验、流通加工和其前后的整理、再包装以及国际配送等子系统组成。国际物流通过商品的储存和运输，实现自身的时间和空间效益，满足国际贸易活动和跨国公司经营的要求。

（一）运输子系统

运输实现货物的空间位置移动，进而创造货物的空间价值。国际货物运输是国际物流系统的核心。商品通过国际货物运输作业由卖方转移给买方。国际货物运输具有路线长、环节多、涉及面广、手续繁杂、风险性大、时间性强等特点。运输费用在国际贸易商品价格中占有很大比重。国际运输主要包括运输方式的选择、运输单据的处理以及投保等有关方面。

随着科技的发展，运输设施现代化、大宗货物散装化和杂件货物集装化已经成为运输业革命的重要标志。

（二）仓储子系统

外贸商品的储存和保管会使商品在流通过程中处于一种或长或短的相对停滞状态，这种停滞是完全必要的。因为商品的生产和销售的不同时性，以及贸易交流的不间断性，仓储要求保有一定量的周转库存。但是，从物流角度看，这种停滞时间不宜过长，否则会影响国际物流系统的正常运转。

（三）商品检验子系统

国际贸易和跨国经营具有投资大、风险高、周期长等特点，使得商品检验成为国际物流系统中重要的子系统。通过商品检验，确定交货品质、数量和包装条件是否符合合同规定。如发现问题，可分清责任，向有关方面索赔。在买卖合同中，一般都订有商品检验条款，其主要内容有检验时间与地点、检验机构与检验证明、检验标准与检验方法等。

> 小提示
>
> 根据国际贸易惯例，商品检验时间与地点的规定可概括为三种做法：一是在出口国检验；二是在进口国检验；三是在出口国检验，在进口国复验。

（四）商品包装子系统

杜邦定律（美国杜邦公司提出）认为：63%的消费者是根据商品的包装装潢进行购买的，国际市场和消费者是通过商品来认识企业的，而商品的商标和包装就是企业的面孔，它反映了一个国家的综合科技文化水平。因此，经营出口商品的企业应当认真考虑商品的包装设计，并从系统的角度，将包装、储藏、运输整合为一体去考虑。

为提高商品包装系统的功能和效率，应提高广大外贸职工对出口商品包装工作重要性的认识，树立现代包装意识和包装观念；尽快建立一批出口商品包装工业基地，以适应外贸发展的需要，满足国际市场、国际物流系统对出口商品包装的各种特殊要求；认真组织好各种包装物料和包装容器的供应工作。

（五）国际物流信息子系统

该子系统的主要功能是采集、处理和传递国际物流和商流的信息情报。没有功能完善的信息系统，国际贸易和跨国经营将寸步难行。国际物流信息的主要内容包括进出口单证的作业过程、支付方式信息、客户资料信息、市场行情信息和供求信息等，具有信息量大、交换频繁、传递量大、时间性强、环节多、点多线长等特点。因此，要建立技术先进的国际物流信息系统，把握国际贸易 EDI 的发展趋势，强调 EDI 在我国国际物流体系中的应用，建设国际贸易和跨国经营的信息高速公路。

上述主要子系统中，运输和仓储子系统是物流的两大支柱，它们分别解决了供给者和需求者之间场所和时间的分离，创造了"空间效用"和"时间效用"。同时，上述主要子系统还应该和配送系统、装卸系统以及流通加工系统等有机联系起来，统筹考虑，全面规划，建立我国适应国际竞争要求的国际物流系统。

三、国际物流系统的运作模式

国际物流系统包括输入部分、输出部分，以及系统输入、输出转换部分。

国际物流系统的输入部分包括：备货，货源落实；到证，接到买方开来的信用证；到船；编制出口货物运输计划；其他物流信息。国际物流系统的输出部分包括：商品实体从卖方经由运输过程送达买方手中；交齐各项出口单证；结算、收汇；提供各种物流服务；经济活动分析及索赔、理赔。国际物流系统的转换部分包括：商品出口前的加工整理；包装、标签；储存；运输（国内、国际段）；商品进港、装船；制单、交单；报验、报关；现代管理方法、手段和现代物流设施的介入。

国际物流系统在国际信息系统的支持下，借助运输与仓储的参与，在进出口中间商、国际货运代理及承运人的通力协助下，借助国际物流设施，共同完成一个遍布国内外、纵横交错、四通八达的物流运输网络。国际物流系统的运作流程如图1-2所示。

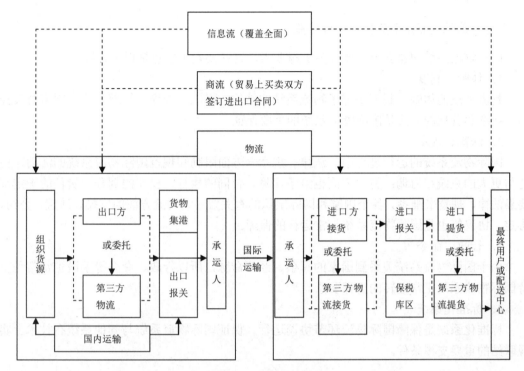

图 1-2 国际物流系统的运作流程

四、国际物流系统的物质基础要素和支撑要素

（一）国际物流系统的物质基础要素

国际物流系统的建立和正常运行需要大量的技术装备手段，这些手段的有机联系对国际物流系统的运行具有决定意义。这些要素对实现国际物流和某些方面的功能也是必不可少的。它们主要有以下几项。

1．物流设施

它是组织国际物流系统运行的基础物质条件，包括码头、仓库、国际物流线路、公路、口岸等。

2．物流设备

它是保证国际物流系统运行的条件，包括仓库货架、进出库设备、加工设备、运输设备和装卸机械等。

3．信息技术及网络

它是掌握和传递国际物流信息的手段，根据所需信息水平的不同，包括通信设备、传真设备和计算机网络设备等。

4．组织及管理

它是国际物流网络的软件，起着联结、调运、运筹、协调、指挥其他要素实现国际物流系统目的的作用。

（二）国际物流系统的物质支撑要素

国际物流系统的建立也需要许多支撑要素，这些要素主要包括以下几项。

1. 体制、制度

物流系统的体制、制度决定了物流系统的结构、组织、领导、管理方式。国家对其控制、指挥和管理的方式是国际物流系统的重要保证。

2. 法律、规章

国际物流系统的运行过程中，法律、规章一方面限制和规范国际物流系统的活动，使之与更大的系统相协调；另一方面也给予保障。合同的执行、权益的划分、责任的确定都要靠法律、规章来维系。各个国家和国际组织的有关贸易、物流方面的安排、法规、公约、协定、协议等也是国际物流系统正常运行的保障。

3. 行政、命令

由于国际物流系统关系到国家的军事、经济命脉，所以行政、命令等手段也常常是支持国际物流系统正常运转的支撑要素。

4. 标准化系统

标准化系统是保障国际物流环节协调运行、保证国际物流系统与其他系统在技术上实现联结的重要支撑条件。

五、国际物流系统网络

国际物流系统网络是由多个收发货的"节点"和它们之间的"连线"所构成的物流抽象网络，以及与之相伴随的信息流动网络的集合。所谓"收发货节点"，是指进出口过程中所涉及的国内外的各层储货仓库、站场，如制造厂商仓库、中间商仓库、货运代理人仓库、口岸仓库、各类物流中心、保税区仓库等。节点内商品的收发、储运是依靠运输连线和物流信息的沟通、协调来完成的。在节点内，除了可以实现收发和储存保管功能，还可以实现包装、流通加工、装卸等功能。

"连线"是指连接上述国内众多收发货节点的运输连线，如各条海运航线、铁路线、飞机航线以及海、陆、空联运运输线路。这些网络连线代表库存货物的移动，即运输的路线与过程。每一对节点有许多连线以表示不同的路线，不同产品的各种运输服务；各节点表示存货流动的暂时停滞，其目的是为了更有效地移动（或收发）；信息流动网的连线通常包括国内外的邮件，或某些电子媒介（如电话、电传、电报、EDI 等），其信息网络的节点则是各种物流信息汇集及处理点，如员工处理国际订货单据、编制大量出口单证或准备运输单证以及计算机对最新库存量的记录；物流网与信息网并非独立，它们是密切相关的。

国际物流系统网络在国际贸易中起着重要作用，包括以下几方面。

（1）国际物流系统网络研究的中心问题是确定进出口货源点（或货源基地）和消费者的位置、各层级仓库及中间商批发点（零售点）的位置、规模和数量，这一中心问题将决定国际物流系统的布局是否合理化。

（2）国际物流系统网络的合理布局，决定了国际物流流动的方向、结构和规模，即决定了国际贸易的贸易量、贸易流程及由此而引起的物流费用和经济效益。

（3）合理布局国际物流系统网络，为扩大国际贸易、占领国际市场、加速商品的国际流通提供了切实可行的有效途径。

案例分析

疫情加速国际航运数字化转型，国际物流行业显现四大趋势

新华社上海2021年5月26日电（记者杨有宗）"国际物流数字化的全面普及已成为行业共识，高达76.93%的从业者认为，国际物流行业最晚5年内，数字化技术与服务即可实现更为广泛的应用和渗透。"5月25日，2021新国际物流生态峰会在上海举办，峰会上发布的《国际物流产业数字化发展报告》（以下简称"报告"）做出上述判断。

相关专家表示，国际贸易正逐步迎来区域一体化、跨境电商等机遇，国际物流也将加快实现数字化转型发展，显现数字服务普及化、数字发展生态化、服务内容集成化、线上与线下融合化四大趋势。

1. 航运业探讨通过数字化提升服务可靠性

受新冠肺炎疫情影响，从2020年下半年开始，国际物流市场出现大规模涨价、爆舱、缺柜等情况，中国出口集装箱运价综合指数在2020年12月末攀升至1658.58点。虽然在2021年春节后运价小幅下滑，但突发的苏伊士运河事件导致集运价格再创新高。

上海国际航运研究中心首席信息官徐凯表示，过去制造产业以长供应链体现国际分工、国际贸易的价值，并以不断追求船舶大型化来提高规模效益。但新冠肺炎疫情和苏伊士运河事件，让行业开始反思超长供应链和超大规模运力的合理性，并探索通过数字化技术提升运输服务的保障性。

保障国际供应链稳定和风险可控，在区域内把产业链、供应链配齐，保障极端情况下的生产可靠性与运力有效性成为重点。数据显示，亚洲区域内航线运量增长具有较大潜力，2021年亚洲集装箱出口海运量预计增长5.6%，其中，亚洲到中东、印度等航线增速将更快。

市场机构分析认为，集装箱新造船市场虽短期繁荣但潜伏危机。受造船价格处于历史低位、集运市场表现亮眼、班轮公司新一轮优化船队运力等因素影响，新船订单在2020年第四季度开始触底反弹，2021年第一季度，1.5万TEU以上的超大型集装箱船新增订单量达到五年来季度峰值。但未来市场变数也非常大，一方面，随着铁矿石和钢材等原材料价格暴涨，很多新造船订单的履约风险在不断加大；另一方面，区域一体化加速，对主力船型需求将更青睐6000 TEU以下的小型集装箱船。此外，伴随疫情缓和以及回程箱量与新增箱量的增加，未来新增船只可能会再次导致运力过剩。

2. 疫情影响下，中欧班列、跨境电商物流快速增长

新冠肺炎疫情导致国际航运出现价格大幅上涨、舱位爆满，我国部分出口企业开始寻找新的运输方式。其中，中欧班列呈现较快增长态势。

数据显示，2020年，中欧班列开行达1.24万列，首次单年开行超过1万列，同比增长50%；运送集装箱113.5万标箱，同比增长56%；往返综合重箱率达到98.4%。此外，国家发展和改革委员会的数据显示，截至目前，中欧班列累计开行已达3.8万列，运送货物340

万标箱，通达欧洲22个国家的151个城市，物流配送网络覆盖欧洲全境。

与此同时，在新冠肺炎疫情催化下，海外用户的互联网消费快速增加，跨境电商成为稳外贸的新增长点。在疫情导致大量飞机停航等情况下，海外仓的重要性更加凸显。从2020年年初至今，保有海外仓货物的商家盈利效益明显。跨境电商卖家将货物备货到海外仓后直接本地发货，大大缩短了配送时间，尾程派送使用本地物流，并可通过数字化技术全程跟踪包裹动向。

上海湘江实业公司董事长马国湘建议，协调国内主流干线资源，为跨境电商行业开设专属物流通道，通过发展"通道+枢纽+网络"的物流体系来降低成本，协调国际信用卡组织争取国际贸易规则公平合理化，协调中国出口信用保险公司等主要贸易保险渠道，为跨境电商提供更有针对性的金融保险服务。

3. 国际物流数字化驶入快车道

当前，整个国际物流产业的外部环境、市场需求、业务模式等发生了重大变化，服务单一、运输成本高、信息交换效率低、运输过程不透明、供应链上各角色的协同效率低等问题凸显。电子商务、物联网、云计算、大数据、区块链、5G、人工智能等数字技术为突破这些瓶颈提供了可能性。

报告显示，国际物流数字化企业不断涌现，涵盖多种运输方式、单一运输方式、传统国际物流企业转型升级、工具类企业等多个维度。在运输服务领域，境内外较多企业选择以单一运输方式为切入点，而门槛相对较高的综合物流服务较少。目前，国际物流数字化企业主要由交易撮合向提供物流集成方案、履约保障等方向发展。如今，发展阶段进入中后期的部分企业，已在布局海外物流节点、堆场、仓库、拖车等线下资源，以保障物流服务的稳定性和可靠性。

与此同时，国际物流数字化领域投融资热潮不断涌现。经过近年来的发展，处于细分赛道头部的国际物流数字化企业受到追捧，行业大额融资不断涌现，B轮及以后的融资轮次占比明显增多，资本逐渐向头部聚集。

报告判断认为，未来国际物流与数字化的融合将进一步深入，国际物流的数字化发展将呈现数字服务普及化、数字发展生态化、服务内容集成化、线上与线下融合化四大趋势。运去哪创始人兼首席执行官周诗豪说，国际物流行业正面对巨大的不确定性，而数字化技术是应对这种不确定性的有效利器之一。"接下来，我们也将把技术和功能向行业开放，赋能产业链上下游企业，推动国际物流产业向智能化方向加速升级。"

资料来源：新华社. 疫情加速国际航运数字化转型 国际物流行业显现四大趋势[EB/OL]. (2021-05-26) [2022-07-31]. https://baijiahao.baidu.com/s?id=1700789418003116168&wfr=spider&for=pc.

【分析】

疫情下，国际物流发展趋势如何？

本章小结

本章分别介绍了国际物流的含义、特征，国际物流的发展历程及趋势，国际物流系统的概念、组成与运作模式，以及国际物流的基础要素和支撑要素等。通过本章的学习，学生需要掌握国际物流的基础知识，为学习本书后续章节奠定理论基础。

延伸阅读

跨境电商的国际物流模式

现在跨境电商卖家越来越多，每当做业务开始有订单时，第一个要考虑的问题就是怎么选择快递物流把货发到国外去。对于跨境电商，物流环节显得尤为重要，也是卖家极为关心的话题。一般来讲，小卖家可以通过平台发货，选择国际小包等渠道。但是大卖家或者独立平台的卖家，他们需要优化物流成本，需要考虑客户体验，需要整合物流资源并探索新的物流形式，所以我们先来了解一下跨境电商国际物流模式有哪几种。

跨境电商国际物流有以下五大模式。

1. 邮政包裹模式

邮政网络基本覆盖全球，比其他任何物流渠道都要广。这主要得益于万国邮政联盟和卡哈拉邮政组织。万国邮政联盟是联合国下设的一个关于国际邮政事务的专门机构，通过一些公约法规来改善国际邮政业务，发展邮政方面的国际合作。万国邮政联盟由于会员众多，而且会员国之间的邮政系统发展很不平衡，因此很难促成会员国之间的深度邮政合作。于是在2002年，邮政系统相对发达的6个国家和地区（中、美、日、澳、韩以及中国香港特别行政区）的邮政部门在美国召开了邮政CEO峰会，并成立了卡哈拉邮政组织，后来西班牙和英国也加入了该组织。

2. 国际快递模式

国际商业快递主要是指UPS（联合包裹服务公司）、FedEx（联邦快递）、DHL（中外运敦豪）三巨头（2017年天递公司TNT被FedEx收购，四大快递变成三大快递），还有国内的一些快递巨头也开始涉足国际快递，如顺丰。

这些国际快递商通过自建的全球网络，利用强大的IT系统和遍布世界各地的本地化服务，为网购中国产品的海外用户带来极好的物流体验。例如，通过UPS寄送到美国的包裹，最快可在48小时内到达。然而，优质的服务必然伴随着昂贵的价格。一般中国商户只有在客户时效性要求很强的情况下，才使用国际商业快递来派送商品。

3. 国内快递模式

国内快递主要指EMS、顺丰和"三通一达"。在跨境物流方面，"三通一达"中申通、圆通布局较早，但也是近期才发力拓展。比如，美国申通2014年3月才上线，圆通2014年4月才与CJ大韩通运展开合作，而中通、韵达则是刚刚开始启动跨境物流业务。顺丰的国际化业务则要成熟些，目前已经开通到美国、澳大利亚、韩国、日本、新加坡、马来西亚、泰国、越南等国家的快递服务，发往亚洲国家的快件一般2~3天可以送达。在国内快递中，EMS的国际化业务是最完善的。依托邮政渠道，EMS可以直达全球60多个国家，费用相对其他快递要低，中国境内的出关能力很强，到达亚洲国家2~3天，到达欧美国家则5~7天。

4. 专线物流模式

跨境专线物流一般是通过航空包舱方式将货物运输到国外，再通过合作公司进行目的地国国内的派送，是比较受欢迎的一种物流方式。

专线物流的优势在于其能够集中大批量到某一特定国家或地区的货物，通过规模效应降低成本。因此，其价格一般比商业快递低。在时效上，专线物流稍慢于商业快递，但比邮政包裹快很多。目前，市面上最普遍的物流专线是美国专线、欧洲专线、澳洲专线、俄罗斯专线等，也有不少物流公司推出了中东专线、南美专线、南非专线等。

5. 海外仓储模式

海外仓储服务指为卖家在销售目的地进行货物仓储、分拣、包装和派送的一站式控制与管理服务。

确切来说，海外仓储应该包括头程运输、仓储管理和本地配送三个部分。

（1）头程运输：中国商家通过海运、空运、陆运或者联运将商品运送至海外仓库。

（2）仓储管理：中国商家通过物流信息系统，远程操作海外仓储货物，实时管理库存。

（3）本地配送：海外仓储中心根据订单信息，通过当地邮政或快递将商品配送给客户。

选择这类模式的好处在于，将仓储置于海外不仅有利于海外市场价格的调配，同时还能降低物流成本。

拥有自己的海外仓库，能从买家所在国发货，从而缩短订单周期，完善客户体验，提升重复购买率。结合国外仓库当地的物流特点，还可以确保货物安全、准确、及时地到达终端买家手中。

资料来源：连连国际. 跨境电商物流五大模式都是怎样的[EB/OL].（2019-10-23）[2022-07-31]. https://global.lianlianpay.com/article/15-9824.html?ivk_sa=1024320u.

本章习题

第二章　国际物流与国际贸易

学习目标

- 了解国际贸易的产生，熟悉国际贸易的分类及主要方式；
- 了解经典的国际贸易理论，熟悉主要的国际贸易政策；
- 掌握常用的国际贸易术语，熟悉国际贸易惯例；
- 熟悉国际贸易业务流程的各个环节，熟悉进出口合同；
- 明确国际物流与国际贸易之间的关系。

引导案例

畅通国际物流，促进贸易发展

中国海关总署日前发布的统计数据显示，2021年前4个月中国贸易货物进出口总值为11.62万亿元，同比增长28.5%，比2019年同期增长21.8%。中国进出口贸易表现强劲，凸显中国在全球供应链中的重要地位，为推动世界经济复苏和发展做出贡献。当前，中方正与各方加强协作，让国际物流通道更加通畅，促进贸易进一步发展。

1. "水果快线"——助力东盟农产品出口

在越南南部金瓯省，当地果农周国凯正忙个不停，他家种植了200公顷香蕉。香蕉采摘后直接送到加工车间进行包装、装箱、冷藏。之后，这些香蕉将通过胡志明市卡莱港转运，大约一周就可抵达中国的大型商超。

受新冠肺炎疫情的影响，当地香蕉销路不畅，每千克价格一度跌至两三千越南盾（1元人民币约合3610越南盾）。周国凯告诉记者，当前，越中两国间的海运航线成为越南热带水果出口的重要渠道，这使他种植的香蕉在价格和销量上都有了保障。

据越南工贸部信息，疫情防控期间，越南经海运对中国出口业务保持稳定，鲶鱼、对虾等重点出口商品受影响较小，有助于越南实现出口创汇目标。工贸部还建议当地企业积极拓展海运出口。

深圳珉丰越南集装箱股份公司物流部总监杨锦鹏介绍说，从中国深圳到越南海防港，海上运输时间只需一两天。"两国便利的物流网络，为保持地区供应链畅通提供了有力保障。"

目前，中国与东盟多个国家开通了海上"水果快线"。2021年2月27日，柬埔寨到广西北部湾港的"水果快线"开通，来自柬埔寨西哈努克港的水果一周就可运抵北部湾港。3月12日，北部湾港迎来今年第100万个标箱，集装箱吞吐量同比增长40%以上，充分显示了中国与东盟国家贸易、物流合作的强劲势头。

2. 定制服务——凸显中欧班列吸引力

2021年1月1日，满载98个集装箱汽车成套散件的"江淮号"定制专列从合肥北站物流基地发车，开往哈萨克斯坦库斯塔奈站。这是中国机械进出口（集团）有限公司（简称中机公司）和安徽江淮汽车集团（简称江淮汽车）今年通过中欧班列向哈萨克斯坦合作伙伴发送的第一批汽车散件。

抗击疫情期间，中欧班列发挥国际铁路联运独特优势，大量承接由空运、海运转移的货源，实现逆势增长。2021年前4个月，在阿拉山口口岸，进出境中欧班列数达1918列，货值超100亿美元，分别同比增长56.7%和80.5%。随着运量不断增加，中欧班列的服务也越来越精细化，以大型出口企业为服务对象的"定制专列"应运而生，并展现强大吸引力。

"定制专列优势非常明显。班列可以根据企业要求优化作业流程，点对点的直达使运输、清关过程更加便捷。与以往货运列车相比，定制专列可节约7天左右的运输时间。"中机公司董事长康虎彪告诉记者，2019年中机公司联合江淮汽车向中国国家铁路集团有限公司及合肥国际内陆港发展有限公司申请开通"江淮汽车定制专列"。截至目前，仅向哈萨克斯坦生产基地就已累计发送39列定制专列，共计1818个集装箱汽车成套散件。

在博鳌亚洲论坛2021年年会开幕式上，哈萨克斯坦首任总统纳扎尔巴耶夫对中欧班列给予了高度评价。他强调，2020年过境哈萨克斯坦的中欧班列数量增长幅度超过60%。哈萨克斯坦正成为具有竞争力的中转运输中心。

3. 智能快递——提升欧洲物流业效率

2021年4月9日下午，中国电商网络"杭州—列日"货运航线的一架包机抵达比利时列日机场。包机运载货物近百吨，包括医用口罩、小家电、办公用品及其他日用品等。一家中国电商企业在列日的项目负责人黄军根介绍说，目前开通的"杭州—列日"和"香港—列日"常态电商包机航线，每周单程航班有18个班次，"随着中欧电商贸易不断扩大，航班数量很快还要增加"。

列日位于比利时东南部，从这里前往阿姆斯特丹、巴黎、法兰克福等欧洲重要城市只有几小时车程，水、陆、空交通设施完善。"经过两年多的运营，列日已成为中国电商网络在欧洲的一级物流枢纽。"黄军根说，欧洲消费者在电商平台下单后，"智能物流大脑"马上为客户提供性价比最高的物流方案，甚至可以享受"5美元10日达"的跨境包裹服务。"5美元10日达"指的是一单货物价格达到5美元及以上，可在10个自然日内送达。该服务的物流时效与传统国际快递巨头相差无几，但商家支付的物流成本能降低一半左右。"由于性价比高，越来越多的欧洲消费者选择中国电商平台，货运包机不断增加。"

与传统物流网络相比，"智能物流大脑"可实现对全球物流要素的智能连接，包括从最前端的揽收快递员，到最末端的配送快递员，用算法组合物流要素，从而选择最优物流方案。消费者和商家可全程追踪跨境物流信息，实时查询包裹位置。

在列日机场一侧，由中国电商企业投资建设的仓储式大楼平地而起。"这是数字贸易枢纽第一期工程，今年下半年将正式投入运营。"据项目总经理孙铎魁介绍，数字贸易枢纽集干线运输、报关、航空货站、仓储于一体，运营后物流时间将比现在缩短8～12个小时。

列日机场的最新统计数据显示，该机场货运量在 2017 年为 72 万吨，到 2020 年达到 112 万吨。列日机场商务副总裁史蒂文·维哈瑟特表示，列日机场与中国电商企业合作以来，货运量不断攀升，极大地提升了列日机场的竞争力。"数字贸易枢纽不仅将提高自身物流效率，也将推动欧洲物流业向智能化方向发展。"

资料来源：人民日报. 畅通国际物流　促进贸易发展[EB/OL].（2021-06-02）[2022-07-31]. http://cpc.people.com.cn/nl/2021/0602/c64387-32120141.html.

第一节　国际贸易概述

一、国际贸易的产生

最早的国际贸易行为发生于奴隶社会，它是社会生产力发展到一定阶段的产物。贸易活动从人类社会"第一次社会大分工"产生的"物物交换"开始，到在一个地区或国家内大规模的商品交换，再发展到跨越关境或国界的商品或服务的有偿转移，才形成了真正意义上的国际贸易。

国际贸易（international trade）是指世界各国（地区）之间的商品以及服务和技术交换活动，包括进口和出口两个方面。从一个国家的角度来看，这种交换活动称为该国的对外贸易（foreign trade）。从国际范围来看，世界各国对外贸易的总和，即构成了国际贸易，也称世界贸易（world trade）。国际贸易活动反映了世界各国间劳动分工和经济上的相互依存、相互依赖的事实。

国际贸易产生的原因众多，归结起来主要表现在以下三个方面。

（1）各国的生产要素禀赋存在差异。从世界范围来看，各国的生产要素禀赋是不相同的：有的国家幅员辽阔，资源丰富；有的国家资本实力雄厚；还有的国家科学技术发达，人力资源充沛。产品形成过程中所需要的生产资源要素比例也各不相同：有的属于技术密集型产业，蕴含了较高的科技含量；而有些产品需要使用大量劳动力，属于劳动密集型产业；还有的产品含大量的土地资源。具有不同生产要素的国家适合发展不同的产业，这样就形成了社会分工。例如，由于美国的科学技术发展水平在全球处于领先地位，其适合发展资本和技术密集型产业，如计算机、汽车等；澳大利亚、新西兰等国家土地资源丰富，有利于发展畜牧业和种植业；对于中国而言，由于人口众多，劳动力资源丰富，因此适合发展加工制造等劳动密集型产业，如纺织业等。各国按照自己的生产要素进行分工生产，然后进行贸易，既满足了国际的消费需求，又增加了全球的产品生产总量，促进了一国乃至世界经济的发展。

（2）国际的生产要素流动存在局限性。由于生产要素在国际的流动较其在国内的流动更加困难，因此有必要通过商品或服务的国际贸易加以弥补，提高其流动性。

（3）各国的科学技术发展水平参差不齐。世界各国的科技发展存在着较大的差异，像欧美等国家科技水平在世界范围内遥遥领先，因此更适合发展一些技术密集型产品。而有的国家就其科技发展现状根本无法生产或者需要花费巨大的代价才能生产某些产品,无论是从技术性还是经济性而言,其自力更生都缺乏可行性,所以只能通过国际贸易弥补短缺,满足其国内需求,提高生活水平,促进经济繁荣。

 小提示

对外贸易和国际贸易都是指越过国境所进行的商品交换活动。但是它们也有明显的区别:前者着眼于某一个国家,即一个国家(或地区)同其他国家(或地区)之间的商品交换;后者则着眼于国际范围,即世界上所有的国家(或地区)。

二、国际贸易的分类和方式

(一)国际贸易的分类

1. 按货物的流动方向划分

按照货物的流动方向不同,贸易可分为出口贸易、进口贸易、过境贸易、复出口、复进口。

(1)出口贸易指的是将本国生产和加工的商品因外销而运出国境,列入出口贸易或输出贸易。不属于外销的商品则不算,如运出国境供驻外使领馆使用的货物、旅客个人使用带出国境的货物均不列入出口贸易。

(2)进口贸易指的是将国外生产和国外加工的商品外购后因内销而运进国境,列入进口贸易或输入贸易。不属于内销的货物则不算,如外国使领馆运进供自用的货物、旅客带入供自用的货物均不列入进口贸易。

(3)过境贸易指的是从甲国经过丙国国境向乙国运送商品,货物所有权不属于丙国居民,对丙国来说,列入过境贸易。

(4)复出口是出口贸易的变形,它是指输入本国的外国货物未经加工再输出时(如A国卖主参加B国商品交易所或国际拍卖的交易),货物先运入B国自由贸易区的仓库,未成交货物退回或买主属第三国居民需要运出B国,对B国来说属复出口。

(5)复进口指的是进口贸易的变形。输出国外的本国货物未经加工再输入时,称为复进口,如出口后退货、未售掉的寄货贸易的货物退回国内等,海关将此类情况列入复进口。

2. 按商品形态划分

按商品形态不同,国际贸易可分为有形贸易和无形贸易。

(1)有形贸易是指商品的出口与进口,在通过一国海关时必须申报,海关依照海关税则征税,并列入海关统计。

(2)无形贸易是指劳务的输出与输入,如运输、保险、金融、旅游、租赁和技术等劳务的交换活动,在通过一国海关时不必申报,也不列入海关统计。

3. 按国境和关境划分

按国境和关境,国际贸易可分为总贸易和专门贸易。

(1)总贸易。对外贸易统计时,以国境为界,凡是进入国境的商品一律列入为进口,一定时期内的进口总额为总进口;凡是离开国境的商品一律列入出口,一定时期内的出口总额为总出口。总进口与总出口的总和为一国的总贸易。日本、英国、加拿大、澳大利亚、俄罗斯等国采用总贸易统计。我国亦采用总贸易统计。

（2）专门贸易。对外贸易统计时，以关境为界，一定时期内凡是运入关境的商品列为进口，称为专门进口；凡是运出关境的商品列为出口，称为专门出口。专门进口与专门出口组成专门贸易。法国、德国、意大利、瑞士等国采用专门贸易统计。而美国采用专门贸易与总贸易两种方式分别统计。

总贸易统计比专门贸易统计多出了复出口、复进口与过境贸易。转口贸易与复出口不同，转口贸易列入专门贸易，而复出口列入总贸易。

4．按货物运送方式划分

按货物运送方式不同，国际贸易可分为陆路贸易、海洋贸易、航空贸易、邮购贸易。

（1）陆路贸易适用于有陆上边界的国家之间，运输工具为火车与卡车，集装箱运输门到门较方便。

（2）海洋贸易是国际贸易中最主要的贸易形式，承担了75%以上的国际贸易。因为集装箱船的出现，直接导致了运输量的扩大、运输成本的降低、装卸时间的缩短。

（3）航空贸易是指在国际贸易中采用航空方式运送货物。航空贸易适用于运输鲜活商品、贵重物品。

（4）邮购贸易是指在国际贸易中，采用邮政包裹的方式寄送货物。邮购贸易适用于样品传递以及数量不多的个人购买，主要优点是方便。

5．按有无第三国参加贸易划分

按有无第三国参加贸易，国际贸易可分为直接贸易（无第三国参加）、间接贸易（有第三国参加）、转口贸易。

6．按清算工具的不同划分

按清算工具的不同，国际贸易可分为自由结汇贸易和易货贸易。自由结汇贸易以货币或票据、信用证为支付工具，用记账方式支付。易货贸易结汇用记账方式支付。

（二）国际贸易方式

国际贸易方式是指国际间商品流通所采用的各种方法。随着国际贸易的发展，国际贸易方式日趋多样化。除了采用逐笔售定的方式，还有包销、代理、寄售、招标与投标、拍卖、商品期货交易、加工贸易、对等贸易等。

1．逐笔售定（trade by trade settlement）

逐笔售定即由双方对共同感兴趣的商品，就品质、规格、数量、价格、支付方式、运输方式、交通方式、运输地点和日期等进行谈判、达成协议，并签订合同。合同签订后，双方按合同规定履行义务，执行合同，一笔买卖才算做成。

2．包销（exclusive sales）

包销是国际贸易中习惯采用的方式之一。包销是指出口人（委托人）通过协议把某一种商品或某一类商品在某一个地区和期限内的经营权给予国外某个客户或公司的贸易做法。包销协议的主要内容应包括包销协议的名称、签约日期与地点，包销协议的前文，包销商品的范围，包销地区，包销期限，专营权，包销数量或金额，作价办法，广告、宣传、市场报道和商标保护等。

3. 代理（agency）

代理是指代理人（agent）按照本人（principal）的授权（authorization）代本人同第三人订立合同或作其他法律行为，由此而产生的权利与义务直接对本人发生效力。代理分为总代理（general agency）、独家代理（exclusive agency）和佣金代理（commission agency）三种。

4. 寄售（consignment）

寄售是一种委托代售的贸易方式，也是国际贸易中习惯采用的做法之一。它是指寄售人（出口商）和代销人（国外中间商）签订寄售协议后，寄售人先将货物运至寄售地，委托代销人在当地市场上代为销售，商品售出后，代销人把所得货款扣除其应得佣金及其他费用后，交付给寄售人。

5. 招标与投标（invitation to tender and submission of tender）

招标是指招标人在规定时间、地点发出招标公告或招标单，提出准备买进商品的品种、数量和有关买卖条件，邀请卖方投标的行为。投标是指投标人应招标人的邀请，根据招标公告或招标单的规定条件，在规定的时间内向招标人递盘的行为。因此，招标和投标是一种贸易方式的两个方面。

目前，国际上采用的招标方式有三大类：竞争性招标（competitive bidding）、谈判招标（negotiated bidding）、两段招标（two-stage bidding）。

6. 拍卖（auction）

拍卖是由专营拍卖行接受货主的委托，在一定的地点和时间，按照制定的章程和规则，以公开叫价竞购的方法，最后拍卖人把货物给出价最高的买主的一种现货交易方式。通过拍卖进行交易的商品大多是一些品质不易标准化的，或难以久存的，或习惯上采用拍卖方式进行的商品。拍卖程序不同于一般的出口交易，其交易过程大致要经过准备、看货、出价成交和付款交货四个阶段。

7. 商品期货交易（futures transaction）

商品期货交易是众多的买主和卖主在商品交易所内按照一定的规则，用喊叫并借助手势的方式进行讨价还价，通过剧烈竞争达成交易的一种贸易方式。期货交易是按照交易所预先制定的"标准期货合同"进行的期货买卖，成交后买卖双方并不移交商品的所有权。期货交易根据交易者的目的，有两种不同性质的种类：一种是利用期货合同作为赌博的筹码，买进卖出，从价格涨落的差额中追逐利润的纯投机活动，称为"买空卖空"；另一种是真正从事实物交易的人做的"套期保值"，俗称"海琴"。

8. 加工贸易（processing trade）

加工贸易是一国通过各种不同的方式进口原料、材料或零件，利用本国的生产能力和技术，加工成成品后再出口，从而获得以外汇体现的附加值。

9. 对等贸易（counter trade）

对等贸易在我国又译为"反向贸易""互抵贸易""对销贸易"，也有人把它笼统地称为"易货"或"大易货"。对等贸易是一种既卖又买、买卖互为条件的国际贸易方式。其主要目的是以进带出，开辟各自的出口市场，求得每宗贸易的外汇收支平衡或基本平衡。我们一般可以把对等贸易理解为包括易货、记账贸易、互购、产品回购、转手贸易等（属于货物买卖范畴），以进出口结合、出口抵补进口为特征的各种贸易方式的总称。

小提示

拍卖按出价方法可以分为以下三种：① 增价拍卖，也称买方叫价拍卖。这是最常用的一种拍卖方式。拍卖时，由拍卖人（auctioneer）提出一批货物，宣布预定的最低价格，估价后由竞买者（bidder）相继叫价，竞相加价，有时规定每次加价的金额额度，直到拍卖人认为无人再出更高价时，由拍卖人击锤表示竞买结束。② 减价拍卖，又称荷兰式拍卖（Dutch auction）。这种方法先由拍卖人喊出最高价格，然后逐渐减低叫价，直到有某一竞买者认为已经低到可接受的价格，表示买进。③ 密封递价拍卖（sealed bids/closes bids）又称招标式拍卖。采用这种方法时，先由拍卖人公布每批商品的具体情况和拍卖条件等，然后由各方在规定时间内将自己的出价密封递交拍卖人，以供拍卖人进行审查比较，决定将该货物卖给哪一个竞买者。这种方法不是公开竞买，拍卖人有时要考虑除价格以外的其他因素。有些国家的政府或海关在处理库存物资或没收货物时往往采用这种拍卖方法。

三、国际贸易理论

经济学家提出了几个理论来解释国际贸易，这些理论均有相应的实证支持。下面的四个理论是解释双边贸易最普遍的理论。

（一）亚当·斯密的绝对优势理论

亚当·斯密于 1776 年在《国富论》中最先提出了绝对优势理论："如果一个国家能够以比我们自己生产这种商品更便宜的价格提供该种商品，最好用我们国家具有优势的产品的收入来从这个国家购买该商品。"

绝对优势理论很容易理解。假设位于法国的一家公司用相同的劳动一年能够生产 20 000 L 葡萄酒或 2 台机器，而位于德国的公司用同样的劳动可以生产 15 000 L 葡萄酒或 3 台机器。很显然，法国在酿造葡萄酒方面具有绝对优势，德国在制造机器方面具有绝对优势。因此，法国的公司生产葡萄酒，德国的公司生产机器对双方最有利。这一理论不仅注意到劳动，而且注意到用于生产的所有资源。一家公司如果能够用同样的输入生产出更多的产品，那么这家公司就具有绝对优势。换句话说，一家更有效率的公司具有绝对优势。

在国际贸易中有很多绝对优势的例子。一些国家或地区"专门从事"特定的种植或制造，是因为它们具有超越其他国家或地区的绝对优势。例如，科威特生产的石油比其他国家便宜，它的经济所需几乎全靠进口。中国台湾生产世界上大部分随机处理芯片，用这些收入进口其他生产效率不高的产品或商品，如从巴西进口大豆。

（二）李嘉图的比较优势理论

我们通常把比较优势理论归功于李嘉图，但实际上罗伯特·托伦斯 1815 年在其《论对外谷物贸易》一文中最先给出了这一理论框架。李嘉图在其 1817 年出版的《政治经济学及赋税原理》中用数字举例证明了这一理论，从而使这一理论被人们广泛接受。

比较优势的原理不像绝对优势那么简单。假设英国的公司用一年的劳动能生产出 5 台机器或25吨小麦。巴西的公司用同样的劳动生产出3台机器或21吨小麦。在这个例子中，按照绝对优势理论，英国在机器和小麦两个方面都具有绝对优势。

然而，英国在生产机器方面具有比较优势，巴西在生产小麦方面具有比较优势。对于英国，生产25吨小麦要放弃5台机器，换句话说，1台机器的成本是5吨小麦。对于巴西，为了21吨小麦要放弃3台机器，也就是说，1台机器的成本是7吨小麦。因此，双方应以6吨小麦换取1台机器的价格达成协议。英国生产机器的经济效益比种植小麦好，巴西种植小麦的经济效益比生产机器要好。

比较优势理论存在于大多数公司间的国际交换。很多公司专门从事某一种有效率商品的生产，这些专门产品给予它们一种比较优势。福特汽车公司在其历史发展的一个时期建立了胭脂河工厂（River Rouge Plant），铁矿石和煤从工厂的一端输入，完工的汽车从工厂另一端的流水线上开下来。现在，福特汽车在设计和组装汽车方面获得了比较优势，众多供应商利用它们的比较优势与福特进行业务往来：印度米塔尔钢铁公司（Mittal Steel）为福特提供钢板，加拿大铝业集团（Alcan）为福特提供铝产品，TRW汽车集团为福特提供安全产品，等等。虽然福特汽车公司自己能够生产这些产品，但它不是选择生产，而是从那些生产零件更有效率的公司购买。

（三）赫克歇尔-俄林的资源禀赋理论

资源禀赋理论由赫克歇尔（Heckscher）和俄林（Ohlin）于1933年提出。这一理论建立在李嘉图的比较优势思想基础上。李嘉图对资源禀赋的解释建立在比较一个国家用劳动生产产品的效率方面，并用这些国家技术水平上的不同来解释其在生产该种产品能力上的不同。

资源禀赋理论扩展了这一思想，假设即使技术水平相同，一些国家仍较其他国家有比较优势，因为这些国家生产该种产品的资源更加丰富。经济学家认为生产要素有四种——土地、劳动、资本和创业能力，这四种资源中的某一种比较丰富的国家较其他国家具有比较优势。

资源禀赋理论解释了为什么某些国家专门生产某些产品。阿根廷拥有大量的牧场，因此在牛肉生产方面具有比较优势。印度拥有大量受过教育的劳动力，因此在呼叫中心方面具有比较优势。美国对创业的报酬非常优厚，因此在创新和开发智力产品方面具有比较优势。

（四）国际产品生命周期理论

国际产品生命周期理论由雷蒙德·弗农（Raymond Vernon）于1966年提出，这一理论解释了国际贸易发展的三个阶段。

第一阶段，公司发明了一种新产品来满足市场需求。这通常发生在发达国家。因为这些国家有相当数量的对推出新产品有需求的顾客，生产这种产品所需的专有技术也只能在这些国家获得。由于创新产品生产过程中会遇到很多难以预料的问题，需要认真监控生产过程，公司在创新国家生产新产品。随着产品逐渐被接受，公司将产品出口到其他有同样市场需求的发达国家。

第二阶段，其他发达国家的市场销量开始增长，本地的竞争者发现有大量的消费者需要原产品的仿制品，导致替代的生产过程和专利出现。销售量进一步增长，产品的生产过程被更好地控制并且在一定程度上被标准化，很多公司掌握了生产这种产品的细节。同时，发展中国家高收入阶层从发达国家进口这一产品，发展中国家的市场开始出现。

第三阶段，产品的生产过程日渐普及并成为常规程序，这时有了降低产品成本的压力。同时，发展中国家的市场开始达到一定规模，发展中国家的企业开始生产这种产品，通常是按与发达国家签订的生产合同。由于成熟产品的生产成本中的大部分是劳动成本，这些企业开始向发达国家大量出口，逐渐替代了这些市场的所有生产能力。

一个强有力的证据支持产品生命周期理论。第一台电视机是在英国生产并销售的，最后在美国、日本、澳大利亚、新西兰大量生产。随着电视机受欢迎程度的增加，发达国家的所有生产设施最终被东南亚发展中国家的生产设施所替代。2006年，美国就完全没有生产电视机的生产设施了。

☆ 小提示

迈克尔·波特（Michael Porter）于1990年提出集群理论。这一理论不是国际贸易理论，它解释了为什么某些地区尽管不具备从事生产的任何优势，却能够在世界范围内发展具有绝对（相对）优势的独特技术或产品。

集群理论认为一群同一产业的企业和它们的供应商在同一地区是很关键的。这些公司相互提供专门知识，竞争使它们加快创新。此外，当这种聚集存在时，优秀的员工渴望去这一地区，因为他们知道在那里很容易找到职位。随着他们从一家公司换到另外一家公司，也带走了他们从以前雇主那里学到的专门知识。这样，创新从一家公司"转移"到另一家公司。相同的情况下，这些雇员提出了一些新技术和想法，但他们的雇主并不付诸实施，于是他们自己建立一家公司，继续探求这些新技术和想法。这样，创新就在这一地区得到发展。

四、主要国际贸易政策

国际贸易运输是国际物流的一个环节，国际物流是国际贸易的一个实现过程。国际贸易政策直接影响国际贸易进而影响国际物流的成本和效率。

（一）关税

虽然国际贸易和国际运输为各国经济带来利益，但是所有国家出于对本国经济利益的考虑，对他国会采取一定的贸易限制，而关税是历史上采用最多的限制手段。

依据关税课征的种类，关税分为进口关税、进口附加税、出口税和过境税等。依照关税的征收方法不同，关税又被分为从量税、从价税、选择税和混合税。

在第二次世界大战结束以后，西方主要发达国家的关税水平一直呈下降趋势，目前的平均关税水平在3%左右。关税对进口国和出口国的生产、消费、贸易、福利产生重要影响，而这些方面都不同程度地影响着国际物流。

进口国征收关税不利于出口国的出口品生产者，但有利于出口国的消费者。进口国征收进口关税，将刺激国内生产者增加产品的生产，相应地会对进口商品造成替代。同时征收关税后，该种产品的价格会上升，导致进口国对此种商品进口量需求的减少，进口规模的缩减意味着出口国的生产商被迫减少该种商品的生产和出口量。在出口国生产规模保持不变的情况下，该国的国内市场在原有价格水平上会出现供大于求的状况，从而迫使厂商降低商品在本国的销售价格。这种价格的降低显然对消费者有利，而对生产者不利。通过以上分析，征收进口关税有利于进口国的进口竞争品的生产者和出口国消费者，却不利于进口国的消费者和出口国出口品的生产者。可以说，在一定程度上征收进口关税破坏了世界市场的统一性，其标志是针对同一种商品，某个国家有一个不同于其他国家的市场价格。

（二）非关税壁垒和新贸易保护主义

从历史上看，虽然关税一直是贸易限制的重要手段，同时也存在着许多非关税的贸易壁垒，如进口配额、主动贸易限制、反倾销措施等。通过 WTO 等国际组织的努力，各个经济体的关税在第二次世界大战后都降低了很多，非关税壁垒的作用却大大加强了。

非关税壁垒是指采用关税以外的其他手段来达到限制贸易的目的。其政策目的同样是为限制进口和保护本国相关产业。

1．进口配额

配额是最重要的非关税壁垒，是对进口或出口商品的总量实施的直接数量限制。进口配额有保护一国国内农业、工业，以及维持贸易平衡的作用。

进口配额按不同的划分标准有三种形式：① 绝对配额和关税配额。② 全球配额和国别配额。③ 优惠性配额与非优惠性配额。进口配额通常与进口许可证相结合，限制某种商品的进口数量。许可证是由一国海关签发的允许一定数量的某种商品进入关境的证明。

2．出口补贴

出口补贴是一国政府为鼓励某种商品的出口，对该商品所给予的直接或间接补助。直接补助是政府直接向出口商提供现金补助或津贴。间接补助是政府对选定的商品的出口给以税收上的优惠，其中包括对出口商减免国内税收、向出口商提供低息贷款等。目的是降低本国商品的出口价格，提高其在国际上的竞争力，扩大某种商品的出口量。

3．倾销与反倾销

倾销是一种价格歧视行为，指出口商为达到向国外市场扩张的目的，以低于本国国内价格或成本的方式向国外销售商品的行为。与之相对应，反倾销是指一国政府对被认定为"倾销"的商品课以重税或给予其他限制。

倾销行为主要分为两种：一是持续性倾销；二是掠夺性倾销。判定是否倾销，依据有三点：① 进口国生产同类产品的企业是否受到低价进口品的冲击，致使其市场份额明显减少。② 进口国同类企业的利润水平是否明显下降。③ 在低价进口商品的冲击下，进口国的同类工业是否难以建立。

4．服务贸易政策

国际物流与国际贸易成本息息相关，物流成本是商品价格的增加部分。在国际贸易的进口或出口过程中，都会产生运输和保险的成本。如果运输和保险服务是由出口国提供的，那么进口国在进口商品的同时，还要提供进口到达卸货港之前的运输服务，以及货物移动过程中的保险服务。如果进口国能够提供运输和保险服务，那么就只需进口商品。在实际活动中，不仅进出口涉及服务贸易问题，在交叉贸易的情况下，由第三国承运进口国、出口国的货物也涉及此类问题。例如，挪威具有发达的远洋航运能力，其拥有的船舶运力远远超过了本国的进出口需求。

第二节　国际贸易术语与国际贸易惯例

一、国际贸易术语概述

在国际货物买卖、运输、交接的过程中，需要办理进出口清关手续，安排运输与保险，支付各项税捐和费用。货物的装卸、运输过程中，还有可能遭受自然灾害、意外事故和其他各种各样的外来损害。有关上述责任由谁负责，手续由谁办理，费用由谁负担，风险如何划分，就成为国际贸易实际业务中买卖双方必须明确解决的问题。这样，经过长期的国际贸易实践，逐渐形成了适应各种需求的贸易术语。贸易术语是为适应国际贸易的特点，在实践中形成的一种贸易惯例。当买卖双方在合同中确定采用某种贸易术语时，就要求合同的其他条款都与其相适应。这种用来表示交易双方所承担的责任、费用与风险的专门术语，称为贸易术语（trade terms），又称价格术语。它是一个简短的概念或几个英文字母的缩写，用来说明价格的构成及买卖双方在交货或接货过程中应尽的义务。自 19 世纪以来，随着航运业、保险业、银行业和通信业的发展，人们对解决国际贸易中遇到的问题，逐渐形成了一套相对固定的习惯做法，如装运港船上交货（free on board，FOB）、成本加运费（cost and freight，CFR）和货交承运人（free carrier，FCA）。

二、有关国际贸易术语的惯例

所谓国际贸易惯例，是指在国际贸易实践中逐步形成的、具有较普遍指导意义的一种习惯做法或者解释。自从 FOB、CIF（cost, insurance and freight，成本、保险费加运费）两个贸易术语出现后，大大推动了国际贸易的发展，随后又相继出现了许多贸易术语。到 20 世纪 20 年代，一些国际性组织为了防止不同国家对一些贸易术语做出不同的解释，开始对贸易术语做出具有通则性、规范性的解释，以便规范国际贸易交易行为，于是国际上先后出现了关于贸易术语的惯例。目前，在国际上有关贸易术语的惯例有三种，分述如下。

（一）1932 年华沙–牛津规则

该规则是由国际法协会（International Law Association）所制定的。该协会于 1928 年在华沙举行会议，制定了关于 CIF 买卖合同的统一规则，共 22 条，称为《1928 年华沙规则》。其后在 1930 年纽约会议、1931 年巴黎会议和 1932 年牛津会议修订为 21 条，并定名为

《1932年华沙-牛津规则》（*Warsaw-Oxford Rules 1932*，简称 *W. O. Rules 1932*）。

这一规则主要说明 CIF 买卖合同的性质和特点，对 CIF 合同中买卖双方所承担的费用、责任和风险做了具体的规定，而且对货物所有权转移的方式等问题有比较详细的解释。

（二）1941年美国对外贸易定义修订本

1919 年美国 9 大商业团体制定了《美国出口报价及其缩写条例》（*The U. S. Export Quotations and Abbreviations*）。而后，因贸易习惯发生了很多变化，在 1940 年美国举行的第 27 届全国对外贸易会议上对该定义做了修订，随后在 1941 年 7 月 30 日经美国商会、美国进出口商协会和美国全国对外贸易协会所组成的联合委员会通过，改称《1941 年美国对外贸易定义修订本》（*Revised American Foreign Trade Definitions 1941*）。该修订本对 EX、FOB、FAS、CFR、CIF、DEQ 6 种贸易术语做了以下解释。

（1）EX（point of origin），原产地交货。

（2）FOB（free on board），装运港船上交货。

（3）FAS（free along side），在运输工具旁交货。

（4）CFR（cost and freight），成本加运费。

（5）CIF（cost, insurance and freight），成本、保险费加运费。

（6）DEQ（delivered ex quay），目的港码头交货。

美国对外贸易修订本对 FOB 术语的特殊解释，主要体现在以下几个方面。

（1）美国对 FOB 笼统地解释为在任何一种运输工具上交货。因此，对美加地区进出口货物签订 FOB 合同时，必须在 FOB 后加上"vessel"（船）字样，并列明装运港名称，才表明卖方在装运港船上交货。

（2）在风险划分上，不以装运港船舷为界，而以船舱为界，即卖方所承担货物装到船舱为止所发生的一切丢失和残损责任。

（3）在费用负担上，规定买方要支付卖方协助提供出口单证的费用以及出口税和因出口而产生的其他费用。

（4）FOB 有 6 种不同解释。因此，从美国或美洲地区国家进口货物使用 FOB 术语时，应当在合同及信用证内明确使用的是哪种解释，以免发生纠纷。

上述"定义"多被美国、加拿大以及其他一些美洲国家所采用，由于其内容与一般解释相距较远，国际间很少采用。近年来美国的商业团体或贸易组织也曾表示放弃他们惯用的这一"定义"，将尽量采用国际商会制定的《国际贸易术语解释通则》。

（三）2020年国际贸易术语解释通则

如上所述，许多国际组织制定了各自的规则用来解释贸易术语，这些规则在国际贸易中具有不同程度的影响，其中国际商会制定的规则最具影响力。

国际商会在 20 世纪 20 年代初开始对重要的贸易术语做统一解释的研究，并于 1936 年在法国巴黎提出了一套解释贸易术语的具有国际性的统一规则，当时定名为 *INCOTERMS 1936*，其副标题为 *International Rules for the Interpretation of Trade Terms*，即《1936 年国际贸易术语解释通则》。随后，国际商会为了适应国际贸易实践的不断发展，曾先后 8 次（分别在 1953 年、1967 年、1976 年、1980 年、1990 年、2000 年、2010 年和 2020 年）对 INCOTERMS 做了修订和补充。现行的《国际贸易术语解释通则 2020》（简称 2020 通则）于 2019 年 10 月修订完成，并于 2020 年 1 月 1 日起生效。

2020 通则的修订，既有结构上的调整，也有内容上的变化，但总体上沿袭了 2010 年通则的传统（2 类，即适合于各种运输方式和适合于水上运输方式 2 类的贸易术语；4 组，即 E、F、C、D 组；11 个术语，即术语数量相同，但个别术语表达发生变化，具体在后面章节内容里介绍），同时更加接近当前贸易实践。

2020 通则对 2010 年通则的主要修改如下。

1. 将 DAT 改为 DPU

2010 年通则，DAT（delivered at terminal，运输终端交货）由卖方在指定港口或目的地运输终端（如火车站、航站楼、码头）将货物卸下完成交货；2020 通则，DPU（delivered at place unloaded，卸货地交货）由卖方将货物交付至买方所在地可以卸货的任何地方，无须在运输终端，但要负责卸货，承担卸货费。

2. CIP 和 CIF 关于保险的规定

2020 通则对 CIF 和 CIP 中的保险条款分别进行了规定，CIF 术语下，卖方只需要承担运输最低险（平安险），但是买卖双方可以规定较高的保额；而 CIP 术语下，如果没有特别约定，卖方需要承担最高险（一切险减除外责任），相应的保费也会更高。也就是说，在 2020 通则中，使用 CIP 术语，卖方承担的保险义务变大，而买方的利益会得到更多保障。

3. FCA 术语下附加已装船提单

在 FCA 术语下，买卖双方可以约定，买方可指示其承运人在货物装运后向卖方签发已装船提单，然后卖方有义务向买方提交该提单。

4. 在 FCA、DAP、DPU 和 DDP 中，卖方或买方选择自己的运输工具运输的相关条款

2010 年通则，假定在从卖方运往买方的过程中货物由第三方承运人负责；2020 通则，卖方或买方既可以委托第三方承运，也可以自运。

5. 安保费用

在运输义务和费用中列入与安全有关的要求，即将安保费用纳入运输费用，谁承担运输费用，谁承担运输中的安保费用。

需要注意的是，2020 通则实施后并不意味着前面的通则自动废止，也就是说，当事人在订立贸易合同时仍然可以选择适用 2010 通则或 2000 通则甚至 1990 通则。如果当事人愿意采纳 2020 通则（或其他版本），应在合同中特别注明——本合同受 2020 通则（或其他版本）的管辖。

三、国际贸易惯例的性质与作用

国际贸易惯例是由国际组织和权威机构为了减少贸易争端，规范贸易行为，根据长期、大量贸易实践制定出来的。也就是说，国际贸易业务中反复实践的习惯做法经过权威机构加以总结、编纂与解释，便形成国际贸易惯例。

国际贸易惯例的适用与否以当事人的自治为基础，即惯例本身不是法律，它对贸易双

方不具有强制约束力,所以买卖双方有权在合同中做出与某项惯例不符的规定。一旦合同有效成立,双方均要履行合同规定的义务,一旦发生争议,法院和仲裁机构须维护合同的有效性。但国际贸易惯例对国际贸易实践仍具有重要的指导作用,主要体现在:若双方都同意采用某种惯例来约束该项交易,并在合同中做出明确规定,那么这项约定的惯例就具有强制性;若双方在合同中既未排除,也未注明该合同适用某项惯例,当合同执行中发生争议时,受理该争议案的司法和仲裁机构往往会引用某一国际贸易惯例来进行判决或裁决,这是因为各国立法和国际公约赋予了它法律效力。例如,我国法律规定,凡中国法律没有规定的,适用国际贸易惯例。另外,《联合国国际货物销售合同公约》规定,合同没有排除的惯例、已经知道或应当知道的惯例、经常使用反复遵守的惯例适用于合同。因此,国际贸易惯例本身虽然不具有强制性,其对国际贸易实践的指导作用却不容忽视。

四、11种国际贸易术语的含义

(一)适合于各种运输方式的贸易术语

1. EXW 术语的含义

EXW 的全称是 ex works(...named place of delivery),中文意思为"工厂交货"(……指定交货地点),是指卖方将货物从工厂(或仓库)交付给买方,除非另有规定,卖方不负责将货物装上买方安排的车或船上,也不办理出口报关手续。买方负担自卖方工厂交付后至最终目的地的一切费用和风险。

卖方的主要义务如下。

(1)在合同规定的时间、地点将符合合同要求的货物交给买方处置,此时风险和费用由卖方转移给买方。

(2)提供商业发票或EDI、交货与合同相符的证明(一般为检验检疫证书)。

(3)通知买方交货的时间和地点。

买方的主要义务如下。

(1)承担在卖方所在地受领货物的全部费用和风险。

(2)自负风险和费用,办理货物的出口、进口许可证或其他官方证件。

(3)将货物从交货地点运至最终目的地。

(4)通知卖方在有效时期内提货的时间,否则承担期满后货物的一切风险和费用。

2. FCA 术语的含义

FCA 的全称是 free carrier(...named place of delivery),中文意思为"货交承运人"(……指定交货地点),是指卖方在指定地点将已经出口清关的货物交付给买方指定的承运人,完成交货。根据商业惯例,当卖方被要求与承运人通过签订合同进行协作时,在买方承担风险和费用的情况下,卖方可以照此办理。

卖方的主要义务如下。

(1)自负风险和费用,取得出口许可证或其他官方批准证件,在需要办理海关手续时,办理货物出口所需的一切海关手续。

(2)在合同规定的时间、地点,将货物交给指定承运人,并及时通知买方。

（3）承担将货物交给承运人之前的一切费用和风险。

（4）自负费用，向买方提供交货的通常单据。

买方的主要义务如下。

（1）签订从指定地点承运货物的合同，支付有关的运费，并将承运人名称及有关情况及时通知卖方。

（2）自负风险和费用，取得进口许可证或其他官方批准的证件，并且办理货物进口所需的一切海关手续。

（3）根据买卖合同的规定受领货物并支付货款。

（4）承担受领货物之后所发生的一切费用和风险。

3．CPT 术语的含义

CPT 的全称是 carriage paid to（...named place of destination），中文意思为"运费付至"（……指定目的地），指卖方将货物交给其指定的承运人，并须支付将货物运至指定目的地的运费，买方则承担交货后的一切风险和其他费用。该术语适用于各种运输方式，包括多式联运。

卖方的主要义务如下。

（1）在合同规定的时间、地点，将合同规定的货物置于买方指定的承运人控制下，并及时通知买方。

（2）必须提供符合合同规定的货物和商业发票，或具有同等效力的电子数据。

（3）必须自负费用按通常条件订立运输合同，经惯常路线、按习惯方式将货物运至指定目的地的约定地点或其他合适的具体地点。

（4）必须承担将货物交给承运人控制之前的风险。

（5）自负风险和费用，取得出口许可证或其他官方批准的证件，并办理出口清关手续，支付关税及其他有关费用。

买方的主要义务如下。

（1）接受卖方提供的有关单据，受领货物，并按合同规定支付货款。

（2）承担自货物在约定交货地点交给承运人控制之后的风险。

（3）自负风险和费用，取得进口许可证或其他官方批准的证件，办理货物进口所需的海关手续，支付关税及其他有关费用。

4．CIP 术语的含义

CIP 的全称是 carriage and insurance paid to（...named place of destination），中文意思为"运费、保险费付至"（……指定目的地），指卖方将货物交给其指定的承运人，支付将货物运至指定目的地的运费，为买方办理货物在运输途中的货运保险，买方则承担交货后的一切风险和其他费用。

卖方的主要义务如下。

（1）必须提供符合合同规定的货物和商业发票，或具有同等效力的电子数据，以及合同可能要求的证明货物符合合同的其他证件。

（2）在合同规定的时间、地点，将合同规定的货物置于买方指定的承运人控制下，并及时通知买方。

（3）订立货物运往指定目的地的运输合同，并支付有关运费。

（4）按照买卖合同的约定，自负费用投保货物运输险。

（5）承担货物交给承运人控制之前的风险。

（6）自负风险和费用，取得出口许可证或其他官方批准的证件，并办理出口清关手续，支付关税及其他有关费用。

买方的主要义务如下。

（1）接受卖方提供的有关单据，受领货物，并按合同规定支付货款。

（2）承担自货物在约定交货地点交给承运人控制之后的风险。

（3）自负风险和费用，取得进口许可证或其他官方批准的证件，并且办理货物进口所需海关手续，支付关税及其他有关费用。

5. DAP 术语的含义

DAP 的全称是 delivered at place（...named place of destination），中文意思为"目的地交货"（……指定目的地）。当使用 DAP 术语成交时，卖方要负责将合同规定的货物按照通常航线和惯常方式，在规定期限内将装载与运输工具上准备卸载的货物交由买方处置，即完成交货，卖方负担将货物运至指定地为止的一切风险。

卖方的主要义务如下。

（1）必须签订运输合同，支付将货物运至指定目的地或指定目的地内的约定地点所发生的运费。

（2）在指定目的地将符合合同约定的货物放在已抵达的运输工具上交给买方处置时即完成交货。

（3）必须向买方发出所需通知，以便买方采取收取货物通常所需的措施。

（4）承担在指定目的地运输工具上交货之前的一切风险和费用。

（5）自负风险和费用，取得出口所需的许可或其他官方授权，办理货物出口和交货前从他国过境运输所需的一切海关手续。

（6）提供商业发票或具有同等作用的电子信息。

买方的主要义务如下。

（1）承担在指定目的地运输工具上交货之后的一切风险和费用。

（2）自负风险和费用取得进口所需的许可或其他官方授权，办理货物进口所需的一切海关手续。

（3）按合同约定收取货物，接受交货凭证，支付价款。

6. DPU 术语的含义

DPU 的全称是 delivered at place unloaded（...named place of destination），中文意思为"目的地卸货后交货"（……指定目的地），是指卖方在指定目的地或目的港集散站卸货后将货物交给买方处置即完成交货，卖方承担将货物运至买方指定目的地或目的港集散站的除进口费用外的一切风险和费用。

卖方的主要义务如下。

（1）卖方承担用运输工具把货物运送到目的地，并将货物卸载到目的地指定的终点站交付给买方之前的所有风险和费用，包括出口货物时报关手续和货物装船所需的各种费用和风险。

（2）提供符合合同规定的货物。

（3）办理出口手续。

（4）办理货物运输。

（5）移交有关货运单据或数字信息。

买方的主要义务如下。

（1）在卖方按照合同规定交货时受领货物，按合同规定支付价款；承担自收货之时起一切关于货物损坏和灭失的风险，以及支付自交货之时起与货物有关的一切费用。

（2）如需办理清关事宜，则买方必须自负风险和费用办理清关手续，缴纳进口关税、捐税及其他进口费用。否则，买方必须承担由不履行该项义务而产生的一切货物损坏和灭失的风险，并支付由此带来的一切额外费用。

（3）买方需承担从到达的运输工具上为收取货物所需的一切卸货费用。

（4）应卖方请求并在卖方承担风险和费用的前提下，及时向卖方提供货物运输和出口或通过任何国家所需的文件及信息，并给予协助。否则，买方必须支付因未及时提供信息和协助而产生的一切损失及费用。

（5）支付装船前检查的费用，但由出口国主管部门进行的强制检查产生的费用除外。

7．DDP 术语的含义

DDP 的全称是 delivered duty paid（...named place of destination），中文意思为"完税后交货"（……指定目的地），是指卖方在指定的目的地办完清关手续，将在交货的运输工具上尚未卸下的货物交给买方处置，即完成交货。卖方承担将货物运至目的地的一切风险和费用，包括在需要办理海关手续时在目的地应缴纳的任何进口税费。

卖方的主要义务如下。

（1）必须提供符合销售合同规定的货物和商业发票或有同等作用的电子信息，以及合同可能要求的、证明货物符合合同规定的其他凭证。

（2）必须自担风险和费用，取得任何出口许可证和进口许可证或其他官方许可或其他文件，并办理从他国过境所需的一切海关手续，支付关税及其他有关费用。

（3）必须在约定的日期或交货期限内，在指定的目的地将在交货运输工具上尚未卸下的货物交给买方或买方指定的其他人处置。

（4）必须承担货物灭失或损坏的一切风险，直至已经按照规定交货为止。

（5）必须自付费用向买方提供交货凭证、运输单据或有同等作用的电子讯息。

买方的主要义务如下。

（1）必须按照销售合同规定支付价款。

（2）应卖方要求，并由其负担风险和费用，买方必须给予卖方一切协助，帮助卖方在需要办理海关手续时取得货物进口所需的进口许可证或其他官方许可。

（3）必须承担按照规定交货时起货物灭失或损坏的一切风险。

（4）一旦买方有权决定在约定期限内的时间和/或在指定的目地港受领货物的地点，

买方必须就此给予卖方充分通知。

（5）必须接受按照规定提供的提货单或运输单据。

（6）必须支付任何装运前检验的费用，但出口国有关当局强制进行的检验除外。

（二）适合于水上运输方式的贸易术语

1. FAS 术语的含义

FAS 的全称是 free alongside ship（...named port of shipment），中文意思为"船边交货"（……指定装运港），通常称作装运港船边交货，是指卖方将货物运至指定装运港的船边或驳船内交货，并在需要办理海关手续时，办理货物出口所需的一切海关手续，买方承担自装运港船边（或驳船）起的一切费用和风险。

卖方的主要义务如下。

（1）负责将货物按规定的期限交到指定的装运港买方所指派的船边。

（2）负责办理货物的出口手续，承担出口清关的费用。

（3）承担自货物在指定地点交由买方船边为止的风险和费用。

买方的主要义务如下。

（1）接受卖方提供的有关单据，受领货物，并按合同规定支付货款。

（2）承担货物在指定地点交由船边为止的风险和费用。

（3）自负风险和费用，取得进口许可证或其他官方批准的证件，并且办理货物进口所需海关手续，支付关税及其他有关费用。

2. FOB 术语的含义

FOB 的全称是 free on board（...named port of shipment），中文意思为"装运港船上交货"（……指定装运港），是指卖方必须在合同规定的日期或期限内，将货物运到合同规定的装运港口，并交到买方指派的船上，即完成其交货义务。

卖方的主要义务如下。

（1）负责在合同规定的日期或期限内，将符合合同规定的货物交至买方指派的船上，并及时通知买方。

（2）负责取得出口许可证或其他官方批准的证件（商检证、原产地证等），并办理货物出口所需的一切海关手续。

（3）负担货物在装运港交到买方所派船只上之前的一切费用和风险。

（4）负责提供商业发票和证明货物已交至船上的通常单据（已装船海运提单）。如果买卖双方约定采用电子通信，则所有单据均可被具有同等效力的电子数据交换信息（EDI message）代替。

买方的主要义务如下。

（1）根据买卖合同的规定受领货物并支付货款。

（2）负责租船或订舱、支付运费，并将船名、装船地点和交货时间及时通知卖方。

（3）自负风险和费用，取得进口许可证或其他官方批准的证件，并负责办理货物进口所需的一切海关手续。

（4）负担货物在装运港交到自己所派船只上之后的一切费用和风险。

3．CFR 术语的含义

CFR 的全称是 cost and freight（…named port of destination），中文意思为"成本加运费"（……指定目的港），是指买方应在合同规定的装运港和规定的期限内，将货物装上船，并及时通知买方。货物装上船以后发生的灭失或损害的风险，以及因货物交付后发生的事件所引起的任何额外费用，自交付之日起即由卖方转移给买方。

卖方的主要义务如下。

（1）负责在合同规定的时间和装运港，将约定的货物装上船，运往指定目的港，并及时通知买方。

（2）负责办理货物出口手续，取得出口许可证或其他官方批准的证件。

（3）负责租船或订舱，并支付至目的港的正常运费。

（4）负担货物在装运港交到自己安排的船只上之前的一切费用和风险。

（5）负责提供符合合同规定的货物和商业发票，或具有同等效力的电子数据交换信息，以及合同规定的运输单据和其他相关凭证。

买方的主要义务如下。

（1）负责按合同规定支付价款。

（2）自负风险和费用，办理货物进口手续，取得进口许可证或其他官方批准的证件。

（3）负担货物在装运港交到卖方安排的船只上之后的一切费用和风险。

（4）按合同规定接收货物，接受运输单据。

4．CIF 术语的含义

CIF 的全称是 cost, insurance and freight（…named port of destination），中文意思为"成本、保险费加运费"（……指定目的港）。采用 CIF 术语成交时，卖方也是在装运港将货物装上船完成其交货义务。卖方负责按通常条件租船订舱，支付货物运至指定目的港所需的费用和运费，但是货物交付后的灭失或损坏的风险，以及因货物交付后发生的事件所引起的任何额外费用自交付时起由卖方转移给买方承担。卖方在规定的装运港和规定的期限内将货物装上船后，要及时通知买方。

卖方的主要义务如下。

（1）在合同规定的期限内，在装运港将符合合同的货物交至运往指定目的港的船上，并给予买方装船通知。

（2）负责办理货物出口手续，取得出口许可证或其他核准证书（原产地、商检证书等）。

（3）负责租船或订舱并支付到目的港的海运费。

（4）负责办理货物运输保险，支付保险费。

（5）负担货物在装运港交到自己安排的船只上之前的一切费用和风险。

（6）负责提供货物运往指定目的港的通常运输单据、商业发票和保险单，或具有同等效力的电子信息。

买方的主要义务如下。

（1）负责办理进口手续取得进口许可证或其他核准证书。

（2）负担货物在装运港交到卖方安排的船只上之后的一切费用和风险。

(3) 收取卖方按合同规定交付的货物，接受与合同相符的单据。

第三节　国际贸易业务流程

一、交易前的准备工作

（一）出口交易前的准备工作

（1）国际市场调研：① 了解进口国的政治情况；② 了解进口国的经济情况；③ 了解进口国的对外贸易情况；④ 了解进口国的其他情况。

（2）确定销售市场，建立业务关系。

（3）确定出口商品经营方案。制订出口商品经营方案是为了完成某种或某类的商品出口任务而确定经营意图、需要达到的最高或最低目标及为实现该目标所应采取的策略、步骤和做法。

（4）广告宣传和无形资产的保护。主要是注意当地有关商标的规定和公报，办好注册手续。

（二）进口交易前的准备工作

（1）进行市场调查。正确分析进口商品的技术经济效益，以及主要供应国和主要供应商的供应情况和价格趋势，了解商品经营情况和不同厂商的商品品质、价格、成交条件和交易者的资信状况等，并进行进口成本核算。

（2）进行商品调研。其包括有关商品的产、供、销和客户情况，商品的价格趋势，以及供应商的资信情况等。

（3）落实进口许可证和外汇。必须认真落实进口许可证并保证外汇来源确无问题，才能着手办理进口洽谈订货业务。

（4）研究制订进口商品经营方案。

（5）进口成本核算。企业进口商品，无论在国内销售还是自身使用、加工，都必须核算进口成本，以便进行经济效益分析，做到进口合理化。

二、交易磋商

交易磋商是指国际贸易的买卖双方为了协调双方的经济利益，达成共识，促进交易而进行的交易条件协商。交易磋商以成立合同为目的，一旦双方对各项交易条件协商一致，买卖合同即告成立。交易磋商的过程也就是合同成立的过程。交易磋商的形式可分为口头和书面两种，以书面磋商为主。国际贸易的合同磋商可以分为进口合同的磋商和出口合同的磋商。

交易磋商的内容包括商品名称、数量、品质、规格或花色品种、包装、价格、交货方式、运输方式、付款方式、发生意外的处理方式、保险、检验检疫、索赔、不可抗力和仲裁等交易条件。完整的磋商程序一般可分为四个环节，即询盘、发盘、还盘和接受。其中，发盘和接受是达成交易不可缺少的两个重要环节。

三、订立合同

1．合同有效成立的条件

（1）合同当事人必须具有订立合同的行为能力。

（2）合同必须有对价或约因，即合同当事人之间相互给付、互为有偿。

（3）合同的内容必须合法。

（4）合同必须符合法律规定的形式。

（5）合同当事人的意思必须真实。

2．合同的内容

书面合同的内容一般包括三个部分：约首、本文和约尾。约首，即合同的首部，包括合同名称、合同编号、合同签订的日期和地点、约定双方名称和地址等。本文是合同的主要组成部分，是对各项交易条件的具体规定，其中包括商品名称、品质规格、数量或重量、包装、价格、运输、保险、支付方式、检验、履行期限和地点、违约的处理和解决等内容。约尾，即合同的尾部，通常载明合同使用的文字及其效力、合同正本的份数、附件及其效力，以及有正当权限的双方当事人代表的签字。

3．合同成立的时间

根据《联合国国际货物销售合同公约》的规定，接受在送达发盘人时生效。接受生效的时间，实际上就是合同成立的时间。

四、履行合同

（一）出口合同的履行

我国绝大多数出口采用信用证付款方式，所以在履行这类合同时必须切实做好备货、催证、审证、改证、租船订舱、报检、报关、投保、装船和制单结汇等环节的工作。这些环节中，货（备货、报检）、证（催证、审证、改证）、船（租船订舱、办理货运手续）、款（制单结汇）四个环节的工作最为重要。主要的信用证支付方式合同为 CIF 合同。

（二）进口合同的履行

在我国的进口业务中，多使用 FOB 价格条件，只有少数使用 CIF 和 CFR 价格条件。若按 FOB 价格条件和信用证支付方式成交，履行这类进口合同的一般程序是：开立和修改信用证、安排运输和办理保险、审单和付款、报关、报检与索赔等。

第四节　国际物流与国际贸易的关系

国际物流与国际贸易之间有着密切的关系。前者是随着后者的发展而发展的，同时，前者的发展状况也会限制后者的发展。如果国际物流的发展跟不上国际贸易的发展，那么国际贸易的发展就不会顺利。只有切实做好国际物流工作，才能推动和扩展国际贸易的规模。

一、国际贸易与国际物流的关系

（一）国际物流是实现国际贸易的保障

国际物流贯穿于国际贸易的整个过程。首先在签订国际贸易合同时，需注明运输条款；合同签订后，按运输条款所约定的时间、地点和条件，通过一种以上的运输方式，将货物从卖方所在地通过关境运送至买方指定交货地点，完成交货任务。没有国际物流，国际贸易中所包含的国际商流、国际资金流和国际信息流就可能发生阻滞，进出口货物的使用价值就无法实现，国际贸易也无法进行。只有物流工作做好了，才能将国外客户所需的商品适时、适地、按质、按量、低成本地送到目的地，从而提高本国商品在国际市场上的竞争能力，扩大对外贸易。

（二）国际物流是实现国际贸易的桥梁

国际物流是实现国际贸易的桥梁。国际物流的科学化、合理化是国际贸易发展的有力保障。国际物流的相关活动和有效运作是国际贸易实现的保障，是国际贸易买卖合同以适当的成本和条件，将适当的产品、以适当的价格交给国外客户得以实际履行的途径。因此，只有最大限度地做好国际物流，最大限度地打破地域和国界的限制，降低国际物流成本，才能提高本国商品在国际市场上的竞争能力，扩大对外贸易。

（三）国际贸易促进物流国际化

第二次世界大战后，各国出于对恢复重建工作的需要，都加紧研究和应用新技术和新方法，促进生产力快速发展，世界经济也呈现出欣欣向荣的景象，从而使国际贸易规模得以迅速扩大。同时由于一些国家和地区的资本积累已到达一定程度，本国或本地市场已不能满足其进一步发展的经济需要，加之交通运输、信息处理和经营管理水平的提高，跨国公司应运而生且发展壮大，有数据显示全球的跨国公司数量已经超过 8 万家，且将持续增长。跨国经营与对外直接投资（outward foreign direct investment，OFDI）的发展助推国际贸易的迅猛发展，促进了实物和信息在全球范围内的大量流动和广泛交换，物流国际化成为世界贸易和世界经济发展的必然趋势。

二、国际贸易的发展对国际物流提出新的要求

随着世界各国经济和政治的飞速发展，国际贸易出现了新趋势和新特点，这对国际物流在质量、安全、效率和经济方面都提出了更高、更新的要求。

（一）质量要求

国际贸易结构正在发生巨大的变化，传统的初级产品、原料等贸易品种逐步让位于高附加值、精密加工的产品。高附加值、高精密度商品流量的增加，对国际物流工作质量提

出了更高的要求。同时，国际贸易需求的多样化，造成物流多品种、小批量化，要求国际物流向优质服务、多样化和精细化发展。

（二）安全要求

跨国公司总是在世界范围内选择最低成本的地区进行生产，导致大多数商品的生产是分散的。例如，美国福特汽车公司生产某一型号的汽车，要在20多个国家由30多个不同厂家联合生产，产品销往100多个国家和地区。国际物流所涉及的国家众多，地域辽阔，在途时间长，受地理、气候等自然因素和政治局势、罢工与战争等社会政治因素的影响大。因此，在组织国际物流活动，选择运输方式和运输路径时，要综合考虑各种因素的影响，以防止这些人为因素和不可抗力因素对货物造成损害，以期达到最优结果。

（三）效率要求

国际贸易活动的集中体现就是合约的订立和履行，而国际贸易合约的履行是由国际物流活动来完成的，因而要求物流高效地履行合约。自20世纪90年代以来，全球信息网络和全球化市场的形成及技术变革的加速，使围绕新产品的市场竞争加剧；技术进步和需求的多样化，又使产品生命周期不断缩短，从而让企业面临着缩短交货周期、提高产品质量、降低成本和改进服务的压力，因而要求物流高效率、高质量、低成本地履行合约，才能以更快捷的速度、更优质的品质提供所需的产品。

从国际贸易中交易的商品差异化角度看，提高物流效率最重要的是如何采用与之相适应的现代化运输工具和机械设备。从国际物流的输入角度看，提高物流效率是如何高效率地组织所需商品的进口、存储和供应。而从国际物流的输出角度看，提高物流效率则是如何高效率地组织货源、生产和运输等过程的管理。

（四）经济要求

国际贸易的特点决定了国际物流环节多、备运期长。在国际物流领域，控制物流费用、降低物流成本都有很大潜力。对于国际物流企业来说，选择最佳的物流方案，提高物流的经济性，降低物流成本，保证服务水平，是提高国际竞争力的有效途径。

总之，国际物流必须适应国际贸易结构和商品流通形式的变革，向国际物流集成化、网络化、统一化、便利化、精细化和现代化方向发展。

案例分析

国际贸易新格局加速形成，国际物流如何稳健前行

2021年作为"十四五"的开局之年，对外贸易的亮眼数据无不彰显着强大的经济活力。凡是过往，皆为序章，伴随着《区域全面经济伙伴关系协定》（*Regional Comprehensive Economic Partnership*，RCEP）的正式启航，加速了RCEP区域与北美自贸区、欧盟形成三足鼎立的贸易新格局，在此之下国际物流如何在国际贸易的发展步调中稳健前行，值得我们探讨。

一、国际贸易新格局的加速形成

RCEP目前是全球最大的区域贸易协定。作为涵盖东盟和中、日、韩、澳、新15个国家的自贸区，RCEP域内总人口达22.6亿人，占全球人口的29.9%，国内生产总值（GDP）占全球GDP的30%左右。RCEP整体的经济、贸易、市场规模及潜力，决定了对亚太区域经济一体化的影响力，未来国际贸易格局逐渐从原先的"泛全球化"加速过渡到"区域化贸易体系"中。

东盟、日本、韩国分别是我国第一、第四、第五大贸易伙伴。根据RCEP的布局，主要的贸易关系可分为三个部分：一是针对东盟的贸易，二是针对东亚，中、日、韩之间的贸易，三是与澳大利亚、新西兰之间的贸易。国际物流企业可跟随RCEP的贸易布局，针对该协议覆盖的国家加强跨境电商物流的布局。

值得关注的是，在此次协议中，中日之间是首次建立自贸协定关系。运连网的跨境电商物流板块，空派专线包含了日本专线。DDP/DAP业务空海运清关派送到门覆盖日本、韩国、新西兰等国家。物流业务服务覆盖了RCEP成员国中的重要国家。

二、外贸新格局对国际物流的影响

1. 跨境物流的通关便利提升

RCEP采取的预裁定、抵达前处理、信息技术运用等促进海关程序的高效管理手段，将大幅度简化海关通关手续，使清关效率加快和跨境物流时效缩短，有望帮助国内跨境商品在RCEP下的目的地国家快速通关。

对于国际物流环节来说，可降低甚至消除小包征收关税，降低海外物流仓储的建设成本。事实上，运连网一直致力于提高通关效率，与95%以上的主流船东，海关、机场货站等系统建立实时数据传输，实现信息交互"破壁"。未来RCEP简化了海关程序后，该区域国家的货物运输将更加畅通。

2. 跨境物流迎来新蓝海

据数据显示，2021年我国对东盟进出口贸易达5.67万亿元，同比增长19.9%，比欧盟和美国的进出口额度还高，对日、韩的进出口额度也分别达2.4万亿元及2.34万亿元。随着RCEP的逐步发力，该成员国下的贸易额度将有望远远超过欧盟及美国，形成更大体量的蓝海市场。

随着RCEP区域内各成员国的贸易往来，国际物流在其各国的贸易增长中需求不断攀升，将为跨境物流带来新的蓝海市场，具有国际竞争力的国际物流服务企业将迎来新的发展机遇。

当前跨境物流主要以国际货代为基础业务，亚太地区的物流运输方式主要以海运、空运为主。针对跨境物流，目前国内许多物流企业的综合物流覆盖了货源组织、填单、订舱、清关、运输、配送环节，传统货代公司只覆盖了跨境物流的订舱和清关两个关键环节，运连网则通过智慧物流的升级，解决了传统物流的短板，优化了综合物流的流程模式，助推合作的跨境电商企业抢占更大的市场。

随着我国对外贸易重心的转移和政策利好的发展方向，国际物流也正进入全新的布局时代，国际物流企业会不断调整战略以匹配对外贸易的需求。

运连网正稳步推进国际化、创新化的全球物流运输服务链的构建，积极调整发展战略以适应不断变化的国际贸易格局，加强国内外资源的协调度，不断提升跨境电商物流、拼箱、整箱、报关等服务的核心竞争力，努力实现创新和突破，打造更稳定的国际货物运输生态。

三、国际物流企业如何应对新格局

1. 提升跨境物流的能力

海关总署新闻发言人、统计分析司司长李魁文在近日表示，在新兴贸易业态方面，我国跨境电商市场采购规模迅速扩大，2021年我国跨境电商进出口规模达到1.98万亿元，增长15%；市场采购出口增长32.1%。

随着RCEP的布局，跨境电商的市场规模有望再度爆发，国际物流势必进入空间大、增速快、潜力足、活力强的RCEP市场。运连网国内前置仓分布于深圳、广州、上海、宁波、义乌，逐步添加天津、白沟、江苏等地，国内揽收业务已成熟开展，为合作的跨境电商出口业务奠定了基础。

2. 提升与RCEP区域各国的物流服务网络

物流是贸易的载体，其容纳量决定了贸易的天花板，新格局下国际物流企业想触及新蓝海市场，势必需要提升与RCEP区域各国的物流服务网络，构建安全可控的物流服务体系，增强企业的核心竞争力。

3. 加强通往RCEP区域各国的冷链能力

RCEP在海关上简化程序以缩短时效，此外提出的普通货物有望48小时内放行，可以促进国内生鲜产品等对保质期需求较短的货物在成员国之间的流通，因此冷链物流有望得到发展。国际物流企业的冷链物流能力也将是强大的核心竞争力之一。

4. 提升数字化的高度

数字经济正在成为重组全球要素资源、重塑全球经济结构、改变全球竞争格局的关键力量，国际物流企业数字化程度的提升在RCEP新格局中抢占市场同样重要，国际物流企业通过数字化的升级转型，实现业务模式和管理组织的变革，拉动物流全产业链实现高效协同运营。运连网即通过数字化的升级整合产业链上下游的资源，为跨境电商提供最佳的国际物流解决方案。

从"苟日新，日日新，又日新"到"惟创新者进，惟创新者强，惟创新者胜"，运连网将科技创新作为转型升级的"开山斧"，劈开行业壁垒，通过新理念、新模式、新技术重塑传统的业务模式，精准匹配客户需求，重构客户服务系统，为合作客户降本增效，助力跨境电商企业稳步出海。

国际物流和国际贸易是双向促进的良好关系：一方面，国际物流运输方式的创新，可以促进贸易通关的便利化；另一方面，在RCEP的蓝图之下，国际物流也将迎来极大的增长空间。国际物流企业可提升核心竞争力，聚焦贸易风向标，提早布局以备加入更广阔的市场角逐当中。

资料来源：欧华观察. 国际贸易新格局加速形成，国际物流如何稳健前行[EB/OL]. （2022-06-01）[2022-07-31]. https://mp.weixin.qq.com/s/p_jRlc3DWRmgIaF7dxZzVA.

【分析】

结合目前国际贸易与国际物流的形势,谈谈国际贸易与国际物流的关系。

本章小结

本章介绍了国际贸易的兴起、发展和主要理论,全面总结了现行的国际贸易术语和贸易惯例,详细梳理了国际贸易的业务流程,总结完善了国际贸易与国际物流的关系。

延伸阅读

深化国际贸易"单一窗口"建设,推动国际物流畅通

2021年7月,国务院办公厅印发《关于全国深化"放管服"改革 着力培育和激发市场主体活力电视电话会议重点任务分工方案的通知》(以下简称《通知》)。

《通知》提到,进一步优化外贸发展环境,继续推动降低外贸企业营商成本,清理规范口岸收费,深化国际贸易"单一窗口"建设,推动国际物流畅通。

具体措施包括以下几个方面。

(1)深化国际贸易"单一窗口"建设,2021年年底前,除了涉密等特殊情况,进出口环节监管证件统一通过"单一窗口"受理,逐步实现监管证件电子签发、自助打印。推行"互联网+稽核查",2021年年底前实现网上送达法律文书、提交资料、视频磋商及在线核验等,提高稽核查工作效率。

(2)复制推广"一站式阳光价格"服务模式,推动船公司、口岸经营单位等规范、简化收费项目,明确收费项目名称和服务内容,提高海运口岸收费透明度。推动建立海运口岸收费成本调查和监审制度。进一步加快出口退税进度,2021年年底前将正常出口退税业务平均办理时间压减至7个工作日以内。

(3)推广企业集团加工贸易监管模式,实现集团内企业间保税料件及设备自由流转,简化业务办理手续,减少企业资金占用,提高企业运营效率。

《通知》还明确,加强与相关国际通行规则对接,以签署加入《区域全面经济伙伴关系协定》(RCEP)为契机,在贸易投资自由化与便利化、知识产权保护、电子商务、政府采购等方面实行更高标准规则。更好地发挥自由贸易试验区创新引领作用,在制度型开放上迈出更大步伐。维护好产业链供应链稳定,切实维护国家安全。

此外,加强对中小外贸企业的信贷、保险等支持。推动发展海外仓,加快相关标准与国际先进对标,助力企业更好地开拓国际市场。支持企业新建一批海外仓,研究制定海外仓建设、运营等方面的标准,更好服务外贸企业的经营发展。

资料来源:搜狐.国务院:深化国际贸易"单一窗口"建设,推动国际物流畅通[EB/OL].(2021-07-21)[2022-07-31]. https://www.sohu.com/a/478845329_121123831.

国际贸易"单一窗口"

单一窗口，简单介绍就是贸易或运输企业可以通过一个统一的平台，向多个相关政府机构，提交货物进出口或转运所需要的单证或电子数据，办理涉及海关、检验检疫、海事、出入境边检、港务等多个监管部门的事务，提高监管效率，降低通关成本。

什么是国际贸易单一窗口？

由于单一窗口优化了通关业务流程，提高了申报效率，缩短了通关时间，降低了企业成本，深受贸易或运输企业欢迎，引起了国际社会的高度重视。2005年，联合国贸易便利化与电子商务中心（UN/CEFACT）发布了 UN/CEFACT 建议书33号"建立国际贸易单一窗口"，向世界各国和各经济体推荐使用贸易单一窗口，并给出了建立贸易单一窗口的实施指南。

国际贸易单一窗口是国际通行的贸易便利化措施，是改善跨境贸易营商环境的重要举措，是国际贸易领域的"一网通办"。目前，世界上已有70多个国家和经济体施行国际贸易单一窗口，但由于各国国情不同，其实施模式各有特点。

中国国际贸易单一窗口是符合中国实际需要，依托国家和地方两个层面的政府公共平台建设的。

本章习题

第三章　国际物流基础设施与标准化

学习目标

- 了解国际物流基础设施的五个组成部分；
- 理解国际物流标准化的概念和特点；
- 了解国际物流标准化的制定原则和实施办法；
- 了解国际物流的标准体系；
- 熟悉国际物流标准化的现状。

引导案例

加强物流基础设施数字化建设，提升供应链效能

《国家"十四五"现代物流发展规划》明确提出，推动物流基础设施数字化改造升级。2023年全国两会上，全国人大代表、传化集团董事长徐冠巨提出了关于设立公路物流基础设施数字化改造重大专项支持的建议。

徐冠巨表示，公路城市物流中心是城市重要的物流基础设施，其数字化改造可以充分提升物流运行效率与质量，促进供应链效能提升。

建议指出，当前，制造业面对转型升级的挑战，追求供应链物流各环节降本增效、数字化运营升级以及优质服务保障的诉求日益强烈。然而，公路物流基础设施的数字化程度仍然较低。据调查，公路物流园区的数字化投入占实际投资总额的平均值仅为9.2%。尽管有64.4%的物流园区搭建了物流信息平台，但缺少统一标准和规范，难以发挥数据集成共享的效用，存在平台建而不联、联而不通的情况。

公路物流基础设施数字化程度不高主要有两方面原因：一是相较于航运、铁运、海运，公路物流基础设施多是企业投资行为，数字化改造的初期投入较高，产出效益在形成整体能力后才逐渐显现，动辄上千万的投资，让企业面临较大的投资运营压力；二是公路物流的平台和主体之间分散、割裂，数字化建设缺少统一标准和规范，难以发挥出数据集成共享的效用。

徐冠巨认为，产业链和供应链是畅通国内、国际经济循环的关键，推动物流基础设施数字化升级，将大大提升供应链效能。他建议设立公路物流基础设施数字化改造重大专项支持，同时，尽快出台公路物流基础设施数字化标准，包括数字化园区顶层设计、行业标准及数据标准，从顶层设计引导数字化升级，并在重点项目建设中评选一批标杆示范项目进行推广。

资料来源：段彦超. 徐冠巨代表：加强物流基础设施数字化建设，提升供应链效能[EB/OL].（2023-03-06）[2023-03-14]. https://www.thepaper.cn/newsDetail_forward_22162517.

第一节　国际物流基础设施

按照基本运输方式的分类方法，物流基础设施包括铁路运输设施、公路运输设施、水路运输设施、航空运输设施和管道运输设施五个部分。

一、铁路运输的技术设施与装备

铁路运输的技术设施与装备主要包括铁路线路、铁路机车及铁路车辆。铁路线路是支撑列车重量、引导列车前进的基础，主要由路基和轨道两部分组成。铁路机车是铁路运输的动力装置，包括蒸汽机车、内燃机车和电力机车。铁路车辆包括客车和货车两大类，其中客车又包括软硬席座车和卧车。另有编挂在旅客列车上的餐车、邮政车、行李车以及特种用途车等。铁路货车包括：棚车（专用型），即专用改装的棚车，用于装运特种商品，如汽车配件棚车（通用型），即标准化的有顶货车，侧墙上有拉门，用于装运普通商品；散料车，用于装运需要防风雨的散粒货物；平车，即没有侧墙、端墙和车顶的货车，主要用于驮背运输；冷藏车，即加装有冷冻设备以控制温度的货车；敞车，即没有车顶，有平整地板和固定侧墙的货车，主要用于装运长大货物；罐车，即专门用于运送液体和气态货物的车辆等。

二、公路运输的技术设施与装备

公路运输的技术设施与装备主要由公路、运输车辆和场站组成。

（一）公路的分类

公路是汽车运输的另一重要设施。公路根据交通量及其使用任务、性质可分为五个等级。

（1）高速公路：能适应年平均昼夜小客车交通量为 25 000 辆以上，专供汽车分道高速行驶，并全部控制出入的公路。

（2）一级公路：一般能适应按各种汽车（包括摩托车）折合成小客车的年平均昼夜交通量为 10 000~25 000 辆，为连接重要政治、经济中心，通往重点工矿区、港口、机场，专供汽车分道行驶并部分控制出入的公路。

（3）二级公路：一般能适应按各种汽车（包括摩托车）折合成中型载重汽车的年平均昼夜交通量为 2000~5000 辆，为连接政治、经济中心或大工矿区、港口、机场等地的专供汽车行驶的公路。

（4）三级公路：一般能适应按各种车辆折合成中型载重汽车的年均昼夜交通量为 2000 辆以下，为沟通县及县以上城市的公路。

（5）四级公路：一般能适应按各种车辆折合成中型载重汽车的年平均昼夜交通量为 200 辆以下，为沟通县、乡（镇）、村等的公路。

在上述各等级公路组成的公路网中,高速公路及汽车专用一级、二级公路在公路运输中的地位和作用相当重要。

（二）高速公路设施与装备

为确保高速公路安全、畅通,为驾驶人员提供快速、优质的信息服务,高速公路安装了先进的通信、监控系统,可以快速、准确地监测道路交通状况,并通过可变情况板、交通信息处理电台及互联网实时发布交通信息。这些设施与装备包括以下几方面。

（1）外场设施与装备：应急电话、光缆、车辆检测器、气象检测器、可变情报板、可变限速板、可变标志牌、可调摄像机、电动封道栏杆、交通信息电台及供电设施等。

（2）机房设施：主控台、监视器、大屏投影、服务器、计算机终端、光端机、供电设施及系统管理软件等。

（3）应急电话：每2千米设置1对,通过有线或无线传输到控制中心,有线主要通过高速公路专用通信网的电缆和光缆传输,无线则通过公众移动通信网传输。

（4）车辆检测器：采用环型检测线圈形式和压电电缆,巴黎环城快速公路每500米设置1组,高速公路每2千米、20千米或20千米以上设置1组,主要用于检测车流量、平均速度、占有率、车头间距及轴数、轴重等。

（5）气象检测器：主要用于检测特殊路段的雨、雾、雪及冰冻情况,并将有关信息传输到控制中心,由控制中心通过可变情况板、交通电台及可变限速板发布警告和控制信息。

（6）可变情报板：通常设置于高速公路交叉口的事故多发地段的前方,一般每20千米设置1块,是调节交通量和指挥高速公路交通非常重要的信息发布载体。它用于发布以下有关信息：前方道路交通状况,如堵塞、拥挤、正常、事故、施工等；雾、雪及冰冻等恶劣气象条件下的警示信息；在上述道路交通情况下,到达另一条高速公路的时间及交通流向调控；正常情况下显示时间,做时钟用。

（7）可变限速板和可变标志牌：特殊情况下,用于显示限速、前方施工和事故标志信息。

（8）可调摄像机：通常设置于高速公路功能立交区、隧道、弯道及事故多发地段等,焦距、方向可调。

（9）交通信息电台：为高速公路专用电台,用于播发交通信息和播放音乐。

（10）系统管理软件：由业主委托专业软件公司开发编制,用于整个系统的数据采集、处理、计算和存储,并发布控制指令和信息。高速公路安装交通管理系统后,提高了高速公路网的安全性和通行能力,使交通事故造成的损失减少了20%。由于及时的信息提供,增加了驾驶人员的合适感和安全感。

（11）供电设施：主要有市电、太阳能电池、蓄电池和汽油发电机、柴油发电机等。

（12）高速公路设有完善的服务设施,每10～20千米设休息区,每40～50千米设服务区。休息区有公用电话、公厕、停车场、休息亭等,为司乘人员提供临时休息场地；服务区设有加油、餐饮、住宿、公用电话、小卖部、公厕及停车场等,为司乘人员提供各类服务。

(三)运输站场和运输车辆

汽车运输站场包括汽车客运站和货运站两种类型。其中,货运站又可分为集运站(或集送站)、分装站和中继站等几类。集运(送)站是集结货物或分送货物的场站;分货站是将货物按要求分开,并进行配送的场站;中继站是供长途货运驾驶员及随车人员中途休整的场站。

公路运输使用的汽车大致分为三类:客车、载货汽车、专用运输车辆,其中货车按其载重量可分为轻型、中型和重型三种。货物运输又可分为特种运输、零担货运输、集装箱运输等。汽车货物运输专用车辆主要包括:自卸车,带有液压卸车机构;散粮车,带有进粮口、卸粮口厢式车,即标准的挂车或货车,货厢封闭;敞车,即挂车顶部敞开,可装载高低不等的货物;平板车,即挂车无顶、也无侧厢板,主要用于运输钢材和集装箱等货物;罐式挂车,用于运输液体类货物;冷藏车,用于运输需控制温度的货物;高栏板车,其车厢底凹陷或车厢特别高以增大车厢容积;特种车,其车体设计独特,用来运输如液化气类型的货物或小汽车。

三、水路运输的技术设施与装备

水路运输包括海运和内河航运两种。利用水路运送货物,在大批量和远距离的运输中价格便宜,可以运送超大型和超重货物。运输线路主要利用自然的海洋和河流,不受道路的限制,在跨海的区域之间是代替陆地运输的必要方式。水上航行的速度比较慢,航行周期长,海上运输有时以月为周期。此外,水路运输易受天气影响,航行周期不能保证。

水路运输的主要技术设备包括船舶(包括驳船、舟、筏等)、航道、港口及通信、导航等。

(一)船舶

船舶作为水上运输的主要工具用于运载旅客和货物以及其他水上活动。船舶可分为以下几类。

1. 客船

客船是指用来载运旅客及其行李,并兼带少量货物的运输船舶。以载客为主兼运货物的船舶叫作客货船。

2. 货船

货船是专门运输各种货物的船只,可以分为以下几类。

(1)杂货船。杂货船是用来装载一般包装、袋装、箱装和桶装的普通货物船。杂货船按船舱位置不同,有中机型船、前机型船和中后机型船,多用于货船。杂货船既可装载一般的包装杂货,又可装运散货和集装货等。

(2)散货船。散货船是专门用来装运煤、矿砂、盐、谷物等散装货物的船舶,散货船的驾驶室和机舱都设在尾部,货舱口大,内底板和舷侧用斜边板连接,使货物能顺利地向舱中央集中,有较多的压载水舱,作为空载返航时压载之用。

(3)集装箱船。集装箱船是专门用来装运规格统一的标准集装箱的船舶。集装箱船具有瘦长的外形，机舱设在尾部或中部偏后。

3．其他船舶

（1）渡船。渡船是用于江河两岸或海峡、河口、岛屿间的运输船舶。

（2）驳船。驳船是专门供沿海、内河、港口驳载和转运物资的吨位不大的船舶，船上设备比较简单，本身没有起货设备。驳船一般为非机动的，本身没有推进设施，移动或航行时需要用拖船拖带或推船顶推。

（二）港口

1．港口的作用

港口是水运货物的集散地，又是水陆运输的衔接点。除了供船舶停靠使用，为了客货的疏通，港口还必须与陆路交通相接。

2．港口的分类

按用途不同，港口可分为以下五类。

（1）商港，主要提供旅客上下和货物装卸转运的港口。

（2）渔港，为渔船服务的港口。

（3）工业港，固定为某一工业企业服务的港口。

（4）军港，专供海军舰船用的港口。

（5）避风港，供船舶临时避大风的港口。

按地理位置分类，港口又可分为以下三类。

（1）港口的水域和陆域。港口的水域供船舶进出港、在港内转运、泊锚和装卸作业，要求有足够的水深和面积，水面基本平静，流速和缓，以便船舶的安全操作。陆域供旅客上下船、货物的装卸、堆存和转运，必须有适当的高度、岸线长度和纵深，安置装卸设备、仓库和堆场、铁路、公路，以及各种必要的生产、生活设施等。

港口水域分为港口之外的港外水域和位于港口内的港内水域。港外水域主要是进港航道和港外锚地。港内水域包括港内航道、港内锚地以及码头前沿水域和船舶掉头区。船舶的掉头区水域要有足够的宽度。码头前沿水域必须有足够的深度和宽度，以使船舶能方便地靠离。海港的港内锚地主要供船舶等待泊位，或是进行水上装卸。

港口陆域是港口范围内的陆地面积，统称为陆域。

（2）码头。码头是港口的主要组成部分，现代码头由主体结构和附属设施两部分组成。主体结构的上部有胸墙、梁、靠船构件等，下部有场身、基础或板桩、桩基等。附属设备主要是系船柱、护木、系网环、管沟、门扣和铁路轨道，以及路面等。

码头按用途可分为客运码头、货运码头、轮渡码头、工作船码头、渔船码头、修船码头等。货运码头又可以分为杂货码头、散货码头、油码头、集装箱码头等。码头按平面布置可分为顺岸式码头、突岸式码头和墩式码头。

（3）港口机械。港口机械分为四大类，即起重机械、输送机械、装卸搬运机械、专用机械。专业化的码头设有专门的装卸机械，如煤炭装船码头设有装船机，散粮装卸码头设有吸粮机，集装箱码头前方设有集装箱装卸桥，后方设有跨运车、重型叉车等。

港口经常见到的比较典型的机械有以下几类。

（1）门式起重机，简称门吊、门机。

（2）浮式起重机，简称起重船、浮吊，是安装在专用船舶上的臂架起重机。

（3）装卸桥，装卸桥跨度大，可以进行舱—车—场多种作业，常常是一机多能。

（4）带式输送机，又称皮带机，是一种连续输送货物的机械。

（5）带斗提升机，用安装在胶带或链条上的抓斗，通过该轮或链轮驱动部勾取物料，待提升到上部时依靠重力或离心力把物料投出。

（6）叉车装卸车，简称叉车、铲车，又称万能装卸机。

四、航空运输的技术设施与装备

航空运输的技术设施与装备主要包括航空器（飞机）及航空港（机场）。航线航空运输系统的结构是一个典型的网络结构，而航空网也是由点系统（航空港）和线系统（航线、航路及服务于航线的运力）构成的。

航空港是指民用航空运输交通网络中使用的飞机场及其附属设施，它既是航空运输的重要设施，也是航空物流的重要节点。航空港一般由飞行区（包括跑道、滑行道、停机坪以及各种保障飞行安全的设施、无线电通信导航系统和目视助航设施等）、客货运输服务区（包括客机坪、候机楼、停车场以及货运站等）和机务维修区（维修厂、维修机库、维修机坪以及储油库等）三个部分组成。随着航空公司的运营日趋复杂，某些机场将发展成为航行中心（枢纽），从人口较少的外围地区来的航班集中到该中心，然后由接运航班运送到其他地方。总之，中心机场的作用有些类似于汽车运输业的杂货转运站。

五、管道运输的技术设施与装备

管道运输主要输送石油及其制品以及天然气，还可用于输送其他如矿石、煤炭和粮食等物料。目前，物料的管道运输有两种方案：第一种方案是把散状或粉尘状物料与液体或气体混合后沿管道运输，这种与液体混合的方式叫作浆液运输，它适用于煤、天然沥青、砂、木屑、浆料等货种。由于这种方案受物料性质、颗粒大小与重量等因素的限制，运输距离不能太长，同时能耗较多，对管道的磨损也较大。第二种方案是用密封容器装散状物料，放在管道的液流中或用专用载货容器车装散状物料置于管道气流中，靠压力差的作用运送物料，这种用容器车进行管道运输的方法能运送大量的不同的货物。

第二节 国际物流的标准化

一、物流标准化的概念和特点

（一）物流标准化的概念

所谓标准化，是指系统内部以及系统与系统间的软件口径、硬件模式的协同，从而便于系统功能、要素间的有效衔接与协调发展。

物流标准化是以物流为系统,制定系统内部设施、机械设备等各个分系统的技术标准,通过对各分系统的研究以达到技术标准与工作标准配合一致的效果。物流标准可根据其定义分为物流软件标准和物流硬件标准。具体而言,物流软件标准包括物流用语的统一、单位标准化、钱票收据标准化、应用条码标准化和包装尺寸标准化;物流硬件标准包括托盘标准化、集装箱标准化、叉车标准化、拖车载重量标准化、保管设施标准化以及其他物流设备标准化。

随着我国对外贸易和交流的不断发展,国际交往、对外贸易对我国的经济发展的作用越来越重要,而所有的国际贸易又最终靠国际物流来完成。各个国家都很重视本国物流与国际物流的衔接,在本国物流管理发展初期就力求使本国物流标准化体系与国际物流标准化体系一致。否则,不但会加大国际交往的技术难度,更重要的是在本来就很高的关税及运费基础上又会增加因标准化系统不统一所造成的效益损失,使外贸成本增加。因此,物流标准化的国际性也是其不同于一般产品标准的重要特点。

(二)物流标准化的特点

(1)对象的广泛性。与一般标准化最大的不同之处在于,物流标准化涉及面更广泛,对象也更多样,包括了机电、建筑、工具、工作方法等许多种类,对象缺乏共性,从而在客观上造成标准的种类繁多,内容复杂,给标准的统一及相互之间的配合带来了困难。

(2)物流标准化系统属于二次系统。物流及物流管理思想诞生在后,而组成大物流系统的各个分系统在归入物流系统之前早已分别实现了本系统的标准化,且经过多年应用,系统刚性不断得以巩固。因此,在制定物流标准化系统时,制定者必须考虑到组成分系统的原有属性,通常要在各个分系统标准化的基础上建立物流标准化系统,而不能一味追求创新。

(3)物流标准化要求体现科学性、民主性和经济性。由于物流系统的特殊要求,在标准化的同时,必须突出科学性、民主性和经济性,才能搞好自身的标准化。

科学性是指要体现现代科技成果,以科学试验为基础,在物流中,还要求与物流的现代化(包括现代技术及管理)相适应,要求能将现代科技成果应用到物流大系统。否则,尽管各种具体的硬技术标准化水平十分先进,但如果不能与系统协调,单项技术再高也是空的,甚至还会起到相反的作用。因此,这种科学性不但反映本身的科学技术水平,还表现在协调与适应的能力方面,使综合的科技水平最优。

民主性是指标准的制定应采用协商一致的办法,广泛考虑各种现实条件,广泛听取意见,而不能过分偏重某一个国家,从而使标准更具权威、减少阻力,易于贯彻执行。物流标准化涉及面广,要想达到协调和适应,就要民主决定问题,不过分偏向某方意见,使各分系统都能采纳接受。

经济性是标准化的主要目的之一,也是标准化生命力的决定因素。物流过程不像深加工那样引起产品的大幅度增值,即使通过流通加工等方式,增值也是有限的。因此,物流费用多开支一分,就要影响一分效益,但是物流过程又必须大量投入消耗,如果不注重标准的经济性,片面强调反映现代科学水平,片面顺从物流习惯及现状,就会引起物流成本的增加，自然会使标准失去生命力。

（4）物流标准化的国际性。经济全球化的趋势导致国际交往大幅度增加，而所有的国际贸易又最终靠国际物流来完成，因此各个国家都很重视本国物流与国际物流的衔接，在本国物流管理发展初期就力求使本国物流标准与国际物流标准化体系相一致。

（5）贯彻安全与保险的原则。物流安全问题也是近些年来非常突出的问题。一个安全隐患足以使一个公司损失殆尽，几个万吨的超级油轮、货轮遭受巨大损失的事例也并不乏见。当然，除了经济方面的损失，人身伤害也是物流中经常出现的，如：交通事故的伤害，物品对人的碰撞伤害，危险品的爆炸、腐蚀、毒害的伤害等。因此，物流标准化须对物流安全性、可靠性进行规定，并为安全性、可靠性统一技术标准与工作标准。

物流保险的规定也是与安全性、可靠性标准有关的标准化内容。在物流中，尤其在国际物流中，都有世界公认的保险险别与保险条款，虽然许多规定并不是以标准化形式出现的，而是以立法形式出现的，但是其共同约定、共同遵循的性质是通用的，是具有标准化内涵的，其中不少手续、申报、文件等都有具体的标准化规定，保险费用等的计算也受到标准规定的约束，因而物流保险的相关标准化工作也是物流标准化的重要内容。

二、物流标准的种类

（一）大系统配合性、统一性标准

（1）基础编码标准。它对物流对象物编码，并且按物流过程的要求，转化成条形码，这是物流大系统能够实现衔接、配合的最基本的标准，也是采用信息技术对物流进行管理和组织、控制的技术标准。在这个标准之上，才可能实现电子信息传递、远程数据交换、统计、核算等物流活动。

（2）物流基础模数尺寸标准。基础模数尺寸是指标准化的共同单位尺寸，或物流系统各标准尺寸的最小公约尺寸。在基础模数尺寸确定之后，各个具体的尺寸标准都要以基础模数尺寸为依据，选取其整数倍数为规定的尺寸标准。由于基础模数尺寸的确定，只需在倍数系列进行标准尺寸选择，这就大大减少了尺寸的复杂性。物流基础模数尺寸的确定不但要考虑国内物流系统，而且要考虑到与国际物流系统的衔接，故其具有一定的难度和复杂性。

（3）物流建筑基础模数尺寸。它主要是物流系统中各种建筑物所使用的基础模数，是以物流基础模数尺寸为依据确定的，也可选择共同的模数尺寸。该尺寸是设计建筑物的长、宽、高尺寸，门窗尺寸，建筑物柱间距、跨度及进深等尺寸的依据。

（4）集装模数尺寸。它是在物流基础模数尺寸的基础上，推导出的各种集装设备的基础尺寸，以此尺寸作为设计集装设备三项尺寸的依据。在物流系统中，由于集装是起贯穿作用的，集装尺寸必须与各环节物流设施、设备、机具相配合，所以整个物流系统设计时往往以集装尺寸为核心，然后在满足其他要求前提下决定各设计尺寸。因此，集装模数尺寸影响和决定着与其有关的各环节的标准化。

（5）物流专业名词标准。为了使大系统有效配合和统一，尤其在建立系统的情报信息网络之后，要求信息传递异常准确，这首先便要求专用语言及所代表的含义实现标准化，如果对同一个指令，不同环节有不同的理解，这不仅会造成工作的混乱，而且容易出现大的损失。物流专业名词标准包括物流用语的统一化及定义的统一解释，还包括专业名词的统一编码。

（6）物流单据、票证的标准化。物流单据、票证的标准化，可以实现信息的录入和采集，将管理工作规范化和标准化，也是应用计算机和通信网络进行数据交换和传递的基础标准。它可用于物流核算、统计的规范化，是建立全国物流标准化研讨会系统情报网、对系统进行统一管理的重要前提条件，也是对系统进行宏观控制与微观监测的必备前提。

（7）标识、图示和识别标准。物流中的物品、工具、机具都处在不断运动中，因此识别和区分便十分重要。对于物流中的物流对象，需要有易于识别又易于区分的标识，有时需要自动识别，这就可以用复杂的条形码来代替用肉眼识别的标识。

（8）专业计量单位标准。除了国家公布的统一计量标准，物流系统还有许多专业的计量问题，必须在国家及国际标准的基础上，确定本身专门的标准，同时，由于物流的国际性很突出，专业计量标准还需考虑国际计量方式的不一致性与国际习惯用法，不能完全以国家统一计量标准为唯一依据。

（二）分系统技术标准

技术标准主要有：运输车船标准，作业车辆标准，传输机具标准，仓库技术标准，站台技术标准，包装、托盘和集装箱标准，货架、储罐标准等。

（1）运输车船标准。运输车船对象是物流系统中从事物品空间位置转移的各种运输设备，如火车、货船、拖拉车、卡车和配送车辆等。从各种设备的有效衔接等角度，制定了车厢、船舱尺寸标准，载重能力标准，运输环境条件标准等。此外，从物流系统与社会关系角度出发，制定了噪声等级标准和废气排放标准等。

（2）作业车辆标准。作业车辆对象是物流设施内部使用的各种作业的车辆，如叉车、台车和手推车等。其标准包括作业车辆的尺寸、运行方式、作业范围、作业重量和作业速度等方面的技术标准。

（3）传输机具标准。传输机具标准包括水平、垂直输送的各种机械式和气动式起重机、提升机的尺寸、传输能力等技术标准。

（4）仓库技术标准。仓库技术标准包括仓库尺寸、建筑面积、有效面积、通道比例、单位储存能力、总吞吐能力和湿度等技术标准。

（5）站台技术标准。站台技术标准包括站台高度和作业能力等技术标准。

（6）包装、托盘和集装箱标准。这方面的标准是指包装、托盘和集装箱系列尺寸标准，包装物强度标准，包装、托盘和集装箱重量标准，以及各种集装、包装材料、材质标准等。

（7）货架、储罐标准。它包括货架净空间、载重能力、储罐容积尺寸等方面的标准。

三、物流标准化的意义和作用

在发展物流技术、实施物流管理的工作中，物流标准化是有效的保证，主要表现在以下几方面。

（一）物流标准化是物流管理，尤其是大系统物流管理的重要内容

实现物流各环节的有机联系，除了需要一个适合的体制形式，一个有效的指挥、决策、协调机构和领导体制，还需要许多方法、手段，标准化就是手段之一。方法和手段健全与否又会反过来影响指挥能力及决策水平。例如，我国目前物流编码尚未实现标准化，各个领域分别制定了自己领域的统一物资编码，其结果是：不同领域之间，情报不能传递，计算机无法联网，阻止了系统物流管理的实施。澳大利亚的车辆装卸速度之所以非常快，其根本原因就在于采用了国际统一的物流标准，其集装箱尺寸、集装箱内托盘的尺寸、卡车的大小、仓库的货架等配套信息也是标准化的，让各方面的信息能够对接，交换数据，信息共享。

（二）物流标准化是降低物流成本、提高效益的重要手段

标准化可以带来效益，这在生产技术领域早已被公认，在物流领域也是如此。物流标准化效益通过以下几方面可以得到体现：实行标准后，贯通了全系统，可以实现一贯到户式的物流，其效益由速度加快，中间装卸、搬运、堆存费用降低，中间损失降低而获得。例如，我国铁路集装箱、交通集装箱由于未实行统一标准，双方衔接时要增加一道装箱工作，因此，每吨物资效益损失2元左右，这相当于火车30千米以上的运费，而在广泛采用集装箱运输、物资运量加大后，这种效益损失是很大的。

（三）物流标准化是物流系统与物流外系统相协调的条件

物流系统不是孤立存在的，从流通领域看，其上接生产系统，下接消费系统；从生产物流看，其下面又连接着不同工序。在物流全过程中，物流系统又与机械制造、土木工程、商流系统相交叉，彼此有许多接点。为了使外系统与物流系统更好地衔接，通过标准化简化和统一衔接点是非常重要的。

物流标准化的作用体现在以下几个方面。

1. 物流标准化是实现物流管理现代化的重要手段和必要条件

为了实现整个物流系统的高度协调统一，提高物流系统的管理水平，必须在物流系统的各个环节制定标准，并严格贯彻执行。

2. 物流标准化是物流产品的质量保证

物流标准化对运输、保管、配送、包装、装卸等各个子系统都制定了相应标准，形成了物流质量保证体系，只要严格执行这些标准，就能将物品完好地送到用户手中。

3. 物流标准化是国内物流与国际接轨的需要

在全球经济一体化浪潮的背景下，许多国家的跨国公司把目光集中到了以中国为代表的发展中国家，所以我国的物流业必须全面与国际接轨，接纳最先进的思想，运用最科学的运作和管理方法，提高竞争力。

4. 物流标准化是消除贸易壁垒、促进国际贸易发展的重要保障

在国际经济交往中，各国或地区标准不一是重要的技术贸易壁垒，严重影响国家进出口贸易的发展。因此，要使国际贸易更快发展，必须在运输、保管、配送、包装、装卸、

信息，甚至资金结算等方面采用国际标准，实现国际物流标准统一化。

5. 物流标准化是降低物流成本、提高物流效益的有效措施

物流的高度标准化可以加快物流过程中运输、装卸的速度，降低保管费用，减少中间损失，提高工作效率，因而可获得直接或间接的物流效益，否则就会造成经济损失。

四、物流标准化的基本原则

（一）物流标准化基点的确定

物流是一个非常复杂的系统，涉及面又很广泛，过去物流系统的许多组成部分也并非完全没有标准化，即只形成了局部标准化或与物流某一局部有关的横向系统的标准化。从物流系统来看，这些缺乏联系的局部标准化之间缺乏配合性，不能形成纵向的标准化体系。因此，要形成整个物流体系的标准化，必须在这个局部中寻找一个共同的基点，这个基点能贯穿物流全过程，形成物流标准化工作的核心。这个基点的标准化成了衡量物流全系统的基准，是各个局部标准化的准绳。

为了确定这个基点，人们将进入物流领域的产品（货物）分成三类，即零星货物、散装货物与集装货物。对于零星货物和散装货物在换载、装卸等作业时，实现操作及处理的标准化是相当困难的。集装货物在流转过程中始终都以集装体为基本单位，其他集装形态在运输、储存、装卸搬运各个阶段基本上不会发生变化，也就是说，集装货物容易实现标准化处理。大量物流现状及人们对物流发展趋势的预测都表明，无论是国际物流还是国内物流，集装系统都是使物流整个过程贯通并形成体系，保持物流系统各环节上使用设备、装置及机械之间整体性及配合性的核心，所以集装系统可以说是为使物流过程连贯而建立标准化体系的基点。

（二）标准化体系的配合性

配合性是建立物流标准化体系必须体现的要求，也是衡量物流系统标准化体系成败的重要标志之一。本书所提到的物流系统配合性包含的范围如下。

（1）集装与包装环节的配合性。作为生产企业最后的工序，同时也是物流活动的初始环节，包装环节显得尤为重要，因此要研究集装的"分割系列"，以此来确定包装环节的要求，如包装材料、包装强度、包装方式、小包装尺寸等。

（2）集装与装卸机具、装卸场所及装卸工具等的配合性。

（3）集装与仓库站台、货架、搬运机械、保管设施及仓库建筑的配合性。

（4）集装与保管条件、工具及操作方式的配合性。

（5）集装与运输设备及设施等的配合性。例如，将整装托盘货载入国际集装箱，就组成了以大型集装箱为整体的更大的集装单位，将集装托盘或小型集装箱放入货车车厢，货车车厢就组成了运输单位。这就要研究基本集装单位的"倍数系列"。

（6）集装与末端物流的配合性。根据当前状况对将来的预测，关注消费者需求的转移与"用户第一"的基本观念在物流中的反映，就是末端物流越来越受到重视。集装物流转变为末端物流，原因有二：一是对简单性的集装容易地进行多样化的分割，就必须研究集

装的"分割系列";二是进行流通加工活动,以解决集装的简单化与末端物流多样化要求之间的矛盾。衔接消费者的"分割系列"与衔接生产者的"分割系列"有时是矛盾的,所以对集装的配合性便不能独立研究,而要与生产包装的配合性结合起来,这样就增加了复杂性。

（7）集装与国际物流的配合性。由于国际贸易额的急剧增加以及跨国公司的建立,集装与国际物流的配合性成为研究物流标准化的重要方面。标准化空间越大,利益就越大。国际间的标准逐渐统一,国际标准化空间的继续扩大,已是时代潮流。向国际标准靠拢,积极采用国际标准,将是今后最有益的途径。标准化在国际贸易中将发挥越来越大的作用。

（三）传统、习惯及经济效果的统一性

物流活动和产品的生产系统、车辆等设备的制造系统、消费使用系统密切相连。早在物流系统思想建立之前,这些与物流密切联系的系统就已经建立起各自的标准体系,甚至形成了一定的习惯。在这种情况下物流标准体系的建立,单考虑本系统的要求是不够的,还必须适应这些既成事实,或者改变这些既成事实。这就势必与早已实现标准化的各个系统以及长期形成的习惯及社会认识产生矛盾,这些矛盾包括人的看法、习惯,也涉及宏观及微观的经济效果。

（四）物流与环境及社会的适应性

物流对环境的影响在近些年来表现出尖锐化和异常突出的倾向,主要原因是物流量加大。物流量的增加、物流设施及工具的大型化使环境受到影响,主要表现在噪声对人的精神、情绪、健康的影响,废气对空气和水的污染,运输车辆对人身的伤害等。这些影响与物流标准化有关,尤其是在推行标准化过程中,只重视设施、设备、工具和车辆技术标准等内在标准的研究,而忽视物流对环境及社会的影响,强化了上述矛盾,这是有悖于物流标准化宗旨的。因此,在推行物流标准化时,必须将物流对环境的影响放在标准化的重要位置上,除了有反映设备能力、效率和性质的技术标准,还要对安全标准、噪声标准、排放标准和车速标准等做出具体的规定,否则再高的标准化水平也会因不被社会接受,甚至受到居民及社会的抵制而很难发挥作用。

五、物流标准化的主要内容

从世界范围看,物流标准化还处于初级阶段,各个国家还在制定初步规格、模数、尺寸,旨在提高物流效率的、统一的物流国际标准的建立与完善还有待人们进一步努力。我国的物流标准化工作起步较晚,但已制定了一些子系统的标准,如汽车、叉车、吊车等已全部实行了标准化,包装模数及包装尺寸、联运用托盘也制定了国家标准,参照国际标准还制定了运输包装等国家标准。

各子系统的技术标准主要包括:运输车船标准,仓库技术标准,作业车辆（指叉车、台车、手车等）标准,传输机具（如起重机、传送机、提升机等）标准,站台技术标准,包装、托盘、集装箱标准,货架、储罐标准等,如表3-1所示。

表 3-1 物流各子系统的技术标准

物流各子系统的技术标准	描述
运输车船标准	它主要是对火车、卡车、货船、拖挂车等运输设备所制定的车厢尺寸、船舱尺寸、载重能力、运输环境条件等标准
仓库技术标准	它主要是对仓库形式、规格、尺寸、性能、建筑面积设计通用规则、建设设计要求、防震防火以及安全等事项所制定的技术标准
站台技术标准	它主要是对站台高度、站台设计要求等事项所制定的标准
包装标准	它主要是对包装尺寸、包装材料、质量要求、包装标志以及包装技术要求所制定的技术标准
装卸搬运标准	它主要是对装卸搬运设备、装卸搬运车辆、传输机具、装卸搬运质量、装卸搬运技术要求等所制定的标准
集装箱、托盘标准	它主要是对托盘系列尺寸、集装箱系列尺寸、托盘技术要求和标记、集装箱技术要求和标记、荷重、集装箱材料等所制定的标准
货架、储罐标准	它主要是对货架与储罐的技术要求、货架结构形式与净空间、货架载重能力、储罐的技术要求、储罐结构形式、储罐的容积尺寸等所制定的标准

六、物流标准化的实施办法

从世界范围看,关于物流体系的标准化,各个国家还处于初始阶段,这个阶段标准化的重点在于通过制定标准规格尺寸来实现全球物流系统的贯通,取得提高物流效率的初步成果。因此,这里介绍的物流标准化的一些方法,主要指初步的规格化的方法及做法。

(一)确定物流的基础模数尺寸

物流基础模数尺寸的作用和建筑模数尺寸的作用大体相同。基础模数一旦确定,设备的制造、设施的建设、物流系统中各环节的配合协调、物流系统与其他系统的配合就有了依据。目前国际标准化组织(ISO)中央秘书处及欧洲各国基本认定 600 mm×400 mm 为基础模数尺寸。

(二)确定物流模数

物流模数即集装基础模数尺寸。前面已提到,物流标准化的基点应建立在集装的基础之上,还要确定集装的基础模数尺寸(即最小的集装尺寸)。

集装基础模数尺寸可以从 600 mm×400 mm 按倍数系列推导出来,也可以在满足 600 mm×400 mm 的基础模数的前提下,从卡车或大型集装箱的分割系列推导出来。日本在确定物流模式尺寸时,就采用了后一种方法,以卡车(早已大量生产并实现了标准化)的车厢宽度为物流模数确定的起点,推导出集装基础模数尺寸。

物流标准化首先要拟定基础数据,两个基础模数尺寸如下:① 物流基础模数尺寸,600 mm×400 mm;② 物流模数尺寸(集装基础模数尺寸),以 1200 mm×1000 mm 为主,也允许 1200 mm×800 mm 及 1100 mm×1100 mm。

（三）以分割及组合的方法确定物流各环节的系列尺寸

物流模数是物流系统各环节的标准化的核心，也是形成物流其他各环节系列化的基础。依据物流模数进一步确定有关系列的大小及尺寸，再从中选择全部或部分，确定为定型的生产制造尺寸，这就完成了某一环节的标准系列。例如，日本按 1200 mm×1000 mm 算的最小尺寸为 200 mm×200 mm，其整数分割系列尺寸就有 32 个，这 32 个尺寸被日本工业标准（JIS）规定为"输送包装系列尺寸"。

（四）识别与标志标准技术

1. 传统识别及传统识别的特点

在物流系统中，识别系统是必要的组成部分之一，也是最早实现标准化的系统之一。在物流领域，识别标记主要用于货物的运输包装上。传统的标准化将包装标记分为三类，即识别标记、储运指示标记和危险货物标记。

（1）识别标记。它包括主要标记、批数与件数号码标记、体积重量标记、目的地标记、附加标记、输出地标记和运输码标记等。

（2）储运指示标记。它包括向上标记、防湿防水标记、小心轻放标记、由此起吊标记、由此开启标记、重心点标记、防热标记、防冻标记及其他诸如"切勿用钩""勿近锅炉""请勿斜放、倒置"标记等。

（3）危险货物标记。它包括爆炸品标记、氧化剂标记、易燃压缩气体标记、有毒压缩气体标记、易燃物品标记、自燃物品标记、遇水燃烧物品标记、有毒品标记、剧毒品标记、腐蚀性物品标记、放射性物品标记等。

在实际工作中遇到此类问题时，可以以我国国家标准《危险货物包装标志》《包装储运指示标志》等为依据。如果是进出口的国际海运，可依据国际标准化组织发布的《国际海运危险品货物标志》识别。

采用标记的识别方法最主要的目的是引起人们的注意，对人们处理问题起着简明扼要的提示作用，因此标记必须牢固、醒目、简要、方便阅读和标记正确，以便一经阅读即掌握要领或易于发现错误而及时纠正。

传统标记方法简单、直观，这是很大的优点。但是，在一定程度上，传统标记限制了标志的内容，有许多应标记的项目不能被标记上。标记过于简单，往往使人难以掌握得清楚、透彻。此外，人工识别标记往往会出现识别错误造成处置失当，由于人工反应速度有限，难以对大量、快速、连续运动中的货物做出准确识别。

2. 自动识别与条码标志

自动识别+条码是人工识别+标志的一大进步，这种技术使识别速度提高几十倍甚至上百倍，使识别的准确程度几乎万无一失，这是提高效率的重要发展。

自动识别+条码之所以能广泛实施，关键在于条码的标准化，使自动识别的电子数据可以成为共享的数据，这样才能提高效率。和一般的图记标志不同，条码有大得多的数据存储量，可以将所有与物流相关的信息包含在内，这是图记标志所不可比拟的。条码的重大缺点是缺乏直观性,只能和自动识别系统配套使用,而无法人工识别,因此条码的提示、警示作用远不如图记的标志。

 小提示

托盘集装的单元体积一般为 1 m³ 以上,其高度为 1100 mm 或 2200 mm,载重量为 500 kg～2000 kg。托盘的外部尺寸,ISO 规定的国际规格有六种,主要有 1200 mm×1000 mm、1200 mm×800 mm、1140 mm×1140 mm、1219 mm×1016 mm、1100 mm×1100 mm、1067 mm×1067 mm。考虑到目前在我国 1200 mm×1000 mm 规格托盘使用最为普遍,以及近年来 1100 mm×1100 mm 规格托盘生产量及占有率提升幅度最大的现状,规定了两种规格。我国《联运通用平托盘主要尺寸及公差》(GB/T 2934—2007)于 2007 年 10 月 11 日由国家标准化管理委员会发布,并于 2008 年 3 月 1 日公布实施,确定了我国国家标准托盘主要有 1200 mm×1000 mm 和 1100 mm×1100 mm 两种规格,且特别注明 1200 mm×1000 mm 为优先。

(五)自动化仓库标准

自动化仓库标准主要包含以下几个部分。

(1) 名词术语的统一解释。这是自动化仓库的基础标准,统一使用词汇之后,可避免在设计、建造和使用时的混乱。一般而言,大体应由以下几部分语言组成:① 自动化仓库的设施、建筑、设备的统一名称(包括种类、形式、构造、规格、尺寸和性能等)。② 自动化仓库内部定位名称,例如日本工业标准(JISB8940)用以下语言定位:W 方向是指与巷道机运行方向垂直的方向;L 方向是指与巷道机运行方向平行的方向;排是指沿 W 方向货位数量定位;列是指沿 L 方向货位数量定位;层是指沿货架高度方向货位数量定位。③ 操作、运行的指令和术语等。

(2) 立体自动化仓库设计通用规则。它包括适用范围、用语含义解释、货架、堆垛起重机、安全装置、尺寸、性能计算和表示方法等。

(3) 立体自动化仓库安全标准。这部分规定了安全设施、措施和表示符号等,如作业人员安全规则、操作室安全规则、设备自动停止装置、设备异常时的保险措施、紧急停止装置和"禁止入内"等表示符号等。

(4) 立体自动化仓库建设设计标准。和一般建筑设计标准的区别在于,它要根据物流器具特点确定模数尺寸,其标准还包括面积、高度、层数的确定,建筑安全、防火、防震规定,仓库门、窗尺寸及高度确定等。

第三节 国际物流标准化的现状

在国际上,日内瓦国际标准化组织(ISO)负责协调世界范围的标准化问题,以推行世界范围的共同规则。国际物流标准化以国际物流为一个大系统,制定系统内部设施、机械设备、专用工具等各个分系统的技术标准;制定系统内各分领域,如包装、装卸、运输等方面的工作标准;以系统为出发点,研究各分系统与分领域中技术标准与工作标准的配合性,按配合性要求,统一整个目标物流系统的标准;研究整个国际物流系统与相关其他系统的配合性,从而谋求国际物流大系统的标准统一,获得最佳物流秩序和经济效益。

一、国际物流标准化的相关术语

国际标准化组织(ISO)对国际化物流系统标准做出了统一规定,相关术语如下。

(一)物流模数

物流模数是指为了物流的合理化和标准化,以数值表示的物流系统各种因素的尺寸的标准尺度。它是由物流系统中的各种因素构成的,这些因素包括货物的成组、成组货物的装卸机械、搬运机械和设备,货车、卡车、集装箱以及运输设施,用于货物保管的机械和设备等。

(二)物流托盘化

物流托盘化是指把成为物流对象的货物的尺寸,通过托盘统一起来。由于物流中的各种货物的尺寸不同,为了方便货物的运输、搬运等环节的顺利进行,需要先把不同尺寸的货物放在托盘中。由于不同的国家习惯不同,各自使用的托盘标准也不同,如世界上流行的托盘有美国托盘、欧洲的标准托盘和日本的标准托盘,ISO规定的托盘标准是欧洲的标准托盘。

(三)EDI标准

EDI是指电子交换数据系统,即能够做到结构合理化、标准化地使用计算机处理的商务文件,企业与企业之间通过计算机网络直观地进行信息交流,企业之间可用这种方法实施含物流在内的低成本、简单迅速地相互交易。要实现这个目的,就需要电子信息交换用的标准规则,这就是EDI标准,国际通行的EDI标准有联合国管理的UN/EDIFACT。国际贸易中许多信息依靠EDI进行数据传递。

随着贸易的国际化,物流标准也日趋国际化。以国际标准为基础制定本国标准,已经成为WTO对各成员的要求。目前,世界上约有近300个国际和区域性组织制定了标准和技术规则。其中具有代表性的是国际标准化组织(ISO)、国际电工委员会(IEC)、国际电信联盟(ITU)、国际物品编码协会(EAN)与美国统一代码委员会(UCC)联盟等,它们创立的ISO、IEC、ITU、EAN、UCC标准均为国际标准。

二、国际物流的标准体系

(一)ISO标准体系

目前,ISO/IEC下设多个物流标准化的技术委员会负责全球的物流相关标准的制定、修订工作,已经制定了200多项与物流设施、运作模式与管理、基础模数、物流标识、数据信息交换相关的标准。

ISO 与联合国欧洲经济委员会（UN/ECE）共同承担电子数据交换（EDI）标准的制定：ISO 负责语法规则和数据标准制定，UN/ECE 负责报关标准的制定。

在 ISO 现有的标准体系中，与物流相关的标准约有 2000 条，其中运输 181 条、包装 42 条、流通 2 条、仓储 93 条、配送 53 条、信息 1605 条。

知识链接

集装箱标准化的依据主要包括 GB/T 1992—1985 集装箱名词术语、GB/T 17271—1998 集装箱运输术语、集装箱代号识别和标记等标准。到目前为止，国际标准集装箱共有 13 种规格，分别是 1AA、1A、1AX、1BB、1B、1BX、1CC、1C、1CX、1D、1DX、1AAA、1BBB 箱型，如表 3-2 所示。它们的宽一样（2438 毫米），长度有四种（12 192 毫米、9125 毫米、6058 毫米和 2991 毫米），高度有四种（2896 毫米、2591 毫米、2438 毫米和小于 2438 毫米）。为了便于统计，国际标准集装箱的标准换算单位规定为一个 20 ft 的标准集装箱。为了便于对集装箱在流通和使用中识别和管理，《集装箱的代号、识别和标记》[ISO 6346—1981（E）]制定了集装箱的分类及标记。

表 3-2 国际集装箱系列尺寸（ISO）标准

箱型号	外部尺寸						质量	
	英制（英尺）			公制（毫米）			kg	磅
	长	宽	高	长	宽	高		
1AAA	40	8	9.5	12 192	2438	2896	30 480	67 200
1AA	40	8	8.5	12 192	2438	2591	30 480	67 200
1A	40	8	8	12 192	2438	2438	30 480	67 200
1AX	40	8	8	12 192	2438	2438	30 480	67 200
1BBB	30	8	9.5	9125	2438	2896	25 400	56 000
1BB	30	8	8.5	9125	2438	2591	25 400	56 000
1B	30	8	8	9125	2438	2438	25 400	56 000
1BX	30	8	8	9125	2438	2438	25 400	56 000
1CC	20	8	8.5	6058	2438	2591	24 000	52 920
1C	20	8	8	6058	2438	2438	24 000	52 920
1CX	20	8	8	6058	2438	2438	24 000	52 920
1D	9'9.75"	8	8	2991	2438	2438	10 160	22 400
1DX	9'9.75"	8	8	2991	2438	2438	10 160	22 400

表 3-3 所示为我国集装箱外部尺寸和额定重量（GB 1413—1985）。

表 3-3 我国集装箱外部尺寸和额定重量（GB 1413—1985）

箱型号	长（毫米）	宽（毫米）	高（毫米）	最大总重量（千克）
1AA	12 192	2438	2591	30 480
1A	12 192	2438	2438	30 480

续表

箱 型 号	长（毫米）	宽（毫米）	高（毫米）	最大总重量（千克）
1AX	12 192	2438	<2438	30 480
1CC	6058	2438	2591	24 000
1C	6058	2438	2438	24 000
1CX	6058	2438	<2438	24 000
10D	4012	2438	2438	10 000
5D	1968	2438	2438	5000

（二）EAN.UCC 标准体系

物流标准化很重要的一个方面就是物流信息的标准化，包括物流信息标识标准化、物流信息自动采集标准化和自动交换标准化等。

EAN 就是管理除北美以外的，对货物、运输、服务和位置进行唯一有效编码并推动其应用的国际组织，是国际上从事物流信息标准化的重要组织。而美国统一代码委员会（UCC）是北美地区与 EAN 对应的组织。近两年，两个组织加强合作，达成了 EAN.UCC 联盟，共同管理和推广 EAN.UCC 系统，旨在在全球范围内推广物流信息标准化。其中，推广商品条形码技术是其核心，它为商品提供了用标准条形码表示的有效的、标准的编码，而且商品编码的唯一性使得它们可以在世界范围内被跟踪。

EAN 开发的对物流单元和物流节点的编码，可以用确定的报文格式通信，国际化的 EAN.UCC 标准是 EDI 的保证，是电子商务的前提，也是物流现代化的基础。

三、发达国家物流标准化的现状

（一）美国物流标准化现状

随着信息技术和电子商务、电子数据、供应链的快速发展，国际物流业已经进入快速发展阶段。在国际集装箱和 EDI 技术发展的基础上，各国开始进一步在物流的交易条件、技术装备规格，特别是单证、法律环境和管理手段等方面推行国际的统一标准，使国内物流与国际物流融为一体。

美国作为北大西洋公约组织成员之一，参加了北大西洋公约组织的物流标准制定工作，制定了物流结构、基本词汇、定义、物流技术规范、海上多国部队物流和物流信息识别系统等标准。美国国防部建立了军用和民用物流的数据记录、信息管理等方面的标准规范。美国国家标准学会（American National Standards Institute，ANSI）积极推进物流的运输、供应链、配送、仓储、EDI 和进出口等方面的标准化工作。

美国制定的与物流相关的标准约有 1200 条，其中运输 91 条、包装 314 条、装卸 8 条、流通 33 条、仓储 487 条、配送 121 条、信息 123 条。在参加国际标准化活动方面，美国积极加入 ISOTC1004 ITS AMERICA，在其国内设立了相应的第一分委会（负责普通多用途集装箱）、第二分委会（负责特殊用途集装箱）和第四分委会（负责识别和通信）。美国加入了 ISO/TCl22、ISO/TCl54 管理、商业及工业中的文件和数据元素等委员会，参加了 ISO/TC204 技术委员会，并由美国智能运输系统协会（ITS AMERICA）作为其美国技术咨询委员会，负责召集所有制定智能运输系统相关标准的机构成员共同制定美国国内的 ITS 标准。

美国统一代码委员会（UCC）为给供应商和零售商提供一种标准化的库存单元（stock keeping unit，SKU）数据，早在1996年就发布了 UPC（universal production code，商品统一代码）数据通信指导性文件，美国国家标准学会也于同年制定了装运单元和运输包装的标签标准，用于物流单元的发货、收货、跟踪及分拣，规定了如何在标签上应用条码技术，甚至包括用二维条码 PDF417 和 MaxiCode，通过标签来传递各种信息，实现了 EDI 报文的传递，即所谓的"纸面 EDI"，做到了物流和信息流的统一。

（二）欧洲物流标准化现状

1961年，欧盟16国成立了欧洲标准化委员会（European Committee for Standardization，CEN）。该组织的第320技术委员会负责运输、物流和服务（transport，logistics and services）的标准化工作，设立了第278技术委员会，负责道路交通和运输的信息化，分14个工作组进行与 ISO/TC204 内容大致相同的标准制定工作。另外，还有第119技术委员会和第296技术委员会，他们共同推进物流标准化进程。欧盟各国在标准制定过程中，注意进行多方面的联系与合作。从欧盟成员国德国来看，该国已经形成了较为完善的物流标准体系，与物流相关的标准有2450条，其中运输788条、包装40条、流通124条、仓储500条、配送499条、信息499条。

（三）日本物流标准化现状

日本是对物流标准比较重视的国家之一，标准化的速度也很快。日本政府在大力发展物流政策的推进过程中，从长远考虑，提出与国际物流接轨的重要战略举措，十分注重标准化和规范化的同步。2000年4月，日本政府在其制定的《国家产业技术战略》中明确提出：要最大限度地普及和应用技术开发成果，把标准化作为通向新技术和更广阔市场的重要工具。该文件中还规定，将科研人员参加标准化活动的水平作为个人业绩进行具体考核。日本设有专门的专业团体 JISC（Japanese Industrial Standards Committee，日本工业标准调查会）来负责物流标准化工作的研究、监管与推广。其中包括 EDI（electronic data interchange，电子数据交换）和电子商务的信息标准及运输标签、托盘和集装箱等各类与物流相关的标准。日本物流标准化工作的实施与开展，使日本各方面物流资源能够高效地交叉整合并与国际接轨。

日本政府工业技术院委托日本物流管理协会花了四年时间对物流设备的标准化进行调查研究，提出日本工业标准（JIS）关于物流方面的若干草案，具体包括物流模数体系、集装的基本尺寸、物流用语、物流设施的设备基准、输送用包装的系列尺寸（包装模数）、包装用语、大型集装箱、塑料制通用箱、平托盘、卡车车厢内壁尺寸等。

案例分析

标准化是提升城市物流效率的基础

习近平总书记在视察物流基地，考察物流企业时，高屋建瓴地指出："物流业一头连着生产，一头连着消费，在市场经济地位中越来越重要。要加快物流标准化、信息化建设，提高流通效率，推动物流业健康发展。"

长期以来，物流标准不统一，上下游标准不匹配，物流服务标准不规范，带来了城市物流配送中物流资源难以共享，共同配送发展缓慢，配送效率难以提高等很多问题。从2014年开始商务部流通司大力推进商贸物流标准化行动试点示范工作，以物流配送最基础的托盘单元为切入点，通过推进标准化托盘循环共用，带动上下游的物流包装、存储货架、配送车辆、搬运设备的标准统一与协同，带动商贸物流的生产、包装、装卸、运输的全过程标准化发展，实现商贸物流系统互联互通，逐步形成了相互配套、有机结合、互为支撑的商贸物流标准体系。

托盘标准化推动了按托盘单元订货、交货、免验货的变革，带动了电商物流包装标准化发展，推动了生鲜食品标准箱循环共用体系建设，推动了商贸物流从设施设备标准化向流程标准化推进，为商贸流通供应链体系建设奠定了基础。

资料来源：王继祥. 标准化与信息化：提升城市物流效率的基础[EB/OL].（2017-10-31）[2022-08-05]. https://mp.weixin.qq.com/s?__biz=MzI5MDYxOTIzNA==&mid=2247485572&idx=1&sn=3cf02606511d242177bb88497a5d6299&chksm=ec1c6289db6beb9f101135f1fc963254990976f5f9afb1731004d58d8360e99f581783f8be0b&scene=21#wechat_redirect.

【分析】
请谈谈你对"标准化是提升城市物流效率的基础"这句话的理解。

本章小结

本章介绍了国际物流基础设施，包括铁路设施与设备、公路设施与设备、水路设施与设备、航空设施与设备和管道设施与设备，详细阐述了物流标准化的定义、作用、意义、原则、内容及实施办法，并介绍了发达国家物流标准化的现状。学生需重点掌握物流基础设施的几个组成部分、物流标准化的实施原则和方法。

延伸阅读

物流标准化建设十个方面的经验

近年来，商务部以标准托盘推广应用及其循环共用体系建设为切入点，推进物流标准化建设，物流降本增效成效明显。现将在物流标准化实践中形成的十个方面的经验总结如下。

一、建立健全物流标准体系

注重发挥不同层级、不同领域标准的作用，提升标准的权威性、专业性和实用性。一是提升标准的权威性。围绕标准托盘、周转箱（筐）等标准化载具，以及相匹配的标准货架、运输车辆等，制修订国家标准、地方标准及行业标准，发挥层级较高、影响范围较大标准跨区域、跨行业的指引作用。二是提升标准的专业性。在农产品、药品、快消品等流通领域，以及物流单证、产品和服务质量、从业人员专业能力等相关方面形成了一批专业性较强、适应性较广的标准，推动物流标准化、规范化、专业化发展。三是提升标准的实用性。相关行业协会和企业根据相关国家标准和行业标准，结合行业发展现状、实际业务需求等，推动制修订相关团体标准、企业标准，完善运输、配送、包装、装卸、保管、信息管理等方面的制度设计、工作流程及作业规范，指引企业经营和行业发展。

二、推动物流链全链条标准化改造

沿物流链上下游推动流通加工、物流设施设备、物流操作、交易流程等设施标准化改造，实现与标准托盘配套衔接。一是带动流通加工标准化。根据标准托盘和包装模数倒推产品包装尺寸，实现生产线传送带带宽、产品以及外包装箱与标准托盘、标准周转箱尺寸匹配。二是统一物流设施设备标准。推动货架、叉车、月台、运输车辆与标准托盘衔接配套。三是建立标准化运营管理体系。适应标准托盘、周转箱（筐）单元作业需要，对货物品类管理、销售预测、物流操作、促销计划、库存控制、配送频次等环节进行优化调整。

三、提高管理运营智慧化水平

加强新一代信息技术应用，赋能托盘循环共用体系，实现精细化管理、精准化运营。一是加强物流标准载具统计监测。依托托盘循环共用信息服务平台，完善服务租赁网点监控设备、监控数据中心建设，对托盘使用情况、带板运输情况、托盘使用效果、集约共享使用等方面进行信息化监控和评估。二是打造智慧托盘运营系统。将金融清算及微服务处理引入托盘运营系统，实现托盘流转精准化清算管理，解决企业不同租赁模式带来的计费难题。三是强化标准载具在途跟踪。安装振动记录仪，分析其坐标轴中的数据，并建立特征数据值，实时监控物流标准载具受力情况，评估商品运输质量。安装电子容器，精确识别物流标准载具 ID，实现实时追溯，保证商品到达时间的可控性。

四、推进物流信息协同共享

深入开展信息化建设，推动物流信息互联互通，提高物流作业的时效性，放大托盘循环共用效果。一是规范信息数据格式。积极推广应用 GS1 编码体系，推动托盘条码与商品条码、箱码、物流单元代码关联衔接，变传统托盘为数据交换单元、商品交易单元、费用结算单元。二是促进物流信息互联互通。以标准托盘为基本操作单元，搭建物流管理平台，推动上下游企业订单系统、采购系统、储运系统、销售系统的有效衔接，实现单元化信息数据沿物流链顺畅交互。三是打造供应链协同平台。推动建设具有供应链协同效应的信息平台，加强资源整合，做好用户数据沉淀，以数据赋能供应链管理，提升企业在市场需求预测、发展趋势判断、行业风险防范和应急处置等方面的智能决策能力。

五、完善标准托盘循环共用网络布局

加强统筹规划，整合优势资源，优化托盘循环共用网络布局，提高服务效能。一是建设托盘循环共用"三级营运体系"。部分全国性的第三方托盘循环共用企业，按照主要客户分布，科学规划布局，建设以托盘循环共用大型区域运营枢纽、标准运营中心、前端收发

服务站为支撑的托盘循环共用网络，实现各个物流节点无缝衔接，实现"门对门，点对点"的服务目标。二是整合现有资源建设托盘循环共用网络。部分快消品生产企业充分利用一、二级经销商在全国范围内的渠道布局，搭建托盘循环共用网络，积极开展带板运输，向下游逐级推广应用标准托盘。

六、开展全流程标准载具循环共用

部分具备条件的行业积极推动从生产到流通全过程标准托盘、周转筐循环共用，放大物流标准化工作效果。一是供应链全链条带板运输操作。部分第三方物流企业主动融入汽车、电子、日用消费品等行业采购、生产、销售、服务等供应链各个环节，实现从原材料入厂物流到生产，再到产品分销、配送等环节全流程带板运输。二是从田间地头到餐桌全程"不倒筐"。部分大型连锁超市和餐饮企业为部分生鲜商品确定标准件规格，由配送中心向上游专业合作社、农户提供标准周转筐，向下游门店开展带筐运输。

七、以标准化带动区域物流一体化和社会化

加强区域合作，积极推进标准互认、设施设备互联互通，提高标准体系区域兼容性。一是组建区域物流标准化联盟。在托盘一贯化运输、区域间托盘交换、托盘异地回收、区域物流信息服务平台、区域间企业合作交流等方面，建立有效工作联系对接机制，共同推广物流标准化。二是促进物流基础设施资源共享。推动区域性物流中心由存储型、自建自用型仓库向快速周转型自动化仓库升级，成为提供"一对多"社会化服务的物流节点。

八、创新标准托盘循环共用方式

根据不同行业领域的特点，建立多样化的托盘循环共用模式，实现各个节点有序分工与配合。一是集团整体推进。集团企业整合内部资源，统一托盘采购、租赁、带板运输等业务，同时向集团内部以及供应链上下游提供标准托盘，拓展托盘社会化服务。二是供应链协同推进。商贸批发企业、连锁零售企业、相关生产企业通过托盘互换、统一租赁、建立联盟等方式，协同推进托盘循环共用。三是社会化服务推进。第三方物流企业、托盘运营服务企业依托服务供需两端的客户资源优势，引导客户从托盘自购向租赁转变，从仓库内部使用向带板运输转变，从企业自用向循环共用转变。四是平台整合推进。平台型企业发挥信息化优势，整合托盘供方、需方、运营方等各类资源，为用户提供开放式循环共用服务。

九、优化标准载具产品和服务供给

适应市场多元化需求，加快推动服务内容创新。一是提供"零距离"服务。部分大型托盘运营服务企业在战略性大客户工厂内设立托盘池，支持标准托盘随借随还，并为大客户提供从配送到回收全过程一体化服务。二是提供第三方托管服务。为客户自购托盘提供托盘破损置换、集团内拆借转租、闲置共享、异地回收、残值处置等全方位的增值服务。服务期内，客户使用托盘数低于自购数，可以获得共享收益。三是免费提供规划改造服务。部分大型物流企业组建物流规划专业团队，为不具备带板运输条件的小规模供应商进行库房规划及运输设备改造，实现供应商交货、物流中心收发货、门店收货的高效对接。

十、改进不同场景标准载具管理模式

一是改变订单交付模式。部分影响力较大的零售连锁企业，按照商品TIHI（托盘单层

码放数）的倍数下单订货，开通绿色通道优先卸货、免收装卸费等政策，鼓励供应商开展带板运输，推动商业流程和服务规范化。二是推行周转筐一贯式运作。以收取押金的方式将自购周转筐提供给合作社及农户，以标准周转筐为单位进行订货，农户按要求的单品、规格、数量采摘装筐，送货到配送中心后换回同等数量的周转筐待用。三是承诺托盘租赁正常破损免赔。根据用户使用习惯，不断改进托盘设计和品质，承诺正常使用破损免赔，解决破损责任界定模糊的难题，打消客户顾忌。

资料来源：商务部网站 物流技术与应用. 物流标准化建设十个方面经验[EB/OL]. （2021-08-16）[2022-08-05]. https://mp.weixin.qq.com/s/-ugp6018yghXSTXwaK3kmQ.

本章习题

第四章　国际海洋货物运输

学习目标

- 了解国际海洋货物运输的特点；
- 熟悉国际海洋货物运输进出口业务及相关法规；
- 熟悉班轮运输业务，学会制定船期表；
- 了解不定期船的运输方式。

引导案例

中远海运物流全程物流可视化管理新模式——虎克计划

列文虎克发明了显微镜，让人类以全新的视角重新认识了世界，打开了微观世界的大门。借鉴于此，中远海运物流致力打造物流信息化的显微镜，于 2017 年正式推出"虎克计划"。

虎克计划是中远海运物流打开"智慧物流"大门的钥匙，是迈向国际领先全程物流链和物流供应链服务平台的阶梯，项目立意以安全为基石、以客户为中心、以业务和数据为驱动，融合先进技术与物联网设备，提升物流供应链的可视化水平，实现安全管理目标，提供更加安全有效的综合物流服务。

资料来源：物流时代周刊. 重磅！中远海运物流全程物流可视化管理新模式——虎克计划来了[EB/OL]. （2018-03-16）[2022-08-05]. https://mp.weixin.qq.com/s/ub34iDsSp75cYTA_DyLBww.

第一节　国际海洋货物运输概述

国际海洋货物运输是指使用船舶通过海上航道在不同的国家或地区的港口之间运送货物的一种运输方式。目前国际贸易总运量中 2/3 以上的货物是利用海上运输完成的，因而海上运输是国际贸易中最重要的运输方式。

一、海洋货物运输的特点

海上运输与其他运输方式相比，具有如下特点。

（一）运输量大

随着造船技术的发展，船舶都朝着大型化方向发展，如 50 万~70 万吨的巨型油船、

16万~17万吨的散装船,以及集装箱船舶大型化,船舶的载运能力远远大于火车、汽车和飞机,是运输能力巨大的运输工具。

(二)通过能力强

海上运输是利用天然航道完成的。这些航道四通八达,将世界各地港口连在一起,不像汽车、火车容易受道路或轨道的限制;再者,如遇政治、经济贸易及自然等条件的变化,可随时改选最有利的航线。

(三)运费低廉

一方面,海上运输所通过的航道均系天然形成,港口设施一般为政府修建,不像公路或铁路运输那样需大量投资用于修筑公路或铁路;另一方面,船舶运载量大,使用时间长,运输里程远,与其他运输方式相比,海运的单位运输成本较低,约为铁路运费的1/6、公路运费的1/10、航空运费的1/30。这就为低值大宗货物的运输提供了有利的运输条件。

上述特点,使海上货物运输基本上适应各种货物的运输。如石油井台、火车、机车车辆等超重大货物,其他运输方式是无法装运的,而船舶一般都可以装运。

(四)速度较慢

货船体积大,水流阻力大,风力影响大,因此速度较慢,一般多为每小时10~20海里(1海里=1852米),最新的集装箱船每小时航速为35海里。如要提高船行速度,燃料消耗会大大增加,极不经济。

船舶在海上进行货物运输,受自然条件和气候的影响较大,因此遇险的可能性也大。为转嫁风险,对海上运输的货物、船舶投保尤其应引起重视。

二、国际海洋运输的进出口业务

海上运输进出口业务取决于成交的价格条件。如果是CIF或CFR条件,则由卖方办理海运出口货物运输业务;如果是FOB条件,则由买方办理海运进口货物运输业务。

(一)海上运输进口业务

海上运输进口业务是指根据贸易合同中的有关运输条件,把国外的订货加以组织,通过海运方式运进国内的一种业务。

以FOB贸易条件为例,海运进口货物运输工作一般包括以下几个环节。

1. 租船订舱

买方根据货物的性质和数量来决定租船或洽订舱位。大宗货物需要整船运输的,洽租适当船舶承运;小批量的杂货,大多向班轮公司订舱。一般租船订舱手续委托代理来办理。

在合同规定的装运期内,卖方应将预计装运日期通知买方。买方接到通知后,书面委托货运代理或直接委托船公司或船代理办理租船订舱手续。受委托方办妥手续后,将船名和船期通知委托方,以便其向卖方发出派船通知,同时通知装货港港务代理,及时与卖方或其货运代理联系,按时将备妥货物发到装货港,以便船货衔接。

买方在办理委托手续时，需填写《进口租船订舱联系单》，内容一般包括货名、重量、尺码、合同号、包装种类、装卸港口、交货期、成交条件、发货人名称和详细地址等项目。对于长大件货物，列明其尺码；对于超重货物，列明最大件的重量和件数；对于贵重货物，列明其售价；对于危险品，注明其性质、国际危规的页码和联合国编号；如是租用整船，还须附贸易合同副本。

2. 投保

FOB条件下进口，卖方应在货物装船后及时向买方发出装船通知，以便买方做好接货准备和办理投保手续。买方在接到装船通知后，应立即向保险公司办理投保手续。目前为了简化手续和防止漏保或迟保现象，一般采用预约保险的做法，由买方向保险公司签订进口货物的预约保险合同，每批货物在接到装船通知后，只要将有关货物情况和运输情况书面通知保险公司，该笔保险合同即生效。

3. 掌握船舶动态

船舶动态包括船名、船籍、船舱性质、装卸港顺序、预计抵港日期、船舷吃水、船舶所载货物名称和数量等方面的信息。掌握进口船舶动态，对装卸港的工作安排非常重要。船舶动态信息可从船期表中获得，当然还可通过国外发货人寄来的装船通知、单证资料、发货电报及有关单位编制的船舶动态资料获得。

4. 收集整理单证

进口货物运输单证包括商务单证和船务单证两大类。商务单证主要有贸易合同、发票、提单、装箱单和品质证明等；船务单证主要有舱单、货物积载图、租船合同或提单副本等。这些单证来源于银行、国外发货人、装货港代理和港口船务代理等。进口货物运输单证是进口货物在卸船、报关、报检、交接和疏运各环节中必不可少的，因此必须及时收集、审核、归类和整理备用。

5. 报关

据《中华人民共和国海关法》规定，进口货物应自运输工具进境之日起14天内向海关申报，开出税单后7天内纳税。超过规定日期申报或迟交税款，要按进口货CIF价的5‰交滞纳金或按税款的1‰交滞纳金。

进口货物到港后，首先填制《进口货物报关单》，随附提单、发票、装箱单或重量单、品质检验证书等向海关申报进口。办理报关的进口货物，经海关查验放行，缴纳进口关税后，方可提运。

6. 报验

按照我国于1989年8月1日起实施的《进出口商品检验法》规定，凡必须经商检机构检验的进口商品，必须向商检机构申请办理检验手续。

根据我国于1992年4月1日起施行的《进出境动植物检疫法》规定，凡输入动物、动物产品、植物种子、种苗及其他繁殖材料的，必须事先提出申请，办理审批手续。进境后，在进境口岸实施检疫。集装箱货物均要向进境口岸动植物检疫机关报验。来自动植物疫区的运输工具及货物，口岸动植物检疫机关也要实施检疫。

根据我国于1987年5月1日起施行的《国境卫生检疫法》规定，集装箱进口货物均要向国境卫生检疫机关申报。凡食品、食品包装材料，以及来自国外监测传染病流行区的货物，国境卫生检疫机关均要实施卫生监督检疫，采取预防控制措施。

报验进口货物需填写《进口商品检验申请单》，同时需提供订货合同、发票、提单、装箱单、理货清单、磅码单、质保书、说明书、验收单和到货通知单等资料。

7. 装卸和交接

船舶到达卸货港后，由船方申请理货，负责把货物按提单、标记清点货物，验看包装情况，分批拨交收货人。货主或货运代理派员到现场履行监卸任务。监卸人员应与理货人员密切配合，把好货物数量和质量关，要求港方卸货人员按票卸货，严禁不正常操作和混卸；已卸存库场的货物应按提单、标记分别码垛、堆放；对船边现提的货物和危险品货物，应根据卸货进度及时与车、船等方面有关人员联系，做好衔接工作。防止卸货与移交工作脱节；对于超限货物或极重货物应事先提供正确尺码和重量，以便准备各接运车驳，加速疏运速度。

船货卸完后，由船方会同理货组长向港方办理交接手续。如出现短损，应由理货出具报告，散货的理货报告由船长和理货人签署，集装箱拆箱发现短损的理货报告由拆箱人和理货人签署。凡进港区的仓库货物，货主应凭海运正本提单到船公司或其代理处换取提货单，提货单上经海关加盖放行章，凭此向港区提货。提货时应认真核对货物的包装、唛头和件数等，如有不符，应及时向船方或港方办理有效签证，并共同做好验残工作。一旦货物离港，港方的责任即告终止。

8. 代运

对港口没有转运机构的单位的进口到货，港口外运公司接受委托，可代表收货人办理交接，并安排运力，将货物转运到收货人指定地点，这就是进口代运。进口代运工作大大地方便了收货人，解决了接货转运方面的困难，节省收货人的人力、物力，同时可加快进口到货的疏运工作，减少港口压力。为了使代运工作顺利进行，委托人应在船舶抵港前备妥向海关申报的单证。代理人应在海关放行货物后，及时做好船货车（船）的衔接，安排代运，货物发运后，及时通知收货人接货。

对过境、转运和通运的货物，应当向当地海关如实申报，并在海关的监管下实施运输。

无论是货主自提，还是外运公司代运，最重要的是划清各段承运人、港方（站方）以及货主之间的责任，外运公司则作为代理人行事。

（二）海上运输出口业务

海上运输出口业务是指根据贸易合同中的运输条件，把售予国外客户的出口货物加以组织和安排，通过海运方式运到国外目的港的业务。

以 CIF 贸易条件为例，海上运输出口业务程序如图 4-1 所示。

1. 审核装运条款

如采用信用证结算方式，出口方在接到信用证后，应严格审核其是否符合贸易合同的规定，如存在不符，应及时要求进口方通过开证行修改。

审核信用证中的装运条款，要重点审核装运期、结汇期、装运港、目的港、是否允许分批和是否允许转船等。有时信用证要求提供各种证明，如航线证明、船长接受随船单据的收据和船龄证明等，应根据货物出运前的实际情况及相关政策、法规和惯例等决定这些条款是否可以接受。

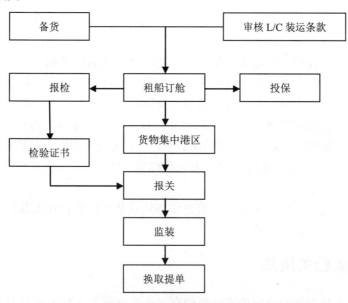

图 4-1　海上运输出口业务程序

2．备货报验

出口方应在交货期前按照合同和信用证的要求按时、按质、按量地准备好货物，并对货物进行包装和刷唛。

对于需要检验机构检验出证的出口货物，在货物备齐后，填写《出口检验申请表》向商检机构申请检验，取得合格的检验证书。

3．租船订舱

出口方应在合同或信用证规定的装运期内办理租船订舱手续。洽订班轮舱位，只要编制出口托运单，即可向货运代理办理委托订舱手续，货运代理根据货主的要求按航线分类整理后，及时向船公司或其代理订舱。

4．投保

货物订妥舱位后，属卖方保险的，即可办理货物运输险的投保手续；如果属于国外收货人自办保险的，发货人应及时发出装船通知，以便其及时投保。

5．货物集中港区

当船舶到港装货计划确定后，按照港区进货通知，在规定的期限内由托运人办妥集运手续，将符合装船条件的出口货物发运到港区内指定的仓库或货场，以待装船。发货前要按票核对货物品名、数量、标志、配载船名、装货单号等各项内容，做到单货相符和船货相符，同时还要特别注意与港区、船公司以及有关运输部门保持密切联系，按时完成进货，防止工作脱节而影响装船进度。

6．报关

出口货物集中港区后，备妥出口货物报关单、发票、装货单、装箱单等有关单证，向海关申报出口，经海关人员对货物进行查验合格后，在装货单上盖放行章，方可装船。

7. 监装

海关查验放行后，发货单位应与港务部门和理货人员联系，做好装船前的准备和交接工作。在装船前，理货部门代表船方收集装货单和收货单，经过整理后，按照积载图和舱单，分批接货装船。发货单位派人现场监装，随时掌握装船进度和处理临时发生的问题。对舱容紧、配货多的船只，应联系港方和船方配合，合理装载以充分利用舱容，防止货物被退关。如果舱位确实不足，应安排快到期的急运的货物优先装船；对必须退关的货物，应及时联系有关单位设法处理；对一级危险品、重大件、贵重品、特种商品和驳船来货的船边接卸要随时掌握情况，防止接卸和装船脱节；对装船过程中发生的货损，应取得责任方的签证，并联系原发货单位做好货物调换和包装修整工作。

8. 换取提单

装船完毕后，托运人向收货人发装船通知和凭收货单向船公司或其代理换取已装船提单，海运出口运输工作告一段落。

三、海上运输相关法规

关于国际海上货物运输合同的国际公约有《海牙规则》《海牙-维斯比规则》和《汉堡规则》三个著名公约。

（一）《海牙规则》

《海牙规则》的全称是《统一提单若干法律规定的国际公约》（*International Convention for the Unification of Certain Rules of Law Relating to Bills of Lading*），1924年8月25日由26个国家在布鲁塞尔签订，1931年6月2日生效。因该公约的草案是于1921年在海牙通过的，因此定名为《海牙规则》。包括欧美国家在内的50多个国家先后加入了这个公约。1936年，美国政府以这一公约作为国内立法的基础制定了《1936年美国海上货物运输法》。《海牙规则》使得海上货物运输中有关提单的法律得以统一，在促进海运事业发展和推动国际贸易发展方面发挥了积极作用，是最重要的和目前仍被普遍使用的国际公约，我国于1981年承认该公约。该规则的主要内容有以下几方面。

1. 承运人的责任和义务

（1）承运人必须在航次开始前和开始时恪尽职责，使船舶处于适航状态，适当地配备船员，装备船舶和配备供应品；使货舱、冷藏舱、冷气舱和船上装载货物的其他部分均适于并能安全地收受、承运和保管货物。

（2）承运人应适当而谨慎地装载、搬运、积载、运输、保管、照料和卸载所运货物。

2. 承运人的免责事项

（1）不论承运人或船舶，对于因不适航所引起的灭失或损坏，都不负责，除非造成的原因是承运人未恪尽职守。

（2）不论承运人或船舶，对下列原因所引起或造成的灭失或损坏，都不负责。

① 船长、船员、引水员或承运人的雇佣人员，在航行或管理船舶中的行为、疏忽或不履行义务。

② 火灾，但由于承运人的实际过失或私谋所引起的除外。
③ 海上或其他通航水域的灾难、危险和意外事故。
④ 天灾。
⑤ 战争行为。
⑥ 公敌行为。
⑦ 君主、当权者或人民的扣留或管制，或依法扣押。
⑧ 检疫限制。
⑨ 托运人或货主、其代理人或代表的行为或不行为。
⑩ 不论任何原因所引起的局部或全面罢工、关厂停工或限制工作。
⑪ 暴动和骚乱。
⑫ 救助或企图救助海上人命或财产。
⑬ 由于货物的固有缺点、性质或缺陷引起的体积或重量亏损，或任何其他灭失或损坏。
⑭ 包装不善。
⑮ 唛头不清或不当。
⑯ 虽恪尽职守亦不能发现的潜在缺点。
⑰ 非由于承运人的实际过失或私谋，或者承运人的代理人，或雇佣人员的过失或疏忽所引起的其他任何原因，但是要求引用这条免责利益的人应负责举证，证明有关的灭失或损坏既非由于承运人的实际过失或私谋，亦非承运人的代理人或雇佣人员的过失或疏忽所造成。

3．承运人的赔偿责任限制

根据公约规定，承运人或是船舶，在任何情况下对货物或与货物有关的灭失或损害，每件或每计费单位超过一百英镑或与其等值的其他货币的部分，都不负责，但托运人于装货前已就该项货物的性质和价值提出声明，并已在提单中注明的，不在此限。经承运人、船长或承运人的代理人与托运人双方协议，可规定不同于上述规定的另一最高限额，但该最高限额不得低于上述数额。如托运人在提单中，故意谎报货物性质或价值，则在任何情况下，承运人或是船舶对货物或与货物有关的灭失或损害都不负责。

公约规定索赔与诉讼时效为从货物交付之日或应交付之日起一年内。收货人在卸货时对货物的灭失或损害的情况，应在货物接受前或当时用书面通知承运人或其代理人。灭失和损害不显著，当时未能发现，则应于卸货后三天内提出，如果货物状态在收受时已由双方联合检查或检验，则无须书面通知。如果发生任何实际的或预料的灭失或损害，则双方应相互提供一切便利。

4．货物托运人的责任和义务

（1）提供运输的货物。

（2）支付运费。

（3）在目的港接受货物。

5．公约的适用范围

本公约和各项规定适用于在任何缔约国所签发的一切提单。《海牙规则》的特点是较多地维护了承运人的利益，在风险分组上很不均衡，因而引起了作为主要货主国的第三世界国家的不满，纷纷要求修改《海牙规则》建立航运新秩序。

（二）《海牙-维斯比规则》

在第三世界国家的强烈要求下，修改《海牙规则》的意见已为北欧国家和英国等航运发达国家所接受，但这些国家认为不能急于求成，以免引起混乱，主张折中各方意见，只对《海牙规则》中明显不合理或不明确的条款做局部的修订和补充，《维斯比规则》就是在此基础上产生的。因此，《维斯比规则》也称为《海牙-维斯比规则》（Hague-Visby Rules），它的全称是《关于修订统一提单若干法律规定的国际公约的议定书》（Protocol to Amend the International Convention for the Unification of Certain Rules of Law Relating to Bill of Lading），或简称为"1968年布鲁塞尔议定书"（the 1968 Brussels Protocol）。1968年2月23日该公约在布鲁塞尔通过，于1977年6月生效。目前已有英、法、丹麦、挪威、新加坡和瑞典等20多个国家和地区参加了这一公约。

《维斯比规则》并未从实质上改变《海牙规则》本身偏重于维护承运人利益的倾向。其修改的主要内容有以下几方面。

（1）扩大了公约的适用范围。《维斯比规则》将适用范围扩大为任何一个缔约国都能将公约适用于进出口货运的提单，适用范围大大扩大。

（2）《维斯比规则》提高了最高赔偿限额。该规则规定："除非在装货前，托运人已声明该货物的性质和价值，并载入提单，否则，在任何情况下，承运人或船舶对货物所遭受的或与之有关的任何灭失或损害，每件或每单位的金额超过1万金法郎的部分，或按灭失或损害的货物每千克毛重超过30金法郎的部分，均不负责任，两者以较高的金额为准。"即将每件或每单位的赔偿责任限额提高为1万金法郎或按灭失或受损货物毛重每千克为30金法郎，以两者中较高者为准。这一修改不但提高了赔偿限额，而且创造了双重限额，解决了裸装货物和轻泡货物的限额问题，进一步维护了货主的权利。

（3）延长了诉讼时效。

① 明确了在诉讼事由发生之后，经双方当事人协议可延长诉讼期限。

② 关于追偿期限问题。该规则规定，即使在规定的一年期满之后，只要在受诉讼法院准许期间之内，便可向第三方提出索赔诉讼。但是，准许的时间自提起此诉讼的人已经解决赔偿案件，或向其本人送达起诉传票之日起算，不得少于3个月。

（三）《汉堡规则》

《汉堡规则》的正式名称是《1978年联合国海上货物运输公约》（United Nations Convention on the Carriage of Goods by Sea, 1978），1976年由联合国贸易法律委员会草拟，1978年经联合国在汉堡主持召开由71个国家参加的全权代表会议上审议通过。《汉堡规则》可以说是在第三世界国家的反复斗争下，经过各国代表多次磋商，并在某些方面做出妥协后通过的。《汉堡规则》全面修改了《海牙规则》，其内容在较大程度上加重了承运人的责任，保护了货方的利益，代表了第三世界发展中国家的意愿，这个公约已于1992年生效。但因签字国仅为埃及和尼日利亚等非主要航运货运国，海运大国均未加入该规则，因此目前《汉堡规则》对国际海运业影响不是很大。

《汉堡规则》对《海牙规则》做了较多实质性修改，其修改的主要内容如下。

（1）扩大了适用范围。只要是缔约国的进出口贸易海运都适用《汉堡规则》。

（2）延长了承运人的责任期间。由从装船到卸船扩展为从港口到港口。

（3）提高了承运人的赔偿责任限额。将每件货物的赔偿限额提高到835特别提款权（special drawing rights，SDR）或者每千克2.5特别提款权，以两者中最高者为准。

（4）延长了诉讼时效。

① 将诉讼时效从一年扩展到两年。

② 被要求赔偿的人，可在时效期限内的任何时间向索赔人提出书面声明延长时效期限，并可再次声明延长。

（5）改变了承运人的责任基础。《海牙规则》对承运人责任基础采用了"不完全过失原则"，《汉堡规则》删去了争议最大的航行过失免责条款及其他列明的免责条款，将其改为"推定的完全过失原则"，即除非承运人证明其本人、其雇佣人或代理人为避免事故的发生及其后果已采取一切所能合理要求的措施，否则承运人应对因货物灭失或损坏或延迟交货造成的损失负赔偿责任。

第二节　国际海洋货物的运输方式

一、班轮运输

（一）班轮运输的有关概念

班轮运输中，通常会涉及班轮公司、船舶代理人、无船承运人、海上货运代理人、托运人和收货人等有关货物运输的关系人。

1. 班轮公司

班轮公司是指运用自己拥有或者自己经营的船舶，提供国际港口之间班轮运输服务，并依据法律规定设立的船舶运输企业，有时也被称为远洋公共承运人（ocean common carrier）。班轮公司应拥有自己的船期表、运价本、提单或其他运输单据。

在业务实践中，国际海上货运代理人应了解有关班轮公司的情况，以便在必要时选择适当的承运人。

2. 船舶代理人

船舶代理人是指接受船舶所有人、经营人或者承租人的委托，办理船舶进出港口手续、安排港口作业、接受订舱、代签提单和代收运费等服务，依据法律规定设立的运输辅助性企业。

由于国际船舶代理行业具有一定独特的性质，所以各国在国际船舶代理行业大多制定了比较特别的规定。

3. 无船承运人

无船承运人也称无船公共承运人，是指以承运人身份接受托运人的货载，签发自己的提单或者其他运输单证，向托运人收取运费，通过班轮运输公司完成国际海上货物运输，承担承运人责任,并依据法律规定设立的提供国际海上货物运输服务的企业。

根据《中华人民共和国国际海运条例》的规定,在中国境内经营无船承运业务,应当在中国境内依法设立企业法人;经营无船承运业务,应当办理提单登记,并交纳保证金;无船承运人应有自己的运价本。

无船承运人可以与班轮公司订立协议运价(国外称为服务合同,service contract,S.C)从中获得利益。但是,无船承运人不能从班轮公司那里获得佣金。国际货运代理企业在满足了市场准入条件后,可以成为无船承运人。

4. 海上货运代理人

海上货运代理人也称远洋货运代理人(ocean freight forwarder),是指接受货主的委托,代表货主的利益,为货主办理有关国际海上货物运输相关事宜,并依据法律规定设立的提供国际海上货物运输代理服务的企业。

海上货运代理人除可以从货主那里获得代理服务报酬外,因其为班轮公司提供货载,所以还应从班轮公司那里获得奖励,即通常所说的"佣金"。但国际海上货运代理人通常无法与班轮公司订协议运价或 S.C。

5. 托运人

托运人是指本人或者委托他人以本人名义或者委托他人为本人与承运人订立海上货物运输合同的人;本人或者委托他人以本人名义或者委托他人为本人将货物交给与海上货物运输合同有关的承运人的人。

托运人可以与承运人订立协议运价,从而获得比较优惠的运价。但是,托运人无法从承运人那里获得"佣金"。如果承运人给托运人"佣金",则将被视为给托运人"回扣"。

班轮运输中还会有收货人等关系人。

(二)船期表(liner schedule)

制定班轮船期表是班轮运输组织营运中的一项重要内容。它的主要内容包括航线,船名,航次编号,始发港、中途港和终点港的港名,到达和驶离各港的时间,其他有关的注意事项等,如表4-1所示。

表 4-1 班轮船期表

日期:March 31st, 2015

VESSEL 船名	VOYAGE 航次	ARRIVAL 抵港 / DEPARTURE 离港					
		PORT 港名					
		SHANGHAI 上海	KELANG 巴生	HALIFAX 哈利法克斯	NEW YORK 纽约	NORFOLK 诺福克	SAVANNAH 萨凡纳
UASC UMM QASR	1619S	4/4-May	13/14-May	4/5-Jun	6/8-Jun	9/10-Jun	11/12-Jun
CMA CGM TITUS	209USS	11/11-May	20/21-May	11/12-Jun	13/15-Jun	16/17-Jun	18/19-Jun
CMA CGM TANCREDI	213USS	18/18-May	27/28-May	18/19-Jun	20/22-Jun	23/24-Jun	25/26-Jun
UASC ZAMZAM	1622S	25/25-May	3/4-Jun	25/26-Jun	27/29-Jun	30/1-Jul	2/3-Jul

通常,近洋班轮航线因航程短且挂港少,船公司能较好地掌握航区和挂靠港的条件,以及港口装卸效率等实际状况,可以编制出时间准确的船期表,船舶可以严格按船期表指

定的时间运行。远洋班轮航线航程长、挂港多、航区气象海况复杂,船公司难以掌握可能发生的各种情况,在编制船期表时对船舶运行时间必然会留有余地。

(三)班轮货运业务

1. 业务环节

从事班轮运输的船舶是按照预先公布的船期来营运的,并且船速较快,因此能够及时将货物从起运港发送,而且迅速地将货物运抵目的港。货主则可以在预知船舶抵、离港时间的基础上,组织、安排货源,保障市场对货物的需求。

用于班轮运输的船舶的技术性能较好,设备较齐全,船员的技术业务水平也较高,所以既能满足普通件杂货物的运输要求,又能满足危险货物、重大件等特殊货物的运输要求,并且能较好地保证货运质量。

从事班轮运输的船舶具有与其他营运方式不同的特点。船舶具有固定航线、固定港口、固定船期和相对固定的运价,因此"四固定"是其最基本的特点。此外,承运人和货主之间的权利、义务和责任豁免通常以承运人签发的提单背面条款为依据并受国际公约的制约,即承运人和货主之间在货物装船之前通常并不书面签订运输合同,而是在货物装船后,由承运人签发记有详细的有关承运人、托运人或收货人的责任、权利和义务条款的提单。

在杂货班轮运输中,承运人对货物的责任期间是从货物装上舱起,至货物卸下船止,也就是说,虽然实务中托运人是将货物送至承运人指定的码头仓库交货,收货人在码头仓库提取货物,但除另有约定外,承运人对货物的责任期间仍然是"船舷至船舷"(rail to rail)或"钩至钩"(tackle to tackle)。另外,关于装卸费用和装卸时间,则规定为由承运人负责装货作业、卸货作业和理舱作业及全部费用,并且不计算滞期费和速遣费,仅约定托运人和收货人须按照船舶的装卸速度交货或提取货物,否则应赔偿船方因降低装卸速度或中断装卸作业所造成的损失。

在集装箱班轮运输中,承运人对货物的责任期间是从装货港接收货物时起,至卸货港交付货物时止,通常班轮公司对集装箱的交接方式是 CY/CY(container yard to container yard,从堆场到堆场)。

班轮公司的货物出运工作包括揽货与订舱和确定航次货运任务等内容。货运代理人的货物出运工作则包括安排货物托运手续、办理货物交接等内容。

订舱(booking)是托运人(包括其代理人,即货运代理人)向班轮公司(即承运人,包括其代理人)申请货物运输,承运人对这种申请给予承诺的行为。因此,承运人一旦对托运人货物运输申请给予承诺,则货物运输合同订立。

国际海上货物运输合同是指承运人收取运费,负责将托运人托运的货物经海路由一国港口运至另一国港口的合同。因此,海上货物运输合同是一种双务有偿合同,而且应该是一种诺成合同。

确定航次货运任务就是确定某一船舶在某一航次所装货物的种类和数量。承运人承揽货载时,必须考虑各票货物的性质、包装和每件货物的重量及尺码等因素。因为不同种类的货物运输和保管有不同的要求,各港口的有关法律和规章也会有不同的规定。例如,重大件货物可能会受到船舶及装卸港口的起重机械能力影响和船舶舱口尺寸的限制；集装货物的积载问题；各港口对载运危险货物船舶所做的限制等。而对于货物的数量，船公司也应参考过去的情况，预先对船舶舱位在各装货港间进行适当的分配，定出限额，并根据各个港口变化的情况，及时进行调整，使船舶舱位得到充分和合理的利用。货运代理人应充分认识到船方在确定船舶航次货运任务方面所会考虑的问题，否则可能造成不必要的麻烦。

 小提示：关于船公司揽货

船公司为使自己所经营的船舶在载重和载货舱容两方面均能得到充分利用，从而获得最好的经营效益，会通过各种途径从货主那里争取货源，揽集货载——揽货（canvassion）。通常的做法是在班轮航线的各挂靠港口及货源腹地，通过自己的营业机构或船舶代理人与货主建立业务关系；通过报纸、杂志刊登船期表，如我国的《中国远洋航务公报》《航运交易公报》《中国航务周刊》等都定期刊登班轮船期表，以邀请货主前来托运货物，办理订舱手续；通过与货主、无船代理人或货运代理人等签订运输服务或揽货协议来争取货源。

2. 装船与卸船

（1）货物装船。集装箱班轮运输中，由于班轮公司基本上是以 CY/CY 作为货物的交接方式，所以集装箱货物的装船工作都会由班轮公司负责。

杂货班轮运输中，除另有约定外，规定托运人应将其托运的货物送至船边，如果船舶是在锚地或浮筒作业，托运人还应用驳船将货物驳运至船边，然后进行货物的交接和装船作业。对于特殊货物，如危险货物、鲜活货、贵重货、重大件货物等，通常由托运人将货物直接送至船边，交接装船的形式，即采取现装或直接装船的方式。

杂货班轮运输中，不论接货装船的形式是直接装船还是集中装船，也就是说，不论采取怎样的装船形式，托运人都应承担将货物送至船边的义务，而作为承运人的班轮公司的责任则是从装船时开始，除非承运人与托运人之间另有不同的约定。因此，集中装船与直接装船的不同之处，只不过是由班轮公司指定的装船代理人代托运人将货物从仓库送至船边，而班轮公司与托运人之间的责任界限和装船费用的分担仍然以船边货物挂上吊钩为界。

从货主角度出发，在集中装船的形式下，当托运人在装货港将货物交给班轮公司指定的装船代理人时，就可视为将货物交给班轮公司，交货后的一切风险都应由船公司负担。

但是，根据上述有关海上运输法规和提单条款的规定，对于件杂货运输，船公司的责任是从本船船边装货时开始的，即使是在"仓库收货，集中装船"的情况下，船公司与托运人之间的这种责任界限也没有改变。也就是说，船公司的责任期间并没有延伸至仓库收货时。虽然装船代理人在接收货物后便产生了如同船公司所负担的那种责任，实际上船公司和装船代理人各自对托运人所应负担的责任仍然存在着一定的界限，即根据船公司和装船代理人之间的特约，装船以前属于装船代理人的责任。

（2）货物卸船。在集装箱班轮运输中，同样由于班轮公司基本上是以 CY/CY 作为货物的交接方式，所以集装箱货物的卸船工作都会由班轮公司负责。

在杂货班轮运输中，理论上卸船就意味着交货，是指将船舶所承运的货物在提单上载明卸货港从船上卸下，并在船边交给收货人并办理货物的交接手续。

但是，如果由于战争、冰冻、港口罢工等特殊原因，船舶已不可能前往原定的卸货港，或会使船舶处于不安全状态，则船公司有权决定船舶驶往能够安全到达的附近港卸货。

在杂货班轮运输中，对于危险货物、重大件等特殊货物，通常采取由收货人办妥进口手续后，来船边接受货物，并办理交接手续的现提形式。但是，如果各个收货人在船抵后都同时来到码头船边接收货物，同样会使卸货现场十分混乱，影响卸货效率，延长船舶在港停泊时间，所以为使船舶在有限的停泊时间内迅速将货卸完，实践中通常由船公司指定装卸公司作为卸货代理人，由卸货代理人总揽卸货和接收货物工作，并向收货人实际交付货物。因此，在杂货班轮运输中，对于普通货物，通常采取先将货物卸至码头仓库，进行分类整理后，再向收货人交付的所谓"集中卸船，仓库交付"的形式。

与装船的情况相同，在杂货班轮运输中，不论采取怎样的卸船交货形式，船公司的责任都是以船边为责任界限，而且卸货费用也是按这样的分界线来划分的。船公司、卸货代理人和收货人三者之间的相互关系与前述的船公司、装船代理人和托运人三者之间的关系相同。

3．提取货物

在集装箱班轮运输中，大多采用 CY/CY 交接方式，而在杂货班轮运输中，实务中多采用"集中卸船，仓库交付"的形式，并且收货人必须在办理进口手续后，方能提取货物。因此，在班轮运输中，通常是收货人先取得提货单，办理进口手续后，再凭提货单到堆场、仓库等存放货物的现场提取货物。而收货人只有在符合法律规定及航运惯例的前提条件下，方能取得提货单。

在使用提单的情况下收货人必须把提单交回承运人，并且该提单必须经过正确的背书（endorsement），否则船公司没有交付货物的义务。另外，收货人还需付清所有应该支付的费用，如到付的运费、共同海损分组费等，否则船公司有权根据提单上的留置权条款的规定，暂时不交付货物，直至收货人付清各项费用为止；如果收货人拒绝支付应付的费用而使货物无法交付时，船公司还可以经卸货港所在地法院批准，对货物进行拍卖，以拍卖所得价款冲抵应收的费用。因此，货运代理人应及时与收货人联系，取得经正确背书的提单，并付清应该支付的费用，以便换取提货单，并在办理了进口手续后提取货物。

二、不定期船运输

不定期船的主要运输对象是货物本身价格较低的大宗散货，如煤炭、矿石、粮食、铝矾土、石油、石油产品及其他农、林产品和少部分件杂货。这些货物难以负担很高的运输费用，但对运输速度和运输规则性方面要求不严，不定期船运输正好能以较低的营运成本满足它们对低廉运价的要求。在不定期船市场上成交的租船合同形式主要有光船租船合同、期租合同、程租合同、航次期租合同、连续航次租船合同和包运合同等。

三、不定期船经营策略

（一）船舶程租策略

程租船舶为了获得良好的经济效益，应不失时机地把握市场机会，合理配船和运用航速,选择并揽取最适合自己船舶载运的货物,签订确保企业有较好收益的各种租船合同,根据大宗货类及其运输航线条件,选择并合理配置最为适宜的船舶,要适应市场要求,灵活经营。市场景气时,应保持航次连续性及提高重航率;市场出现滑坡迹象时,应及早将部分程租经营船舶转变为以期租方法经营或和货主签订长期运输合同,使企业有稳定的收益。

(二)船舶期租策略

期租船舶经营中难度较大的策略性问题是确定租金费率及其调整方式。船公司要在这方面做出合理的决策,必须加强对市场的预测和进行必要的盈亏分析。船舶以一定年期出租,即使租金费率与签约时的市场运费费用相当,但由于市场运费的时起时落,当运价连年上升时,船舶所有人会蒙受损失;当运价连年下降时,对船舶所有人极为有利(此时,承租人希望以低于洽租当时的市场价格成交)。当预料运价将连年下降时,船东可用低于当时市场价格(以程租费率反映)的水平与承租人签订较长租期的合同,以便在较长时期内获得稳定的收益。当预料运价将连年上升时,船东不宜将船舶加以较长的租期出租,且租金费率应高于当时市场价格水平,如租期较长,应在签约时议定何时调整。此外,在租期较长的定期租船中,船东考虑到经营成本的年增长因素,常采取租期的后期提高租金费率的手段。

四、不定期船市场各类船型的经营特点

(一)专用船

专用船在特定航线上承运特定的货种表现出良好的经济性,这一特征决定了货源的变化对专用船经营影响特别大,所以如何确保足够的特定货源,是专用船经营的最大问题。长期运输合同为船舶经营者提供了解决此问题的一种重要手段。从专用船发展的历史来看,它几乎是和长期运输合同形式一起发展起来的,长期运输合同是专用船经营的最主要的合同形式。

(二)大型散货船

大型散货船在经营上也有货源不足的问题,为了解决这个问题,经营者也适当地采用长期运输合同。但是,大型散货船与专用船比较,对市场的适应性要大一些,能承运几种散货,货源的问题就没有专用船的经营来得突出。如果采用长期运输合同,虽在货源保证方面具有一定的优点,但经营的灵活性受到限制。因此,大型散货船的经营者更多地采用中、长期租船合同,其中合同期为6个月到1年的最多,2~5年的也比较多,7年以上的就很少见。

(三)兼用船

从理论上讲,可以进出于油船市场与干散货市场的适应性较大的兼用船,其经营应以短期的合同为主。因为如采用长期合同,就会失去经营的机动灵活性。但实际上,兼用船目前按长期的合同进行经营的非常多。这主要是由于多年航运市场不景气,使得保证稳定的货量对大型的兼用船来说同样是一个重要的问题。

（四）一般干货船

第一次世界大战以后，在不定期船市场上，专用船、大型散货船和多用船的发展很迅速，由于这些船型具有规模的经济性，单位运营成本较低，在市场竞争中居于有利地位，使一般干货船的市场范围日益变得狭窄。然而，这并不意味着一般干货船已失去了市场上的活动余地。在专用船、大型散货舱和兼用船受到限制的某些航线上（如港口水深的限制、港口设备的限制、航道的限制等），或对于某些批量较小的货物，一般干货船还是必不可少的船型。由于一般干货船具有很好的灵活性，对货物的批量也没有要求，所以在经营上往往采用短期的合同形式。

第三节　不定期船的航次估算

航次估算是利用估计的数据或资料，对船舶未来某个航次的营利性进行的计算。通过航次估算，船东可以预知某个航次是否盈利，而且经过各个航次之间的估算结果的对比，能够使船舶经营人找出盈利最好、最合适的航次。因此，航次估算是船舶所有人、经营人进行航次租船决策的基础，它被广泛地应用在不定期船的经营管理中。

为了计算方便，航次估算的起止时间规定为：自上次船舶卸完货驶离引水站到本航次卸完货驶离引水站。简单地说，就是卸货港到卸货港。因此，如果上航次卸货港和本航次装货港不是同一个港口，在航次估算中，要包括这两个港口之间的空航航段。

航次估算就其内容来讲，并不十分复杂，但由于影响因素众多，在估算过程中要全面考虑很多细节问题。另外，它要求估算人具有较丰富的经验和判断力，这就使较为准确的航次估算变成了一件并不十分容易的工作。

一、航次估算的基本内容

为了计算出不定期船特定航次的盈利大小，最基本的航次估算应按下面的步骤进行。

（一）收集、调查有关的数据和资料

有关的船舶资料包括船名、建造时间、船级、舱室结构和数目、机舱位置、夏季和冬季载重线的总载重量、船舶载重标尺、舱容（散装、包装）、船舶技术速度（重载、压载）、每天燃料消耗（航行时燃油消耗量，航行和停泊柴油消耗量）、船舶常定重量和船舶每天营运费用。

货物方面的信息由租船人在谈判过程中提供给船东，实际上也是租船合同中的主要内容。它包括航次的货物数量、允许船方选择的货物数量变化范围、货物种类、积载因数、装货港和卸货港、装卸货时间和除外条件、货物装卸费用分包条款、运费率、佣金和租船合同范本。

另外，船东还应仔细了解港口间距离、港口所处的地理位置、装货港和卸货港的限制水深、港口使费、港口的装卸货费用、港口的拥挤情况、燃油价格、运河费用等。

以上除船舷资料固定不变外，其他有关的货载、港口和航线方面的资料是因航次不同而发生变化的。

（二）航次时间与燃料消耗的计算

如果船舶不另外挂加油港，也没有过运河，则航次由压载和重载两个航段组成。根据港间距离、压载航速和重载航速，以及燃油和柴油每天消耗量，就可以分别计算出各航段的航行时间、燃油和柴油的消耗量。

但是，在某些情况下，例如上航次的卸货港或本航次的装货港不能加油，或者能够加油但燃料价格过高，有时港口间差价可高达几十美元，这时船东就可能考虑选择一个合适的加油港。如果加油港的油价较低，可按下面公式决定是否停靠加油港：

$$(P_{装(卸)} - P_{油})J_{油} > K_{港} + K_{绕}$$

式中：$P_{装(卸)}$——本航次装货港（或上航次卸货港）的燃料价格（美元/吨）；

$P_{油}$——加油港的油价（美元/吨）；

$J_{油}$——需加油的数量（吨）；

$K_{港}$——加油港的港口使费（美元）；

$K_{绕}$——船舶绕航去加油港所需的航行费用（美元）。

航次的加油量需要经过一系列计算后方能最后定下来，它受上航次船上所剩燃料数量、载重线、限制水深，以及港间燃料差价等众多因素的影响。有时各港油价差别很大，以至于多带燃料油比多装货物更合算。加油港的安排是航次中比较复杂的一个环节。在有加油港的情况下，应按航次挂靠港口的顺序，计算出相应的航行时间和燃料消耗。

当船舶需要经过运河时，其航速会发生较大变化，所以应根据经验数据把过运河的时间单独列出来，运河的两个端点当作两个港口，这样就相当于把运河看成了一个航段。

航次估算时，航次的每个航段的航行距离都是根据港间距离表或航海地图册查出的，但如果船舶采用不同的航路，其距离值就会发生较大变化。在航次估算时，应结合具体情况选择一条比较合适的两港间的航路方案。

在计算航行时间及燃料消耗时，还应特别注意海上风浪对它的影响。对某些航行条件较差的航段，例如北大西洋冬季，可根据经验或统计数据结出一定的富余时间，并计算出相应需要的燃料数量。另外，由于上航次货种的关系，在装运本航次货物之前，船舶可能需要洗舱，例如装完煤再装散粮。若压载航段距离较短或天气情况较差，船舶在到达装货港之前，可能完不成洗舱工作。这就需要船东在航次时间和燃料计算过程中，考虑这种情况的影响。

船舷航行中可以采用减速航行的方法，以节约航次燃料费用。在压载航段，由于没有运费收入，使船舶按经济航速航行，但要保证船舶在合同的受载期期间内到达装货港。在重载航段，让船舶跑盈利速度，使单位时间内获利最大。

船舷在装货港和卸货港的停泊时间等于租船合同中规定的以天数表示的装卸货时间，加上装卸货过程中经历了星期日和节假日时间。除此之外，还应考虑有些港口到港船舶过多而引起港口堵塞，可能造成港口停泊时间延长。有时在租船合同中，按平均每天应装或应卸的吨数，即装卸定额来规定装卸货时间。在此种情况下，应先近似地计算出航次载货量，然后求出相应的港口停泊时间。如果航次中有专门的加油港，应把加油港的停泊时间单独地列出来。船舶在港口的停泊时间之和乘以每天的柴油消耗，就可得到船舶在停泊时的燃料消耗。

船舶若经过国际日期变更线时，需要相应地考虑时间的增加或减少，这主要对船舶到港时间有直接的影响。船舶航行的燃料消耗数量取决于实际的航行距离，国际日期变更线对它没有影响。

通过上面的计算，就可估算出船舶航次的总时间和燃料消耗量，这些计算结果将应用在下面的估算中。

（三）航次载货量的计算

在航次租船中，如果租船人能够提供的货物数量远小于船舶的载货能力时，就使这部分计算变得十分简单了。在这种情况下，有多少货物就承运多少，船东可以采取多加便宜的燃料油的办法进一步利用船舶的载重能力。有时，航次租船规定运费按一次总付办法计算，即包干运费，船东这时只要能够完成租船合同中规定的最小货物数量即可。

在多数情况下，租船人能够提供的货物数量与船舶的载货能力大体相当，并给船东一定的百分比变化范围，供其选择。这时，船东必须认真考虑影响船舶载货量的各种因素，尽可能多承运货物，以赚取更多的运费。

对船舶在重载航段中所要停靠的港口，要首先弄清楚是否有吃水的限制。在此基础上，查出本航次船舶所能采用的载重线。根据限制水深和载重线可分别查出船舶对应的总载重量。

船舶在重载航段所带的燃料数量不仅要满足此航段的需要，而且要涉及燃料的安全储备，以便在坏天气或主机故障时使用。一般的做法是，一个航次虽然有几个航段，但仅对航次的最后一个航段考虑燃料的安全储备，其储备量为该航段正常消耗的25%左右。如果前面航段燃料消耗超过正常情况下的消耗量，可以使用后面航段的燃料油，当船舶停靠中间港口时想办法补上前面消耗掉的那部分燃料油。有时，船东根据经验，在已知本航次卸货港条件下，大致可预计出下一航次船舶可能行驶的区域。如果下一航次存在加油困难或油价过高的问题，船东可以考虑在本航次为下一航次多带一些燃料油。

对于船员行李、备品、润滑油、淡水和船舶常数这些重量，为了计算方便起见，在航次估算时把它们总计起来作为一个定值看待，这里把它们称为常定重量，简称常重。

在计算船舶满载吃水时，还应考虑到卸货港海水密度的变化情况。船舶从海水进入淡水或淡海水港口时，其吃水要增加。吃水增加的数量可按下式近似地算出：

$$\Delta d = d_{海} \frac{p_{海} - p_{淡}}{p_{淡}}$$

式中：Δd ——吃水变化量（米）；
$d_{海}$ ——船舷在海水中的吃水（米）；
$p_{海}$ ——海水密度（吨/米^3）；
$p_{淡}$ ——淡水或淡海水的密度（吨/米^3）。

因此，在海水装货港装货时，要保证能够按照允许的吃水使船舶进入淡水卸货港。

货物积载因数对航次载货量大小也是有影响的，具体计算时，根据船舶舱容、货物积载因数就可计算出相应的载货量。此数值与超重线或限制水深计算出的航次载货量相对比，它们的最小值就是本航次所能完成的最大载货量。

（四）航次费用的估算

航次费用是随航次的不同而不同的，它是可变成本，主要包括燃料费、港口使费、运河费、额外附加保险费、货物装卸费用以及其他费用。

1．燃料费

航次燃料消耗量包括航行消耗的重油和柴油、停泊时消耗的柴油，其具体数值已在航次燃料消耗部分计算过了。当上航次所剩燃料数量大于本航次实际所需数量时，船舷在本航次无须加油。根据上航次的燃料价格，就可计算出相应的燃料费用。

如果在航次开始时，船上所剩燃料不足以使船舶跑完整航次，就需要计算本航次的加油数量。根据上航次所剩燃油的价格及本航次加油地点的油价，可计算出本航次的燃料费用。

航次中的加油地点可能是上航次的卸货港、本航次的装货港，也有可能绕航去专门的加油港加油。船舶的加油地点可能是一个，也有可能是多个。在加油地点不止一个的情况下，应按几处的油价分别计算出所需的燃料费用。

目前，燃料费用占整个航次费用的很大比例，约为60%。特别是航程长的航次，这个问题显得更为突出。燃油费用估算得准确与否，直接影响整个航次的估算结果。

2．港口使费

港口使费主要包括拖轮、引水、码头、港口、港务和灯标等费用，这些费用一般按船舶净吨和船舶长度进行征收。

各港港口使费经常变化，在一定程度上给航次费用的估算带来了困难，因此具备可靠的港口使费资料是非常重要的。一般来讲，船东可通过三个渠道取得港口使费数据：一是通过船公司保存的该港过去的使费记录；二是可以采用波罗的海国际航运公会（The Baltic and International Maritime Conference，BIMCO）提供的港口费用资料；三是查询港口的当地代理。前两个来源提供的资料由于不很及时，使用时可能不完全可靠，而后者需要通信联络，其费用又太昂贵。为了取得较为准确的资料，又能节约一些费用，船东在航次估算时，应对所有航次方案先粗略估算一下，删除那些不可能的航次方案，而对最感兴趣的航次可以通过当地代理弄清楚港口使费情况。

港口使费在航次费用中所占的比例也很大，它和燃料费构成了航次租船中航次费用的最主要两项费用。

3．运河费

运河费是按船舶运河吨位征收的。多数运河对重载和压载船舶分别收取不同的费用。有时，运河当局还对货物征收费用，船东在这种情况下，需充分了解租船合同的条款，弄清由谁负责这笔费用。

4．额外附加保险费

船舶保险费是船舶营运费的一部分，属于固定费用。然而，在下面情况下，因航次的特殊性，船舶需支付额外的保险费。这笔费用是因具体航次而产生的，所以把它归到航次费用项目中。

第一种情况是船舷本航次挂靠的港口或行驶的区域超出了保险的地理区域；第二种情况是船舶驶出战争险规定船舷不允许到达的地区；第三种情况是货物保险人对15年以上的老龄船收取的额外费用，在航运市场不景气时，租船人在合同中一般都加进一项条款，让船东承担此项费用。

在上面几种情况下，船东必须加保，支付给保险人额外的保险费用。否则，一旦出现问题，保险人不承担任何由此引起的损失。船东在航次估算时应仔细考虑这方面的因素。

5．货物装卸费用

货物装卸费用主要包括交货、装货、平舱、积载和卸货等项费用。这笔费用是否由船东承担，取决于租船合同谈判的结果，一般在谈判开始时就明确了由谁承担。多数情况下，船东不承担这项费用，即合同中有 FIOT（free in and out trimmed）条款。但有时租船人要求船东承担部分、全部或一定比例的费用，需要承担的装卸费用，在航次费用估算时，应把它考虑在内。

6．其他费用

其他费用是指除上面列出的与本航次有关的费用。例如，船舶洗舱费用；船舶行驶到很寒冷的地区，船东需支付船员额外费用以购买保暖服装；对航次中可能发生的速遣费也应列在这个项目之下。

（五）营利性分析

通过上面的计算，已经确定出航次时间、载货量和航次成本，再结合本航次预计的运费率和每天营运成本等数据，就可计算出航次估算盈利的评价指标——每天净收益。航次盈利指标的计算按下面的公式进行：

航次总收入=预计的运费率×航次货运量+滞期费+亏舱费

航次净收入=航次总收入-佣金

=航次总收入(1-佣金占运费收入的百分比)

航次毛收益=航次净收入-航次费用

$$每天毛收益 = \frac{航次毛收益}{航次时间}$$

每天净收益=每天毛收益-每天营运费用

如果航次运费按一次总付方式支付，计算航次总收入时，直接代入该值即可。佣金包括支付给租船人的委托佣金和支付给经纪人的佣金，这笔费用一般由船东按运费收入的一定百分比支付。船舶每天营运费用包括船员工资、修理费、保险费、润滑油费用、备品费用和管理费用，它是不随航次变化的固定费用。

由于航次估算是在租船成交之前进行的，因此其运费率不是唯一确定的，在谈判过程中，其数值是可以在一定幅度内上下变化的。为了表示运费率变化对航次每天净收益的影响，引入了每10美分费率指标，其计算公式如下：

$$\text{每 10 美分费率} = \frac{0.1 \times \text{航次货运量}}{\text{航次天数}}$$

公式的实际意义是，运费率增加或减少 10 美分时，引起航次净收益的增加或减少的数量。

为了比较航次租船和期租哪一个对船东更为有利，需要计算航次租船的相当期租租金率。所谓相当期租租金率是指航次租船中船舶每总载重吨每月产生的收入，即

$$\text{相当期租租金率} = \frac{(\text{航次总收入} - \text{航次费用}) \times 30}{\text{船舶夏季总载重吨} \times \text{航次天数}}$$

当航次相当期租租金率大于可能的期租租金率时，船东从事航次租船更为有利。

上面的计算结果可以作为航次租船决策的重要参考依据。一般来讲，每天净收益大的航次自然对船东具有较高的吸引力，但单纯的盈利数字高低并不是决定性的，还有其他的因素需要考虑。诸如：

（1）为下一航次着想。若航次是在很难找到生意的港口卸船，要重新进行航次租船，至少要定一段很长的空载航段，像这样的租船合同即使每天净收益高一点，两个航次平均下来也可能会发生亏损。

（2）船舶在近期内要回某个港口修理、换船员或补给等，在这种情况下，船东就可能选择虽然盈利小一点，但能够回这个港口的航次。

（3）如果两个租约一个是航次租船，另外一个是期租，它们的盈利水平相当，甚至期租比程租稍低一些，船东很有可能选择期租。因为在期租条件下，船东不负责航次费用，有关与航次费用的风险，如燃料和港口使费的涨价，这时都与船东无关。

（4）租船人的信誉情况。假如有两个航次租船合同，一个是有信誉的租船人提供的，每天净收益 500 美元；另一个租约由名声很差的租船人提供，每天有 800 美元的净收益。明智的船东都会毫不犹豫地选择前者，因为选择后者可能产生的损失是账面上的盈利差额所远远不能补偿的。

（5）船东可能会有很多原因不喜欢装运某些货物，例如对新船来讲，船东喜欢装运散粮而不愿意运煤。

（6）租船合同条款。租船合同中的某些条款如果订得比较苛刻，可能会使船东处于很不利的境况，使其承担较大的赔钱的风险。

二、航次估算实例

为了便于估算人核对、记录和保存，航次估算可以采用表 4-2 的格式进行。此表由航次估算的主要数据资料、航次时间和燃料消耗、航次货运量、航次费用、盈利指标计算几部分组成。

表 4-2　每日燃料消耗（吨）

海	上	港	口
FO	DO	不工作	工作
25	1.5	1.5	1.5

表 4-2 中的航次估算实例的具体解释如下。

（一）有关资料

（1）船舶部分：干散货船"UNICORN"、1969 年建造、劳氏船级社员高船级、6 个货舱/6 个舱口、夏季满载吃水 9.45 米、夏季满载水线下总载重量 21 750 吨、冬季满载吃水 9.16 米、冬季满载水线下总载重量为 21 000 吨、散装舱容 25 485 米、重载航速 13.75 节、压载航速 14.25 节、航行每天重油消耗 25 吨、航行和停泊每天柴油消耗 1.5 吨、常定重量 500 吨、营运费用每天 2750 美元。

（2）合同主要内容：20 000 吨散装小麦、10%MOL、装货港 Baie Comeau（加拿大拜科莫）、卸货港 Casablanca（摩洛哥卡萨布兰卡）、卸货港海水限制水深 30 英尺、装货天数 4 天（不包括星期日、节假日）、卸货定额 1250 吨/天（不包括星期五、节假日）、船东不负责装卸费和平舱费、可能运费率为 11 美元/吨、佣金为 5%、航次租船合同文本为 Norgrain。

船舷和合同的主要有关内容列在表 4-3 的表头部分，其中的一些英文缩写都是租船谈判中较为常用的。

表 4-3 航次燃料数量（吨）

航　段	燃　料　数　量	
	FO	DO
Baie Comeau/Casablanca	223	13
安全储备	56	3
Casablanca 港		33
下航次 5 天航次	125	7
总计	404	56

（二）航次时间及燃料消耗的计算

船舷上航次的卸货港为 Bremerhaven（德国不来梅），从 Bremerhaven 到装货港 Baie Comeau 采用过 Cape Wrath（拉斯角）航段。考虑到北大西洋冬季的风浪情况，在压载航段增加了 1 天的时间延误。

船舶在装货港的停泊时间需要考虑周日和通知时间（noticetime）2 天，加上合同中规定的天数，共计 6 天。在卸货港船舶经历了 6 天的周五和节假日，一共需停泊 22 天。

（三）航次载货量计算

（1）本航次重载航段全程采用冬季载重线。如表 4-3 所示，从装货港出发时船上所带的燃料总量为 460 吨，其中包括了下航次的 5 天燃料。船东考虑下航次船舶可能从 Casablanca 运输矿石去欧洲大陆港口，由于 Casablanca 油价很高，本航次应把下航次的燃料带上。

（2）由 Casablanca 的限制水深 30 ft（9.144 m），查船舶载重水尺得船舶总载重吨为 20 965 吨，进入该港时船上载燃料 724 吨，因此允许的船舶净载重量为 20 241 吨。

（3）由货物积载因数和舱容计算得航次载货量为 20 388 吨。

综合上面三方面的因素，知本航次最大载货量为 20 040 吨，实际运费计算时取 20 000 吨。

（四）航次费用

本航次的加油港选在了 Bremerhaven，其重油、柴油油价分别为 80 美元/吨、125 美元/吨。上航次船上剩重油 73 吨、柴油 50 吨，其价格分别为 82.5 美元/吨和 130 美元/吨。

由于船舶装货港 Baie Comeau 处在 IWL（institute warranty limits，伦敦保险人协会拟定的协会保证区域）的地理区域之外，船舶本航次需要加保，其额外附加保险费为 9500 美元。

装货港和卸货港的港口使费可从以前的航次资料中取得。

（五）最后分析

经过计算，本航次每天净收益为 157 美元，其盈利值不高的主要原因在于空载航段过长。若运费率能够提高 10 美分，则每天净收入将提高 40 美元。

相当期租租金率为 4.39 美元/月·载重吨。

案例分析

浅谈海上国际货物运输环节风险

在国际货物贸易中，对货权把控的落实一直是设计各种合同支付方式的"基石"，如若出口企业不能对国际海上货运环节有清晰的认识，则可能被买方蒙蔽，导致合同约定的特定支付方式（如 CAD、D/P 或见提单 COPY 件付款等）原有的货权保障功能失效。此外，由于贸易过程中除了合同主体，还往往出现货发第三方，或者其他方代理清关等情况，一旦发生货款拖欠或其他违约行为时，合同买方否认贸易等情况经常出现，所以通过两则典型案例，提示海上国际货物运输环节潜藏的风险，并提出相关建议，供广大企业参考。

案例一

国内出口企业 Z 于 2016 年 2 月根据某国中间商 A 的指示向该国买方 B 出口货物，货值达数百万美元。因应付款日届至后 Z 企业未收到货款，遂向浙江信保报损。浙江信保立即发函与买方 B 取得联系并获得回复，买方 B 称并不知晓 Z 企业的存在，也未曾收取相关进口货物。但是 Z 企业认为买方 B 应该承担付款义务，理由是其取得的货运单据上显示的收货人均是买方 B，且其从中间商 A 处取得的销售合同副本显示买方主体就是该国买方 B。

经进一步调查，虽然出口企业 Z 所提供的货代收据上所载明的收货人和买方 B 无异，但是经过追踪集装箱轨迹发现，本案货物的实际提货人就是中间商 A。那在货物运输过程中到底发生了什么呢？在进一步质询物流环节上的各个主体后，发现出口港货运代理本就是中间商 A 的合作单位，中间商 A 指示其和出口企业 Z 联系接货，并按照出口企业 Z 的指示出具货代收据，其收货人栏目自然打印上买方 B，但是当该货代和承运人签订运输合同时，则根据中间商 A 的指示，将收货人更改为中间商 A，并将正本提单交与中间商 A，因此当货物到港以后，中间商 A 顺利提取货物。本案中，出口港货代的失职行为是导致出口企业 Z 权益受损的主因。

案例二

国内出口企业W于2015年11月按照法国买方E指示出运一批拉杆箱至香港，发票金额40万美元。合同约定支付方式为20%预付款，余款OA 60天。出运前买方足额支付预付款（水单显示付款人为第三方），应付款日后买方拖欠，出口企业W遂向浙江信保报损。

浙江信保介入并致函E公司，对方回函承诺最晚将于下周支付欠款，但此后未付。随后浙江信保委托海外渠道介入，渠道外访E公司按地址未能找到其办公室。尝试数周，E公司电话终于接通，接线人称知晓本案项下货物的出运，但无可奉告，此后就再也无法联系上买方。渠道遂联系货代F公司，其称已经放货给香港另一公司G。后经出口企业W与货代F公司进一步联系确认，F公司提供一份买方E指定的法国货代D公司指示其将货物放给G公司的邮件。渠道联系G公司之后，G并未再配合告知货物到达香港后的去向。渠道同时调查法国货代D，但未能在官方注册信息登记库中查到该公司。

本案中，出口港货代F仅凭法国货代D邮件指示就将货权凭证放给了非提单载明的收货人，甚至未告知发货人，可见货代在与出口企业订立的运输合同项下存在明显的履约问题。同时，货代向出口企业出具的是载明收货人为法国买方的记名提单，根据我国《海商法》规定，记名提单不能流通，也不能通过背书方式转让给第三人，只能由该特定收货人提货。因此，货代放货第三人存在明显的操作瑕疵。此外，海外追偿渠道已经发现法国买方E存在明显的欺诈嫌疑，而他实施欺诈的重要一环就是指定无相关资质的公司D，并找到了替其收货的G公司，从实际情况来看，G公司老板与买方E私交甚笃，获取货物后将货物分批运往多个欧洲国家，此后已经发现欧洲市场上有人在低价倒卖这些货物。

风险提示及相关建议

上述案例中不难发现，在开展出口贸易时仅关注国外买方风险是不够的。除了明辨买方主体及规范贸易合同的签订，还应在规范国际货物运输环节上多长心眼。如何正确把握货运环节风险？我们认为从对货代选择到与货代的联络、从与货代之间的凭证交换到货物出口后的追踪，都有工作要做。具体提示如下。

一、积极要求获得运输单证

在大部分以FOB为价格术语的国际贸易合同项下，货运代理人往往由国外买方指定，出口企业常常表示无法拿到正本提单。在买方指定货代情况下的国际货物运输，实际上存在两个托运人，即契约托运人和实际托运人。契约托运人是指与承运人订立运输合同的人，实际托运人是指将货物实际交付给承运人的人。

在FOB价格术语下，买方往往成为契约托运人，卖方为实际托运人，在同时面对契约托运人和实际托运人时，应向哪一个托运人签发提单？对于这个问题，参考《最高人民法院关于审理海上货运代理纠纷案件若干问题的规定》的第八条要求："货运代理企业接受契约托运人的委托办理订舱事务，同时接受实际托运人的委托向承运人交付货物，实际托运人请求货运代理企业交付其取得的提单、海运单或者其他运输单证的，人民法院应予支持。"因此，货运代理企业应向实际交付货物的卖方交付提单，也就是说，实际托运人有优先于契约托运人向货运代理企业主张交付提单的权利。因此，出口企业在与货运代理人打交道时，切勿轻易放弃索要正本提单的权利，而应该有理有据地向货代要求获得提单。

二、正确认识运输单证

实务中,一些出口企业从货代处拿到的往往不是提单,而是其他的运输凭证。随着国际贸易双方越来越多地采用赊销(open account, OA)方式进行结算,一些出口企业认为放货是迟早的事,所以更没有必要拿到提单。这样的想法恰恰暴露了企业仅关注国外买方,而忽略货物运输环节的问题,这是对贸易风险的片面认知。

事实上,海运提单是出口企业作为托运人控制运输环节风险,掌握货权,乃至主张损失补偿的最关键及有效单证。当托运人拿到的是一张非海运提单的运输单据/凭证,就会助长无单放货行为的发生。常见的无单放货方式包括:① 货代凭货运代理人的货物收据(forwarder cargo receipt, FCR)放货;② 承运人凭海运单(seaway bill)放货;③ 货代或承运人凭提单副本或传真件放货;④ 货代或承运人凭发货人或收货人的保函放货。

三、关注货代的资质

国内相关法规规定,国际货物运输代理企业的注册资本最低限额应当符合下列要求:① 经营海上国际货物运输代理业务的,注册资本最低限额为 500 万元人民币;② 经营航空国际货物运输代理业务的,注册资本最低限额为 300 万元人民币;③ 经营陆路国际货物运输代理业务或者国际快递业务的,注册资本最低限额为 200 万元人民币。经营前款两项以上业务的,注册资本最低限额为其中最高一项的限额。国际货物运输代理企业每设立一个从事国际货物运输代理业务的分支机构,应当增加注册资本 50 万元。由此可见,货代合法经营有一定的资本要求,国家交通运输部也会定期颁布具备资质的无船承运人名单。建议出口企业关注查询。

四、勇于直面货运环节风险

货物托运过程中,出口企业能否拿到运输单据,拿到的运输单据能否给予足够的保障,都存在诸多的不确定性。但应该看到的是,要证明发货人与货代或承运人存在法律关系是不难的,只要双方的运输合同关系存在,就定能向货代或承运人主张运输合同项下的权益。出口企业在货物托运初始,就应该关注运输合同的条款和完备性,并及时做好所有单证、沟通记录的存档。只有对双方的权利、义务有事先的把握,才能在事发时进行高效、有力地应对。出口企业还应该打破传统的出了事只找买方的思维定式,必要时要勇于追究货运代理人的违约行为并寻求损失补偿。毕竟,相比国际货物销售合同领域的纷繁复杂,国际货物运输是一个相对狭窄的领域,并且经过长期的发展和改进,已经形成了相对稳定的行业惯例,并已建立起自身的有针对性的、能统一的法律规范,其中包括为数不多的国际货物运输公约。这些都为出口企业争取自身权益提供了便利条件。

资料来源:海运网. 浅谈海上国际货物运输环节风险[EB/OL].(2017-05-19)[2022-08-05]. https://mp.weixin.qq.com/s/YO7b4U_4IcqPTh2Vr0cjqA.

本章小结

本章介绍了海上货物运输的特点,说明了海上货物进出口业务的流程,介绍了海上运输的相关法规,介绍了班轮运输业务、不定期船运输的特点,并细述了不定期船的航次估算方法。

延伸阅读

海运强国的内涵

基于当今海运发展环境,对海运强国内涵的认识可概括为三个方面:① 海运强国是相对于其他国家和地区海运而言的战略定位,"强"在这里表现为形容词,是发挥国家综合实力,在国际海运市场中有效利用全球航运资源、全球化存在和在激烈竞争中形成的强者;② 海运强国是相对其他国家和地区更能有效支持国防安全与经济安全而言的战略定位,"强"在这里表现为动词,体现为与国家综合国力的互动,大国为有效应对复杂地缘政治形势、时有发生的各类突发事件,需要海上战略投放能力、战略资源海运通道安全畅通的支持;③ 海运强国是相对其他国家和地区而言对世界海运发展做出更大贡献、具有更大影响力而言的战略定位,"强"在这里表现为名词,体现为"领头羊"作用,他国可指掌、可依赖其推动海运服务创新、技术进步、通道与运营安全和良好秩序及生态的形成。基于上述三点基本认识,结合从第二次世界大战后世界格局的变化和海运发展实践来看,现代海运强国就是依托综合国力,在海运保障性、竞争性和引领性方面居于世界领先水平的国家。

海运保障性、竞争性和引领性的含义如图 4-2 所示。

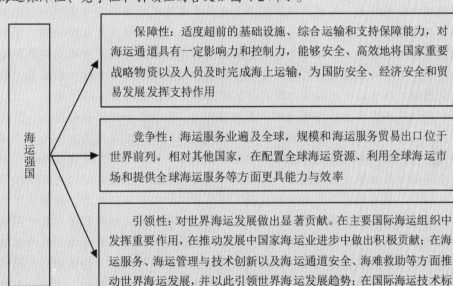

图 4-2 海运保障性、竞争性和引领性的含义

海运保障性是国家发展海运的底线,体现为海运的可获得性和经济性。从适应国家对海运的需求角度看,保障性主要体现在常态、非常态突发事件以及战略物资海上运输上。和平与发展是当今世界的主题,作为全球性竞争行业,在正常环境下,商业物资、人员运输均可通过市场选择承运人,经济地完成海上运输。而战略物资和应对突发事件时的人员、物资运输,由于涉及国家安全、经济安全和政治影响等种种原因,往往无法依赖他国运力进行运输;一旦发生某些常态突发事件,海运的可得性和经济性就会面临挑战,直接影响

战略物资和关系国计民生资源、能源及时、经济地运输，甚至由于种种原因导致他国运力不可获取或以极高的代价获取。而对于安全和环境事故，需要及时获取救助能力，将安全和环境事故可能导致的人员、财产和环境损失降至最低；一旦发生战争和维护主权等非常态突发事件，往往只能依靠自身和盟友运力，并依托综合国力保障海运通道的安全。从实现海运的保障性内部看，首先要形成适度超前的基础设施、综合运输能力和支持保障系统，通过自身经济力量可以解决国内问题；其次需要具有直接控制力的国防安全、经济安全船队和特种支持保障装备，以有效应对常态、非常态突发事件，需要国家经济力量和技术力量的支持，部分核心技术和装备具有不可控性，往往只能依靠自身研发实力和盟友支持；最后要对海运通道具有影响力和控制力，涉及复杂的地缘政治形势，具有很大的不确定性和不可控性，需要国家综合国力和盟友的支持。遍布全球的海运网点，有利于国家对国防安全、经济安全和国家主权等突发事件快速做出反应。

海运竞争性是国家发展海运的经济追求。作为全球化的海运业，竞争主要体现在国际海上运输、码头运营和现代航运服务业三个方面，其宏观标志为国家服务贸易。国际海上运输和码头运营等直接体现在运输服务贸易，而现代航运服务业则体现在金融、信息和咨询等服务贸易领域；竞争的微观体现为国际航运企业、国际码头运营商的竞争，即企业国际化经营规模和经营效益。而现代航运服务业竞争主要体现为国际港口城市——现代航运服务提供者的集聚规模，竞争的标志为国际航运中心的地位，特别是在船舶流、资金流、信息流的聚集规模和结构上。海运竞争的全球性，要求一国立足海运市场周期性和技术经济特性，建立不劣于其他海运大国的海运融资政策、税收政策和战略性补贴政策，形成良好的海运生态圈，以有效利用国际、国内海运资源和市场，参与全球海运竞争。

海运引领性是国家在全球海运治理体系中的作用、影响力和话语权的追求。引领性首先源于其海运实力，包括规则制定能力、规则执行能力、议程设置能力、舆论宣传能力和统筹协调能力等，这种实力首先体现为海运全球性存在、服务创新、管理与技术创新、维护通道安全和海难救助等方面的能力。其次是对国际相关组织形成和运行发挥积极作用，在相关技术标准、规则制定中具有创新提出、协调推动和维护执行能力。最后体现为海运价值观舆论宣传能力，倡导海运开放、竞争、安全、绿色发展，积极推动发展中国家海运业进步。海运引领性依托于国家的综合国力、海运发展成就和对世界海运发展的贡献，需要一大批了解国情、具有全球视野、熟练运用外语、通晓国际规则、精通国际谈判的优秀专业队伍，包括公务员、企业家、科技人才、海员和国际海运活动家等，是海运人才队伍建设持之以恒谋划和奋斗积累的结果。

资料来源：中国船检. 海运强国的内涵[EB/OL]. （2017-05-03）[2022-08-05]. https://mp.weixin.qq.com/s/LXI5fcBaLWAGKvFq0GpwhQ.

本章习题

第五章 国际航空货物运输

学习目标

- 了解国际航空货物运输的几种方式;
- 掌握航空运费的计算方法并能根据具体业务核算航空运费;
- 能够针对实际业务中出现的航空货物运输事故进行具体分析并解决问题。

引导案例

东航物流:打造国际航空物流全链条

作为我国首批国企混合所有制改革试点,东航物流引入优质社会资本,着力建立现代企业制度,一个原本"十年九亏"的企业实现连年盈利。

昨天早上还在智利果园的车厘子,今天晚上就可以摆上中国的餐桌。目前,东航物流开通的"产地直达"生鲜物流配送服务,已经覆盖北美、南美、欧洲、亚太的30多个国家。

短短三年就搭建了国际航空物流全产业链,东航物流的变化正是我国国企改革的一个缩影。2016年,东航物流被列入国家首批重点领域混合所有制改革试点。

通过股权改革,东航物流遴选了四家行业内各具优势的民营企业成为股东,整合物流仓库、落地配送等优质资源,率先推行职业经理人制度,完全按照绩效考核,领取市场化薪酬。

目前,东航物流已经建立了完全市场化的体制机制和法人治理结构。依托混改的成功经验,东航集团正在大力推进集团层面股权多元化,着力打造现代企业治理体系,加速建设具有全球竞争力的世界一流航空企业。

资料来源:央视网.东航物流:打造国际航空物流全链条[EB/OL].(2019-12-21)[2022-08-05]. http://news.cctv.com/2019/12/21/ARTIimazTqIgxYq1S26nuzsO191221.shtml.

第一节 国际航空货物运输的基础知识

一、国际航空货物运输的设施与技术

(一)航线

民航从事运输飞行,必须按照规定的线路进行,这种线路叫作航空交通线,简称航线。航线不仅确定了航行的方向、经停地点,还根据空中管理的需要规定了航路的宽度和飞行

的高度层，以维护空中交通秩序，保证飞行安全。

航线按飞机飞行的路线分为国内航线和国际航线。线路起降、经停点均在国内的称为国内航线。跨越本国国境，通达其他国家的航线称为国际航线。

飞机由始发站起飞，按照规定的航线经过经停站至终点站所做的运输飞行，称为航班。

（二）航空港

航空港为航空运输的经停点，又称航空站或机场，是供飞机起降、停放及组织保障飞行的场所。近年来随着航空港功能的多样化，港内一般还配有商务娱乐中心和货物集散中心，以满足往来旅客的需要，同时吸引周边地区的生产和消费。

按照所处的位置不同，航空港分为干线航空港和支线航空港。按照业务范围的不同，航空港分为国际航空港和国内航空港。

（三）航空运输方式

航空运输方式包括班机运输、包机运输、集中托运和航空快递。

1. 班机运输

班机运输是指具有固定开航时间、航线和停靠航站的航空运输。班机通常为客货混合型飞机，货舱容量较小，运价较贵，但由于航期固定，有利于客户安排鲜活商品或急需商品的运送。

班机运输一般具有以下一些特点。

（1）班机具有固定航线、固定停靠港和定期开飞航的特点，可以迅速、安全地把空运货物运达全球各通航点。

（2）对市场上急需的商品、鲜活易腐货物以及贵重商品的运送非常有利。

（3）班机运输一般是客货混载，因此舱位有限，不能使大批量的货物及时出运，往往需要分期分批运输。这是班机运输的不足之处。

2. 包机运输

包机运输是指航空公司按照约定的条件和费率，将整架飞机租给一个或若干个包机人（包机人指发货人或航空货运代理公司），从一个或几个航空站装运货物至指定目的地。包机运输适合于大宗货物运输，费率低于班机，但运送时间则比班机要长些。

包机有如下优点。

（1）解决班机舱位不足。

（2）节省时间。

（3）弥补没有直达航班的需求。

（4）减少货损、货差现象。

（5）缓解空运旺季航班紧张状况。

（6）解决活动物、海鲜等运输问题。

3. 集中托运

（1）集中托运可以采用班机或包机运输方式，是指航空货运代理公司将若干批单独发运的货物集中成一批向航空公司办理托运，填写一份总运单送至同一目的地，然后由其委托当地的代理人负责分发给各个实际收货人。这种托运方式可降低运费，是航空货运代理的主要业务之一。

集中托运业务流程如图 5-1 所示。

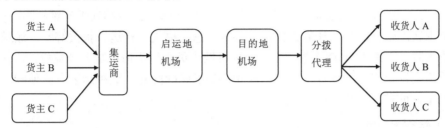

图 5-1　集中托运业务流程

（2）集中托运的局限性。

① 集中托运只适合办理普通货物，对于等级运价的货物，如贵重物品、危险品、活动物以及文物等不能办理集中托运。

② 目的地相同或临近的可以办理，如某一国家或地区，其他则不宜办理。例如，不能把去日本的货物和去欧洲的货物一起办理集中托运。

4．航空快递

航空快递业务是由快递公司与航空公司合作，向货主提供的快递服务，其业务包括由快递公司派专人从发货人处提取货物后以最快航班将货物出运，飞抵目的地后，由专人接机提货，办妥进关手续后直接送达收货人，称为"桌到桌运输"。这是一种最为快捷的运输方式，特别适合于各种急需物品和文件资料。航空快递实际上也是一种联合运输，与空运方式前后衔接的一般是汽车运输。

快件业务从所发运快件的内容看，主要分成快件文件和快件包裹两大类。快件文件以商务文件、资料等无商业价值的印刷品为主，其中也包括银行单证、合同、照片或机票等。快件包裹又叫小包裹服务，包裹是指一些贸易成交的小型样品或零配件返修机采用快件运送方式的一些进出口货物和物品。

航空快件运输（尤其是包裹运输）与普通空运货物相比，需要办理的手续相同，运输单据和报关单证也基本一样，都要向航空公司办理托运，都要与收、发货人及承运人办理单货交接手续，都要提供相应的单证向海关办理进、出口报关手续。但其亦有自身的特点，具体如下。

（1）完善的快递网络。快递是以时间和递送质量区别于其他运输方式的，它的高效运转只有建立在完善的网络上才能进行。

（2）以收运文件和小包裹为主。从收运范围来看，航空快运以收运文件和小包裹为主。文件包括银行票据、贸易合同、商务信函、装船单据、小件资料等，包裹包括小零件、小件样品和急用备件等。快运公司对收件有最大重量和体积的限制。

（3）有交付凭证。从运输和报关来看，航空快运业务中有一种其他运输形式所没有的单据 POD（proof of delivery），即交付凭证。它由多联组成（各快运公司的 POD 不尽相同），一般有发货人联、随货同行联、财务结算联和收货人签收联等，其上印有编号及条形码。POD 类似航空货运中的分运单，但比后者的用途更为广泛。

(4) 运送速度快。从服务层次来看，航空快运因设有专人负责，减少了内部交接环节，缩短了衔接时间，因此运送速度快于普通货运和邮递业务，这是其典型特征。

(5) 安全可靠。从服务质量来看，快件在整个运输过程中都处于计算机的监控之下，每经一个中转港或目的港，计算机都得输入其动态（提货、转运、报关等）。派送员将货送交收货人时，让其在POD上签收后，计算机操作员将送货情况输入计算机，这样信息很快就能反馈到发货方，一旦查询，立刻就能得到准确的回复。这种运输方式使收、发货人都感到安全、可靠。

（四）航空器分类

航空器按用途的不同可分为客机、全货机和客货混合机。

1. 客机

客机主要运送旅客，一般行李装在飞机的深舱。由于直到目前为止，航空运输仍以客运为主，客运航班密度高、收益大，所以大多数航空公司都采用客机运送货物。所不足的是，由于舱位少，每次运送的货物数量十分有限。

2. 全货机

全货机运量大，可以弥补客机的不足，但经营成本高，只限在某些货源充足的航线使用。

3. 客货混合机

客货混合机在主舱前部设有旅客座椅，后部可装载货物，下舱内也可装载货物，并可根据需要调整运输安排，是最具灵活性的一种机型。

⭐ 小提示

航空器的装载限制主要有重量限制、容积限制、舱门限制和地板承受力限制。波音和空客公司的飞机对单件货物重量的限制都要求重量小于70 kg，下货舱散舱的地板承受力控制在732 kg/m^{2}以内，否则就应该加上合适面积的垫板。

二、国际航空货物运输的特点

（一）运送速度快

飞机的飞行速度大约在每小时600~800千米，比其他的交通工具快得多，如比海轮要快20~30倍，比火车要快7~12倍。对于运输距离比较远或者对时间性要求较高的货物来说，航空货物运输是增强其市场竞争力的有效手段。

（二）破损率低、安全性好

由于航空运输的货物本身的价格比较高，与其他运输方式相比，航空货运的地面操作流程的环节比较严格，管理制度比较严格、完善，而且航空货物运输的手续简便，运输中间环节较少，这就使货物破损的情况大大减少，破损率低、安全性好。

（三）空间跨度大

在有限的时间内，飞机的空间跨度是最大的。通常，现有的宽体飞机一次可以飞7000

千米左右,进行跨洋飞行完全没问题,这对于某些货物,如活动物的运输是非常重要的优点。

(四)可节省生产企业的相关费用

由于航空运输的快捷性,可加快生产企业商品的流通速度,从而节省产品的仓储费、保险费和利息支出等,另一方面产品的流通速度加快,也加快了资金的周转速度,可大大地增加资金的利用率。

(五)运价比较高

航空货运的技术要求高、运输成本大,所以它的运价相对来说比较高。

(六)载量有限

由于飞机本身的载重容积的限制,通常航空货运的货量相对于海运来说少得多,例如载重量大的民用飞机 B747 全货机,货物最大载重 119 吨,相对于海运几万吨、十几万吨的载重量,两者相差很大。

(七)易受天气影响

航空运输受天气的影响非常大,如遇到大雨、大风、大雾等恶劣天气,航班就不能得到有效的保证,这对航空货物运输所造成的影响就比较大。

从以上对航空货运的特点分析可以看出,航空货运既有优势,也有劣势,需要货运代理人员在实际业务操作中充分发挥航空货运的优势,克服其劣势,才能保证航空货运在经济发展中的作用。

 小提示

包舱/箱/板运输

包舱/箱/板运输是班机运输下的一种销售方式。它指托运人根据所运输的货物在一定时间内需要单独占用飞机部分或全部货舱、集装箱、集装板,而承运人需要采取专门措施予以保证。根据双方的具体协议和业务操作,包舱/箱/板运输又可分为以下两种。

(1)固定包舱:托运人在承运人的航线上通过包舱/板/箱的方式运输时,托运人无论向承运人是否交付货物,都必须支付协议上规定的运费。

(2)非固定包舱:托运人在承运人的航线上通过包舱/板/箱的方式运输时,托运人在航班起飞前 72 小时如果没有确定舱位,承运人则可以自由销售舱位,但承运人对代理人的包板(舱)的总量有所控制。

开展包舱/箱/板运输的益处有以下几方面。

(1)减少承运人的运营风险,有稳定的收入。

(2)能充分调动包板人的积极性和主观能动性,最大限度地挖掘市场潜力。尤其对于那些有固定货源且批量较大、数量相对稳定的托运人,可节省不少运费。

(3)有利于一些新开辟的航线、冷航线的市场开发。

因而,采用包舱/箱/板运输,无论对于航空公司还是代理人都是一个双赢的策略。

三、国际航空货物运输承运人的分类

（一）传统承运人

传统承运人是指自己拥有航空器的所有权（购买航空器）或者使用权（租赁航空器），并以自己的名义承担货物运输的承运人。最典型的就是承担公共运输义务的各大航空公司以及自己拥有飞机的货运公司。

（二）缔约承运人

自己没有购买或者租赁飞机，却以自己的名义与货主签订运输合同，并将货物交由他人运输的公司。实践中那些没有飞机的快递公司或者货运公司就属于这类公司。

（三）实际承运人

实际承运人是指那些不直接与托运人签订运输合同，而是接受缔约承运人的委托运输以缔约承运人承揽的货物的承运人。其承担的运输义务来自于委托合同而不是运输合同。实践中那些接受快递公司或货运公司委托运输的航空公司即属于这类。

四、航空货物运输代理人的业务范围

航空货运代理除了提供订舱、租机、制单、代理包装、代刷标记、报关报检和业务咨询等传统代理业务，通常还提供以下服务。

1. 集中托运业务

航空货运代理公司将若干批单独发运的货物集中成一批向航空公司办理托运，填写一份总运单送至同一目的地，然后由其委托当地的代理人负责分拨给各个实际收货人。这种托运方式可以降低运费，是航空货运代理的主要业务之一。

2. 地面运输

它提供机场至机场之外的地面运输服务。航空货运代理公司以承运人或代理人身份利用自身拥有或租赁的地面运输工具提供地面运输服务。

3. 多式联运服务

有些大型航空货运代理可以提供以航空运输为主的多式联运服务。

第二节　航空运输组织管理与设施设备

一、航线、航班

飞机飞行的路线称为空中交通线，简称航线。航线确定了飞机飞行的具体方向、起讫和经停地点，并根据空中交通管制的需要，规定了航线的宽度和飞行高度，以维护空中交通秩序，保证飞行安全。

航线可分为国际航线、国内航线和地区航线三大类。

（1）国际航线是指飞行的路线连接两个或两个以上国家的航线。在国际航线上进行的运输就是国际运输，即一个航班中的始发站、经停站或终点站如果有一站在国外领土上就叫作国际运输。

（2）国内航线是指在一个国家内部的航线，又可以分为干线、支线和地方航线三大类。

（3）地区航线是指在一国之内，各地区与有特殊地位地区之间的航线，如我国内地与港、澳、台地区的航线。

☆ 小提示

在一望无际的天空中，实际上有着我们看不见的一条条空中通道，它对高度、宽度和路线都有严格的规定，偏离这条安全通道，就有可能存在失去联络、迷航以及与高山等障碍物相撞的危险。

"航班"指以航空器从事乘客、邮件或货物的公共运输的任何定期班次，也指某一班次的客机或客机航行的班次。航班类型基本分为定期航班和不定期航班。

定期航班是指飞机定期自始发站起飞，按规定航线经经停站至终点站或直达终点站的飞行。在国际航线上飞行的航班称为国际航班，在国内航线上飞行的航班则称为国内航班。

代码共享航班是航空公司之间的一种合作形式，如果该航线上的客源不足以用两个航班来承运的话，那么两个基地间的航空公司就会用代码共享来实现相互之间的合作。

二、航空运输的营运方式

航空运输是指航空运输企业通过民用航空器使旅客、行李、货物或邮件实现地理位移的全部活动。根据运送对象的不同，航班分为客运航班和货运航班；根据目的地的不同，航班分为国内航班和国际航班；根据航班执行频率的不同，航班分为定期航班和不定期航班；根据飞行时间和飞行距离的不同，航班分为干线航班和支线航班；根据是否经停，航班分为经停航班和直达航班。

（一）定期航班运输

1. 定期航班运输的概念

定期航班运输又称为班机运输或班期运输，是指航空公司将飞机按照事先制定的航班时刻表，在特定航线的各既定起落站之间，经常性地为特定的众多旅客和货主提供规划的、反复的运输服务，并按运价本或协议运价的规定计收运费的一种营运方式。

☆ 小提示

在运输繁忙时期，根据临时需要，在班期运输航班班次之外沿班期运输的航线增加航班飞行。这一类飞行，我们称为加班飞行，也称为"红眼航班"。

随着运输业务的发展，航线、航班不断增加，班机运输必须按照一定的方法给各个航班编以不同的号码以便于区别，以及业务上的处理。

班机时刻表（见图5-2）是组织正常班机运输的依据。编制班机时刻表是一项复杂细致的工作，必须周密考虑主客观各方面的情况，对运输中相互关联的多种因素进行反复平衡。我国制定的班机时刻表一般在每年 4 月和 11 月更换。每次更换，最迟要在施行前 14 天对外公布。

始发站	班期	航班号	机型	离站时间	到站时间	备注
北京	1234567	MU5691	B737	11:50	13:25	
	1234567	CA1825	B733	13:35	15:15	
广州	1234567	CZ3815	B738	12:45	14:55	
	1234567	ZH9663	B733	08:40	10:50	
深圳	1234567	ZH9445	B738	19:30	22:55	
	1234567	ZH9841	B733	08:40	10:40	
沈阳	1234567	ZH9842	B738	15:50	17:50	
哈尔滨	1234567	ZH9664	B737	14:55	17:25	
厦门	1234567	ZH9445	B738	21:25	22:55	

图 5-2 民航班机时刻表

小提示

飞机航班信息解释如下：CA——国航，航空公司两字代码，1825——航班号，国内航班号的编排是由航空公司的两字代码加 4 位数字组成，航空公司代码由民航总局规定公布，后面四位数字的第一位代表航空公司的基地所在地区，第二位代表航班基地外终点所在地区，其中数字 1 代表华北、2 为西北、3 为华南、4 为西南、5 为华东、6 为东北、8 为厦门、9 为新疆，第三、第四位表示航班的序号，单数表示由基地出发向外飞的航班，双数表示飞回基地的回程航班。DS#是系统自动出的代码，F、A、Y、B 等这一串都是仓位等级，仓位位置不同则价格不同，后面跟着剩余票数。例如，CTU——成都双流国际机场，代表起点；PVG——上海浦东国际机场，代表终点；0745——起飞时间 7 点 45 分；0955——落地时间 9 点 55 分；319——机型 319，是空客 A-320 系列之一，属于中小型窄体客机。

2. 旅客运输

旅客运输是民航班期运输的主要业务之一。旅客运输的基本任务是：根据国家的总任务、方针、政策和社会主义企业的经营原则，加强运输组织，改善服务工作，为旅客提供舒适、便利的旅行条件，安全、迅速地将旅客运至目的地，为人民生活和国际友好往来服务。国际航线免费行李额分为计重免费行李额和计件免费行李额两种。计重免费行李额，按照旅客所付的票价座位等级，每一全票或半票旅客免费行李额为：一等舱为 40 千克，公务舱为 30 千克，经济舱（包括旅游折扣）为 20 千克，按成人全票价百分之十购票的婴儿无免费行李额。计件免费行李额，按照旅客所付的票价座位等级，每一全票或半票旅客的免费行李额为两件，每件长、宽、高三边之和不得超过 158 厘米，每件重量不得超过 32 千克。但持有经济舱（包括旅游折扣）客票的旅客，其两件行李长、宽、高的总和不得超过 273 厘米，按成人全票价百分之十购票的婴儿无免费行李额。

小提示

经停的意思是要在中途的一个机场降落，一是有客运，二是要加油加餐食之类。所有人都要下飞机,在经停的机场候机楼等候大概40分钟,才可以重新上飞机,而且是优先登机,随身的行李方便的话就带着,托运的行李不用管。

3. 货物运输

航空货运现今已发展成为物流体系中最紧密和最重要的一个环节,我国的航空货运业在过去的二十多年间得到迅速发展,整个航空运输产业链中各个环节的从业者,无论是货代、快递公司、机场还是航空公司都受益匪浅,行业规模和服务能力有了大幅提升。随着科技进步和时间的推移,各种运输方式之间的性价比差异将逐渐缩小,客户的选择将越来越多,要求也越来越高。要想满足客户的需求,在日益加剧的市场竞争中立于不败之地,航空运输产业链的参与者必须根据外部环境变化不断调整自己的市场定位。

在进行航空货物运输时,一般规定,托运货物时应检查托运人的有效身份证件。按要求写货物托运书,明确是否保险,是否填写声明价值,并由托运人、接货人双方签字或盖章。托运人对托运书的真实性、准确性负责。托运政府限制运输及需要向公安、检疫等政府部门办理有关手续的货物,应随附有效证明。运输条件不同或性质相互对立的货物,应分别办理托运手续。货物包装应适合航空运输的要求,严禁用草袋包装和草绳捆扎。

货物的包装应当保证货物在运输过程中不致损坏、散失、渗漏,不致损坏和污染飞机设备或其他物品。货物包装内不准夹带禁止运输或者限制运输的物品、危险品、贵重物品、保密文件和资料等。精密、易碎、怕震、怕压和不可倒置的货物,必须有相应防止货物损坏的包装措施和指示标志。托运人应当在每件货物外包装上标明出发站、到达站和托运人、收货人的单位、姓名及详细地址。托运人使用旧包装时,必须除掉旧包装的残旧标志和标贴。活动物、鲜活易腐物品和贵重物品等特种货物的包装应符合航空运输对各种货物的特定要求。

提取货物时,收货人凭货物提取联及本人身份证或其他有效身份证件提取货物(若由单位收取应一并出具加盖单位公章的单位介绍信)。收货人委托他人提取货物时,应凭空运单上的收货人及被委托人的有效身份证件及提取人的身份证件提取货物。收货人应到航空公司指定的提货处办理提货手续,并付清所有应付费用。货物提取人应在航空货运单和货物提取记录上签字后方可提取货物。提货人提取货物时,应当面清点,发现货物有丢失、短少、污染、损坏或延误到达等情况,请当面向航空公司有关部门提出异议。若收货人提取货物并在航空货运单或航空快递单上签字而未提出异议,则视为按运输合同规定货物已完好交付。

小提示

导致航班延误的因素主要有以下四个:一是天气原因,如大雾、雷雨、风暴、跑道积雪、结冰、低云或低能见度等危及飞行安全的恶劣天气。大雾导致的航班延误事实足以说明,天气这种不可抗拒的自然因素是影响航班正常的主要原因。因为民航运输是由飞机在长距离的高空中实施,飞机经过的航路或机场上空出现的雷暴、雷雨云、台风、龙卷风、强烈颠簸以及低云、低能见度乃至机场跑道积雪结冰等恶劣气候,都有可能对飞机结构、通信导航设备以及飞机安全起降构成直接威胁。二是民航方面的原因,如运力调配、飞机故障、机务维护、机场关闭、地面通信导航、商务或机组等原因。就拿机械故障来说,虽然飞机乃集高新技术于一身的产物,但机械故障在所难免。客观地讲,机型越先进或越新,机械故障相对越少,反之亦然。加之许多航空公司飞机在异地委托对方代为做一般的过站服务,在这种情况下,有时会因维护工具或器材无法保证,平添了机械故障排除的难度。因此,机械故障也是影响航班正常的因素之一。三是空中管制原因,如空中流量控制、重要飞行、科学实验或上级发出的禁航令等。四是旅客原因,如有的乘客办完乘机手续后到附近购物、用餐或打电话,不注意听广播通知,从而不能按时登机;有的乘客违反规定携带超大行李上机等,都有可能造成航班延误。

(二)不定期航班运输

1. 不定期航班运输的概念

不定期航班运输是指根据公共航空运输企业与包机人所签订的包机合同而进行的点与点之间的不定期飞行,包括普通包机飞行、专机飞行、急救包机飞行和旅游包机飞行等。而包机运输是相对于班机运输而言的,是指不定期开航的、不定航线、不定始发站、不定目的港和不定途经站的飞机运输。

2. 包机运输方式

包机运输方式可分为整包机和部分包机两类。整包机即包租整架飞机,指航空公司按照与租机人事先约定的条件及费用,将整架飞机租给包机人,从一个或几个航空港装运货物至目的地。包机人一般要在货物装运前一个月与航空公司联系,以便航空公司安排运载和向起降机场及有关政府部门申请、办理过境或入境的有关手续。包机的费用一次一议,随国际市场供求情况的变化而变化。原则上包机运费是按每飞行1000米固定费率核收费用,并按每飞行1000米费用的80%收取空放费。因此,大批量货物使用包机时,均要争取来回程都有货载,这样费用比较低。只使用单程,运费比较高。有时如果有中国公民在国外遇到自然灾害或者政变,通常国家也会包机进行救援。部分包机即由几家航空货运公司或发货人联合包租一架飞机或者由航空公司把一架飞机的舱位分别卖给几家航空货运公司装载货物。部分包机运用于托运不足一架整飞机舱位,但货量又较重的货物运输。

☆ 小提示

空中交通管制(air traffic control)指利用通信、导航技术和监控手段对飞机飞行活动进行监视和控制,保证飞行安全和有秩序飞行。在飞行航线的空域划分不同的管理空域,包括航路、飞行情报管理区、进近管理区、塔台管理区和等待空域管理区等,并按管理区不同使用不同的雷达设备。中国的空域结构由以下几个层次构成:飞行情报区、高空管制区和中低空管制区。

三、航空运输设施设备

(一)机场与机场设施

机场,亦称飞机场、空港,较正式的名称是航空站,为专供飞机起降活动的飞行场。机场有不同的大小,除了跑道,机场通常还设有塔台、停机坪、航空客运站和维修厂等设施,并提供机场管制服务、空中交通管制等其他服务。

机场可分为"非禁区"和"禁区"(管制区)范围。非禁区范围包括停车场、公共交通车站、储油区和连外道路,而禁区范围包括所有飞机进入的地方,包括跑道、滑行道、停机坪和储油库。大多数的机场都会在非禁区到禁区的中间范围做严格的控管。搭机乘客进入禁区范围时必须经过航站楼,在那里可以购买机票、接受安全检查、托运或领取行李,以及通过登机门登机。

1. 飞机起降必要设备

(1)跑道。规模较小的机场的跑道往往短于1000米,跑道种类为硬土、草皮或砂石跑道,而大型机场的跑道通常铺有沥青或混凝土,长度也比较长,能承受的重量也比较大,是机场最重要的设备。世界上最长的民用机场跑道是中国的昌都邦达机场,长度为5500米,其中的4200米满足4D标准①,同时它也是海拔最高的跑道,其高度为4334米。而世界上最宽的跑道在俄罗斯的乌里扬诺夫斯克东方港机场,有105米宽。某些机场,特别是军用机场,会有紧急着陆专用的长跑道,另外许多空军基地会铺设液压钢索刹车系统的跑道,提供高速飞机着陆时,利用飞机本身的挂钩钩住钢索,达到刹车的效果,这样的设计常用在航空母舰上。

(2)停机坪。停机坪大多指飞机停放在航站楼旁的区域,可方便乘客登机和运输行李,有时停机坪距离航站楼有一段路程,这时乘客需步行或搭乘登机用的巴士才能登机。

(3)塔台。机场有没有塔台,取决于空中交通密度和可利用的资金。为了方便交通管制员看清楚机场内飞机的动向,塔台会设在高处。许多国际机场载运量高且航班频繁,因此机场内有自己的空中交通管制系统。

2. 乘客相关设备及服务

(1)航站楼。供旅客完成从地面到空中或从空中到地面转换交通方式,是机场的主体部分之一。航站楼内有办理登机手续的柜台、候机厅、出入境大堂、海关和检疫设施等,亦有提供前往市区的公共交通交汇站。国际航班的机场普遍会设有海关和出入境设施,但是有些国家彼此有协议,对乘飞机旅行的乘客不需要接受海关和移民检查,因此这些设施并不是国际机场的必要设施。国际航班往往需要较高的硬件设施安全品质,许多国家对于国际和国内机场都采用相同的安全水平。航站楼内普遍会设置免税商店和美食区,服务候机的乘客。机场内的饮食价格普遍高于机场外的价格,然而有些机场已开始实行饮食价格控管,跟"民间价格"差不多,但是"民间价格"通常是制造商的建议零售价,没有折扣,所以还是比外界的价格要高。另外,有些机场会贩卖当地的特色美食,让转机的乘客不需离开机场也能享受当地的食物或文化。

(2)豪华贵宾服务。机场可能也包含贵宾服务,包括快速登机手续、专用登机柜台、专用的起飞或到达贵宾休息室、优先登机、独立登机空桥和行李优先处理等服务。这些服务通常是保留给头等舱和商务舱的乘客、顶级飞行常客,以及航空公司俱乐部会员,增值服务有时可能开放给其他航空的飞行常客计划的会员。这有时是互惠协议的一部分,当多个航空公司都属于同一个联盟,或是竞争策略的一部分,以此吸引顶级客户远离其他竞争

---

① 4D标准,指在标准条件下,可用跑道长度≥1800米,可用最大飞机的翼展36至52米和主起落架外轮外侧间距9至14米。

的航空公司。此外，如果航空公司发生严重误点或是行李处理失误，有时会将这些增值服务提供给非贵宾资格的乘客作为补偿。

航空公司贵宾室普遍会提供免费或低价的食物、酒精和非酒精饮料，并有座位、淋浴间、安静的休息空间、电视机、计算机、无线或有线网络和电源插座，更有一些航空公司聘请咖啡师、调酒师和厨师现场准备饮食。

（3）住宿。有些机场还设有机场酒店，无论是独立一栋或附属在航站楼里，都相当受欢迎，因为转机乘客可得到充分的休息且很容易就可到达航站楼。许多机场酒店与航空公司间签有协议，可提供乘客隔夜住宿的服务。

3．货运

机场除了服务乘客，也负责货物24小时的运送服务。货运航空公司常常在机场内有自己的货物处理厂房来配送货物。

4．支援服务

地勤营运机构大多提供飞机维修、飞机租赁和机库出租的服务，在主要机场，尤其是枢纽机场，航空公司一般会有自己的配套设施。

（二）航空集装设备

在航空运输中，除了特殊情况，货物均以"集装箱""集装板"形式进行运输。

装运集装器的飞机，其舱内应有固定集装器的设备，可把集装器固定于飞机上，这时集装器就成为飞机的一部分，所以对飞机的集装器的大小有严格的规定。

1．集装器的种类

（1）集装器按是否注册，可分为注册的飞机集装器和非注册的集装器。

① 注册的飞机集装器。注册的飞机集装器是国家政府机关部门授权集装器生产厂家生产的，适于飞机安全载运的，在其使用过程中不会对飞机的内部结构造成损害的集装器。

② 非注册的集装器。非注册的集装器是指未经有关部门授权生产的，未取得适航证书的集装器。非注册的集装器不能看作飞机的一部分。因为它与飞机不匹配，一般不允许装入飞机的主货舱，但这种集装器的确适于地面的操作环境，它仅适于某些特定机型的特定货舱。

（2）集装器按种类不同，可分为集装板和网套、结构和非结构集装棚。

① 集装板（pallet）和网套。集装板是具有标准尺寸的，四边带有卡锁轨或网带卡锁眼，带有中间夹层的硬铝合金制成的平板，以便货物在其上码放；网套是用来把货物固定在集装板上，网套的固定是靠专门的卡锁装置来限定的。

集装板的识别代号以字母"P"打头，常见的有P1板、P2板、P6板、P7板等。

② 结构和非结构集装棚（igloo）。为了充分地利用飞机内的空间、保护飞机的内壁，除了板和网，还可增加一个非结构的棚罩（可用轻金属制成），罩在货物和网套之间，这就是非结构的集装棚。结构集装棚是指带有固定在底板上的外壳的集装设备，它形成了一个完整的箱，不需要网套固定，分为拱形和长方形两种。

2．集装箱（container）

集装箱类似于结构集装棚，它又可分为以下几种。

（1）空陆联运集装箱。空陆联运集装箱长度为 20 英尺或 40 英尺，高度和宽度为 8 英尺。这种集装箱只能装于全货机或客机的主货舱，主要用于陆空、海空联运。

（2）主货舱集装箱。主货舱集装箱只能装于全货机或客机的主货舱，这种集装箱的高度是 163 厘米以上。

（3）下货舱集装箱。下货舱集装箱只能装于宽体飞机的下货舱。

另外，还有一些特殊用途的集装箱，例如保温箱，它是利用绝缘材料制成的箱体，通过封闭等方法控制箱内的温度，以便装载特种货物。它分为密封保温主箱和动力控制保温箱两种，除此之外，还有用于运载活体动物和特种货物的专用集装器，如马厩（horse stall）、牛栏（cattle stall）或汽车运输设备（automobile transport equipment）等。

第三节 国际航空运费的计算

一、基本概念

（一）运价（rate）

运价是指承运人对所运输的每一计费重量单位货物（千克或磅）所收取的，自始发地机场至目的地机场的航空费用。

1. 航空货物运价所使用的货币

货物的航空运价一般以始发地的本国货币公布，有的国家以美元代替其本国货币公布。

2. 货物运价的有效期

航空货运单所使用的运价应为填制之日的有效运价。

（二）运费（weigh charge）

货物的航空运费是指航空公司将一票货物自始发地机场运至目的地机场所收取的航空运输费用。该费用根据每票货物（即使用同一份航空运单的货物）所适用的运价和货物的计费重量计算而得。

（三）其他费用（other charges）

其他费用是指由承运人、代理人或其他部门收取的与航空运输有关的费用。在组织一票货物运输的全过程中，除了空中运输，还包括地面运输、仓储、制单和国际货物的清关等环节，提供这些服务的部门所收取的费用即为其他费用。

二、计费重量（chargeable weight）

计费重量是指用以计算货物航空运费的重量。它可以是货物的实际毛重，或体积重量，或较高重量分界点的重量。

（一）实际毛重（actual gross weight）

实际毛重是指包括货物包装在内的重量。一般情况下，对于高密度货物（high density cargo），应考虑其货物实际毛重可能会成为计费重量。

（二）体积重量（volume weight）

1．定义

按照国际航协规则，将货物的体积按一定的比例折合成的重量，称为体积重量。由于货舱空间的限制，一般对于低密度货物（low density cargo），即轻泡货物，考虑其体积重量可能会成为计费重量。

2．计算规则

不论货物的形状是否为规则的长方体或正方体，计算货物体积时，均应以最长、最宽、最高的三边的厘米长度为准。长、宽、高的小数部分按四舍五入取整。体积重量按每6000立方厘米折合1千克计算，即：体积重量=货物体积÷6000立方厘米/千克。

▍例题

> 一件货物尺寸为60厘米×51厘米×87厘米，计算其体积重量。
> 体积重量=货物体积÷6000立方厘米/千克=60厘米×51厘米×87厘米÷6000立方厘米/千克
>   =266 220立方厘米÷6000立方厘米/千克=44.37（千克）

（三）计费重量取值规定

计费重量为货物的实际毛重与体积重量比较，取其高者。根据国际航协规定，国际货物的计费重量以0.5千克为最小单位，重量尾数不足0.5千克的，按0.5千克计算；0.5千克以上不足1千克的，按1千克计算。

例如，107.001～107.5千克，108.501～109.0千克。

（四）计费重量方式（chargeable way）

（1）重货，是指那些每6000立方厘米或每366立方英寸重量超过1千克或者每166立方英寸重量超过1磅的货物。重货的计费重量就是它的毛重。

（2）轻货或轻泡货物，是指那些每6000立方厘米或每366立方英寸重量不足1千克或者每166立方英寸重量不足1磅的货物。

（3）多件货物。在集中托运的情况下，同一运单项下会有多件货物，其中有重货，也有轻货，此时货物的计费重量就按照该批货物的总毛重或总体积重量中较高的一个计算。首先计算这一整批货物总的实际毛重；其次计算该批货物的总体积，并求出体积重量；最后比较两个数值，并以高的作为该批货物的计费重量。

三、航空运价

航空运价按照指定的途径可分为双边协议运价和多边协议运价。双边协议运价是指根据两国政府签订的通航协议中有关运价条款，由通航的双方航空公司通过磋商，达成协议并报经双方政府，获得批准的运价。多边协议运价是指在某地区内或地区间各有关航空公司通过多边磋商取得共识，从而指定并报经各有关国家、政府并获得批准的运价。航空货运运价按照公布的形式可分为公布的直达运价和非公布的直达运价。公布的直达运价包括普通货物运价、等级货物运价和特种货物运价（指定商品运价）等。

（一）公布的直达运价

公布的直达运价是指航空公司在运价本上直接注明货物由始发地机场运至目的地机场的航空运输的价格。

1. 普通货物运价（general cargo rates，GCR）

普通货物运价又称一般货物运价，它是为一般货物制定的，仅适用于计收一般普通货物的运价，是航空货物运输中使用最为广泛的一种运价。任一货物除含有贵重元素之外并按普通货物运价收取运费的货物，称普通货物或一般货物。

通常各航空公司公布的普通货物运价针对所承运货物数量的不同，规定几个计费重量分界点。最常见的是 45 千克分界点，"N"表示标准普通货物运价，是指 45 千克以下的普通货物运价。"45"表示"Q45"，即 45 千克以上（包括 45 千克）普通货物的运价；"100"表示"Q100"，即 100 千克以上（包括 100 千克）普通货物的运价。依次类推，对于 45 千克以上不同重量分界点的普通货物运价均用"Q"表示。运价表中，"M"表示最低收费标准。

航空运费是在运价表里查出相应费率，与计费重量相乘得出的，即

$$航空运费=计费重量×适用运价$$

如果计算出的航空运费低于"M"，则按照最低收费标准收取运费。

当货物较高的一个计费重量分界点的运费比计得的航空运费低时，则以此分界点的运费作为最后收费依据。反之，则以计得的运费为准。这是航空公司给货主的一项优惠。

☆ 小提示

从上海到巴黎的运价表

上海—巴黎 重量（千克）	运价（元/人民币）
M	300
N	52.87
45	30.00
100	21.38

2. 等级货物运价（class rates or commodity classification rates，CCR）

等级货物运价适用于指定地区内部或地区之间的少数货物的运输，通常表示为在普通货物运价的基础上增加或减少一定的百分比。适用的等级货物有以下几项。

（1）活动物、活动物的集装箱和笼子。

（2）贵重物品。

(3) 尸体或骨灰。

(4) 报纸、期刊、书籍、商品目录、盲人和聋哑人专用设备等。

(5) 作为货物托运的行李。

其中（1）～（3）项通常在普通货物运价基础上增加一定的百分比；（4）～（5）项在普通货物运价的基础上减少一定的百分比。

3. 特种货物运价（specific commodity rates，SCR）

特种货物运价通常是承运人应托运人的请求，对在某一航线上经常运输某一类货物，或为促进某地区间某一类货物的运输，经国际航空运输协会（International Air Transport Association，IATA）同意所提供的优惠运价。IATA 公布特种货物运价时将货物划分为以下类型：0001～0999 食用动物和植物产品；1000～1999 活动物和非食用动物及植物产品；2000～2999 纺织品、纤维及其制品等。其中每一组又细分为 10 小组，每个小组再细分，这样几乎所有的商品都有两个对应的组号，航空公司公布特种货物运价时只要指出适用于哪一组货物即可。

承运人制定此运价的目的主要是使航空运价更具竞争力，所以特种货物运价比普通货物运价要低。此类货物除了要满足航线和货物种类的要求，还必须达到所规定的起码运量（如 100 kg）。

小提示

特种货物运价是一种优惠运价。根据目前我国出口商品的特点，采用此运价的商品主要有纺织品、食品、海产品、药品等。

（二）非公布的直达运价

如果货物的始发地至目的地之间没有公布的直达运价时，可以采用比例运价或分段相加运价的办法，组成最低的全程运价，这些统称为组合非公布直达运价。

（1）比例运价。在运价手册上除公布的直达运价外，还公布一种不能单独使用的附加数。当货物的始发地或目的地无公布的直达运价时，可采用比例运价与已知的公布直达运价相加，构成非公布的直达运价。

小提示

在利用比例运价时，普通货物运价的比例运价只能与普通货物运价相加，特种货物运价、集装设备的比例运价也只能与同类型的直达运价相加，不能混用。此外，可以用比例运价加直达运价，也可以用直达运价加比例运价，还可以在计算中使用两个比例运价，但这两个比例运价不可连续使用。

（2）分段相加运价，是指在两地间既没有直达运价也无法利用比例运价时，可以在始发地与目的地之间选择合适的计算点，分别找到始发地至该点、该点至目的地的运价，两段运价相加组成全程的最低运价。

第五章 国际航空货物运输

> **小提示**
>
> 无论是比例运价还是分段相加运价,中间计算点的选择,也就是不同航线的选择将直接关系到计算出来的两地之间的运价,因此承运人允许发货人在正确使用的前提下,以不同计算结果中的最低值作为该货适用的航空运价。

四、航空运费的计算

(一) 专业术语

(1) volume：体积。
(2) volume weight：体积重量。
(3) gross weight：毛重。
(4) chargeable weight：计费重量。
(5) applicable rate：适用运价。
(6) weight charge：航空运费。

(二) 计算航空运费的具体步骤

(1) 计算出航空货物的体积(volume)及体积重量(volume weight)。
体积重量的折算,换算标准为每 6000 立方厘米折合 1 千克,即
$$体积重量(千克) = 货物体积/6000 立方厘米$$
(2) 计算货物的总重量(gross weight)。
$$总重量 = 单个商品重量 \times 商品总数$$
(3) 比较体积重量与总重量,取大者为计费重量(chargeable weight)。根据国际航协规定,国际货物的计费重量以 0.5 千克为最小单位,重量尾数不足 0.5 千克的,按 0.5 千克计算; 0.5 千克以上不足 1 千克的,按 1 千克计算。
(4) 根据公布运价,找出适合计费重量的适用运价(applicable rate)。
① 计费重量小于 45 千克时,适用运价为 GCR N 的运价(GCR 为普通货物运价,N 运价表示重量在 45 千克以下的运价)。
② 计费重量大于 45 千克时,适用运价为 GCR Q45、GCR Q100、GCR Q300 等与不同重量等级分界点相对应的运价(航空货运对于 45 千克以上的不同重量分界点的普通货物运价均用"Q"表示)。
(5) 计算航空运费(weight charge)。
$$航空运费 = 计费重量 \times 适用运价$$
(6) 若采用较高重量分界点的较低运价计算出的运费比第(5)步计算出的航空运费低时,取低者。
(7) 比较第(6)步计算出的航空运费与最低运费 M,取高者。

【例 5-1】
Routing：BEIJING,CHINA(BJS)

to AMSTERDAM，HOLLAND(AMS)

Commodity：TOY

Gross Weight：27.9 kgs

Dimensions：80 cm×51 cm×32 cm

计算其航空运费。运价如下。

BEIJING		CN		SHA
Y．REN MINBI		CNY		kg
AMSTERDAM	NL	M		320.00
		N		50.22
		45		41.53
		300		37.52

解：（1）按实际重量计算。

volume：80×51×32=130 560（cm^3）

volume weight：130 560÷6000=21.76（kgs）≈22.0（kgs）

gross weight：27.9 kgs

chargeable weight：28.0 kgs

applicable rate：GCR N50.22CNY/kg

weight charge：28.0×50.22=CNY1406.16

（2）采用较高重量分界点的较低运价计算。

chargeable weight：45.0 kgs

applicable rate：GCRQ41.53CNY/kg

weight charge：45.0×41.53=CNY1868.85

（1）与（2）比较，取运费较低者。

weight charge：28.0×50.22=CNY1406.16

航空货运单运费计算栏填制如下。

No. of Pieces	Gross Weight	kg Lb	Rate Class	Chargeable Weight	Rate /Charge	Total	Nature and Quantity of Goods
1	27.9	k	N	28	50.22	1406.16	TOY 80 cm×51 cm×32 cm

【例 5-2】

Routing：BEIJING, CHINA(BJS)

to AMSTERDAM, HOLLAND（AMS）

Commodity：Tools

Gross Weight：38.6 kgs

Dimensions：101 cm×58 cm×32 cm

计算其航空运费。公布运价如下。

第五章　国际航空货物运输

BEIJING		CN		BJS
Y. RENMINBI		CNY		kg
AMSTERDAM	NL	M		320
		N		50.22
			45	41.53
			300	37.52

解：（1）按实际重量计算。

volume：$101×58×32 = 187\,456$（cm^3）

volume weight：$187\,456÷6000 ≈31.24$（kgs）$≈31.5$（kgs）

gross weight：38.6 kgs

chargeable weight：（毛重大于体积重量）39.0 kgs

applicable rate：GCR N 50.22 CNY/kg

weight charge：$39.0×50.22 = CNY\ 1958.58$

（2）采用较高重量分界点的较低运价计算。

chargeable weight：45.0 kgs

applicable rate：GCR Q 41.53 CNY/kg

weight charge：$45.0 × 41.53 = CNY\ 1868.85$。

（1）与（2）比较，取运费较低者，即航空运费应为 CNY 1868.85。

航空货运单运费计算栏填制如下。

No. of Pieces	Gross Weight	Kg Lb	Rate Class	Chargeable Weight	Rate /Charge	Total	Nature and Quantity of Goods
1	38.6	k	Q	45	41.53	1868.85	TOOLS 101 cm×58 cm×32 cm

【例 5-3】

Routing：SHANGHAI，CHINA（BJS）to PARIS，FRANCE（PAR）

Commodity：TOY

Gross Weight：5.6 kgs

Dimensions：40 cm×28 cm×22 cm

计算其航空运费。公布运价如下。

SHANGHAI		CN		SHA
Y. RENMINBI		CNY		kg
PARIS	FR	M		320.00
		N		50.37
			45	41.43
			300	37.90

解：volume：$40×28×22 = 24\,640$（cm^3）

volume weight：$24\,640÷6000 = 4.11$（kgs）$≈4.5$（kgs）

gross weight：5.6 kgs

chargeable weight: 6.0 kgs

applicable rate: 50.37 CNY/kg

weight charge: 6.0×50.37=CNY302.22

minimum charge: 320.00 CNY

此票货物的航空运费应为 320.00 CNY。

航空货运单运费计算栏填制如下。

No. of Pieces	Gross Weight	kg Lb	Rate Class	Chargeable Weight	Rate/Charge	Total	Nature and Quantity of Goods
1	5.6	k	M	6.0	320.00	320.00	TOY 40 cm×28 cm×22 cm

五、其他费用

（一）声明价值附加费

《华沙公约》规定，航空承运人赔偿责任限额为每千克 20 美元。如果货物的价值超过了上述值，承运人要收取声明价值费。货物的声明价值针对整票货物而言，按货物的实际毛重计算：

声明价值费=（货物价值-货物毛重×20 美元/千克）×声明价值费费率

声明价值费费率通常为 0.5%，并规定声明价值费最低收费标准。

（二）航空运输中的其他费用

1. 货运单费

货运单费（documentation charges）又称航空货运单工本费，为填制航空货运单的费用。货运单费应填制在货运单的"其他费用 OTHER CHARGES"一栏中，用两字代码"AW"表示（AW－Air Waybill）。

（1）由航空公司填制航空货运单，此项费用归出票航空公司（issuing carrier）所有，表示为 AWC。

（2）由航空公司的代理人填制货运单，此项费用归销售代理人所有，表示为 AWA。

2. 危险品处理费

对于危险品，在国际航空运输中，除了按危险品规则收运并收取航空运费，还应收取危险货物收运手续费，该费用必须填制在货运单"其他费用"栏内，用"RA"表示。该费用归出票航空公司，在货运单中表示为"RAC"。自中国至 IATA 业务一区、二区、三区，每票货物的最低收费标准均为 400 元人民币。危险品处理费归出票航空公司所有。

3. 运费到付货物手续费

在货物的航空运费和其他费用到付时，在目的地的收货人除支付货物的航空运费和其他费用外，还应支付到付货物手续费。此项费用由最后一个承运航空公司收取，并归其所有。运费到付货物手续费用"CC Fee"表示。

4. 垫付款和垫付费

（1）垫付款（disbursements）。垫付款是指在始发地机场收运一票货物时发生的其他费用。这部分费用仅限于货物地面运输费、清关处理费和货运单费。此项费用需填入货运单的"其他费用"一栏。例如：

① "AWA"表示代理人填制的货运单。
② "CHA"表示代理人代替办理始发地清关业务。
③ "SUA"表示代理人将货物运输到始发地机场的地面运输费。

（2）垫付费（disbursements fees）。垫付费是相对于垫付款的数额而确定的费用。垫付费归出票航空公司所有，此项费用应表示为"DBC"。垫付费的计算公式为：垫付费=垫付款×10%，但每一票货物的垫付费不得低于20美元或等值货币。

案例分析

一票从澳大利亚墨尔本空运到北京的奶酪，货运单号为999—89783444，1件500 kg，货物价值20 000美元。飞机于2010年8月9日到达北京机场，当天上午9点航空公司发出到货通知，收货人当天办理完海关手续后到机场提货时，发现货物并没有放在冷库保存，奶酪解冻后受损，收货人当时便提出异议，因为在货运单的操作注意事项栏中明显注明"KEEPCOOL"字样，但工作人员在分拣时疏忽没有看到，最后经过挑选，损失达60%左右。

请问：
（1）收货人能否向承运人索赔？为什么？
（2）承运人如果赔偿，能否享受责任限额？为什么？
（3）赔偿总金额是多少？

【分析】
（1）收货人能够向承运人索赔。因为双方当事人存在运输合同关系，由于承运人的疏忽未按照货运单要求对货物冷藏处理造成损失，依据合同，收货人有权向承运人航空公司提出索赔。
（2）承运人可以享受责任限额。
（3）本案例中货物60%受损，因此赔偿金额为20×500×60%，为6000美元。

本章小结

本章介绍了国际物流中航空货物运输的方式及各自的特点、承运人的性质及航空器等，详细介绍了航空货物运费的构成、计算步骤及方法，总结了航空运输组织管理及设施设备。

延伸阅读

三大国际快递

1. 中外运敦豪

DHL又称中外运敦豪国际航空快递有限公司，1969年成立于美国旧金山，现隶属于德国邮政全球网络，可达220个国家和地区的12万个目的地。其在中国的市场份额已经达到36%。DHL在中国的国际快递业务由DHL中国外运完成。根据个人经验，个人比较喜欢DHL，尤其是想快递到美国和西欧的。

DHL国际快递的服务区域：覆盖220个国家和地区的12万个目的地；配送网络遍布全球。其在中国的市场份额已经达到36%。

DHL国际快递的价格优势：20千克以下的小件商品和21千克以上的大件商品价格极其便宜。而超过21千克的商品有单独的散装价格。在某些地区，散装价格低于国际EMS，节省了成本。

DHL国际快递的时效优势：在正常时效下，货物将在2～4个工作日内到达全球。尤其是欧洲和东南亚，速度极快，欧洲三个工作日，东南亚只有两个工作日。配送网络遍布全球，可以及时准确地更新查询网站的货物状态。

2. 联合包裹国际快递

UPS又称联合包裹服务公司，起源于1907年在美国西雅图成立的一家信使公司。它是世界上最大的快递和包裹递送公司，拥有515亿美元的资产。它的商标号称是世界上最著名和最受赞赏的商标之一。它还是专业运输、物流、资本和电子商务服务的领先提供商。

UPS的服务优势：提供全球货到付款预付服务，免费、及时、准确的在线查询服务，加急、限时送达服务，优越的通关能力为客户服务。

UPS国际快递的价格优势：价格从3.5%到6.5%不等，出口美国、加拿大、西欧、北欧和澳大利亚、新西兰的UPS国际快递商品价格有其独特优势。

UPS国际快递的时间优势：正常时限下，2～4个工作日到达全球。特别是在美国，48小时就能到达，而且全球有200多个国家和地区的网络，查询网站的信息更新非常快，问题也能及时快速解决。

UPS国际快递的服务优势：强势区域为美洲，具有性价比最高、定点定时跟踪、详细查询记录等优势，而且通关方便。主力是打造美国专线和北美特价，特价低至3.5%，大件更低。

UPS快递是限时快递。如果客户的货比较急，可以选择UPS快递。

3. 联邦快递国际快递

联邦快递（FedEx Express）国际快递的价格优惠，强烈推荐到中南美洲和欧洲。

FedEx Express是一家快递公司，在大货、快时效、特价优惠方面有优势，大货的客人可以选择。

资料来源：搜狐. 四大国际快递是哪四大快递，它们之间在全球各自有什么优势[EB/OL].（2021-07-09）[2022-08-05]. https://www.sohu.com/a/476491593_100190429.

本章习题

第六章　国际集装箱及多式联运运输

学习目标

- 了解集装箱的概念及分类；
- 了解集装箱配载；
- 熟悉国际多式联运的业务流程；
- 掌握国际多式联运单证的内容及其效力；
- 了解大陆桥运输，能够有效利用大陆桥运输的便利。

引导案例

上海港新能源汽车首次启用"一箱制"联运模式

近两年，中国新能源汽车出口高速增长，由于汽车滚装船运力紧张，许多企业开始使用集装箱运输汽车。2023年8月30日，一列载有新能源汽车的集装箱专列从江苏无锡出发，直达上海洋山港，之后这些集装箱将通过海运前往北美，实现了"一箱制"海铁联运，大大提升了出海速度。

由于新能源汽车在国内铁路运输是按普通货物管理，而国内外海路运输时属于危险货物，为做好不同运输要求的互联互认，上海海事局运用远程装箱服务，开辟绿色通道，提前进行货物的海运危险货物申报。

上海海事局启用"远程智慧管理系统"，对新能源汽车进行海运货物装箱监管，实行"全程不开箱"流程管理，首次启用多式联运"一箱制"模式，将过去始发铁路运输到港口的时间，从5~6天缩短至2~3天。

资料来源：中央电视台.新闻联播：上海港新能源汽车首次启用"一箱制"联运模式[EB/OL]. （2023-08-31）[2023-09-03]. https://mp.weixin.qq.com/s?__biz=MzA3NDcxNDczOA==&mid=2651548163&idx=1&sn=a992526bdf0e50e1019a79ec412141ee.

第一节　集装箱运输

一、集装箱概述

（一）集装箱的起源

1. 运输货物的简单分类

运输对象按物理形态不同，可分为散货、液体货和杂货三大类。为了提高装卸效率，物流公司开始着眼于"件杂货"的标准化与扩大"装卸单元",于是出现了"成组运输",件杂货开始用"网兜"和"托盘"来实现。

2. 件杂货在托盘运输中的不足之处

(1) 托盘中只能装载尺寸相同的货物。

(2) 托盘尺寸有限。

(3) 货物的外包装要具有较大的强度。

(4) 运输过程中容易被盗。

(5) 托盘货物点数比较困难。

为了解决上述问题,集装箱开始问世。

(二)集装箱的定义、结构

1. 集装箱的定义

集装箱是指具有一定的规格、强度和刚度,专供周转使用的大型装货容器,它是一种运输设备。

2. 集装箱的结构

通用的干货集装箱是一个六面长方体,它是由一个框架结构、两个侧壁、一个端面、一个箱顶、一个箱底和一对箱门组成的,如图 6-1 所示。

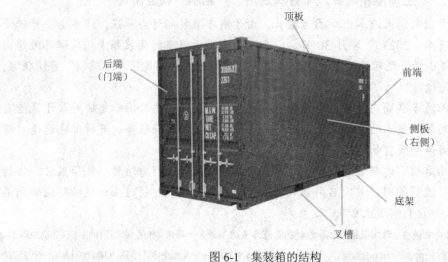

图 6-1 集装箱的结构

(三)集装箱的分类

(1) 按用途分:集装箱可分为杂(干)货集装箱、散货集装箱、液体货集装箱、冷藏箱集装箱、挂衣集装箱和罐式集装箱。

(2) 按结构分:集装箱可分为整体式集装箱,包括通用集装箱、封闭集装箱、保温集装箱和干散货集装箱;框架式集装箱,包括台架式集装箱和汽车集装箱;罐体式集装箱;软式集装箱;折叠式集装箱,如图 6-2 所示。

图 6-2 折叠式集装箱

（3）按总重分：集装箱可分为大型集装箱，总重在 20 吨及以上；中型集装箱，总重在 5～20 吨；小型集装箱，总重小于 5 吨。

（4）按尺寸规格分：集装箱可分为 20 英尺、40 英尺和 45 英尺集装箱。

（5）按归属分：集装箱可分为货主自备集装箱（shipper's own container，SOC）10%，承运人船公司自有集装箱（carrier's own container，COC）60%，租箱公司集装箱 30%，他们把箱子租给船公司或者货主赢取租金。

（6）按使用材料分：集装箱可分为钢质集装箱、铝质集装箱、玻璃集装箱和其他材料集装箱。

小提示

干货集装箱（dry container）：这是最具代表性而且数量最多的箱型，无须控制温度，通常为封闭式的，在一端或侧面设有箱门，如图 6-3 所示。

（a） （b）

图 6-3 干货集装箱

通风集装箱（ventilated container）：箱壁有通风孔，内壁涂塑料层，适宜装新鲜蔬菜和水果等怕热怕闷的货物。如果将通风窗口关闭，可作为杂货集装箱使用，如图 6-4 所示。

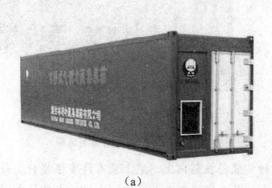
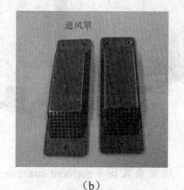

（a） （b）

图 6-4 通风集装箱

开顶集装箱（open top container）：这种集装箱没有刚性箱顶，但有可折式顶梁支撑的帆布、塑料布或涂塑布制成的顶篷，装运时用防水布覆盖顶部，其水密要求和干货箱一样，可用起重机从箱顶上面装卸货物,如图 6-5 所示。其适合于装载体积高大的大型物和需吊装的重物,如玻璃板等。

冷藏集装箱(refrigerated container):分为带有冷冻机的内藏式机械冷藏集装箱和没有冷冻机的外置式机械冷藏集装箱。它是专为运输要求保持一定温度的冷冻货或低温货而设计的集装箱,造价较高,营运费用较高,使用中应注意冷冻装置的技术状态及箱内货物所需的温度,如图 6-6 所示。

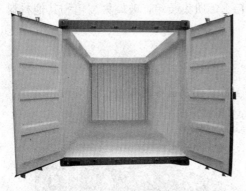

图 6-5 开顶集装箱

图 6-6 冷藏集装箱

液体货集装箱:这是一种专供装运液体货而设置的集装箱,如酒类、油类及液状化工品等货物。它由罐体和箱体框架两部分组成,装货时货物由罐顶部装货孔进入,卸货时,则由排货孔流出或从顶部装货孔吸出,如图 6-7 所示。

动物集装箱(pet container):这是一种专供装运牲畜的集装箱。为了实现良好的通风,箱壁用金属丝网制造,侧壁下方设有清扫口和排水口,并设有喂食装置,如图 6-8 所示。

图 6-7 液体货集装箱

图 6-8 动物集装箱

服装集装箱(garment container):这种集装箱在箱内上侧梁上装有许多根横杆,每根横杆上垂下若干条皮带扣、尼龙带扣或绳索,成衣利用衣架上的钩,直接挂在带扣或绳索上。这种服装装载法属于无包装运输,它不仅节约了包装材料和包装费用,而且减少了人工劳动,提高了服装的运输质量,如图 6-9 所示。

(a)　　　　　　　　　　　　　　(b)

图 6-9　服装集装箱

二、集装箱船舶配载

（一）集装箱船舶配载介绍

（1）含义：是指把预定装载出口的集装箱，按船舶的运输要求和码头的作业要求制订具体装载计划，此装载计划称为配载图或预配图。

（2）作用：满足船舶技术规范，保证船舶安全航行；满足船舶运输能力，保证箱位利用率；满足货物转运要求，保证货物安全和质量；满足码头作业要求，保证生产效率；指导码头船舶作业，保证合理有序装船。

（3）基本原则：要考虑港序，避免中途港的翻捣箱；重箱在下轻箱在上，空箱尽量装在甲板上；考虑到冷藏箱的位置和电源插头数量；超高箱尽量装在最上层；危险品箱要配在指定区域。

（4）所需的资料：船舶资料、堆场集装箱资料、入港单、各种清单及船图。

（5）船图的表示方法：船图通常有三种表示形式，即由船公司或船代制作的预配图、由码头制作的配载图和由外理制作的积载图。这三种船图的表示方法基本相同，通常由行箱位总图和 BAY 位图两部分组成。

（二）船舶箱位的表示方法

图 6-10 所示为船舶箱位图。

（1）行号 Bay No.表示箱位的纵向位置，自船首向船尾排列。

① 自首向尾以 01，02，03，…表示。

② 20 英尺以 01，03，05…奇数表示。

③ 当纵向连续两个 20 英尺箱位上装载 40 英尺集装箱时，则 40 英尺集装箱的行位以介于所占的两个 20 英尺箱位奇数行位之间的一个偶数来表示。

（2）列号 Row No. or Slot No.表示集装箱箱位的横向位置。

① 自右舷向左舷，以 01，02，03，…表示。

② 以中纵剖面为基准，从中间向两舷。

③ 右舷以 01，03，05，…奇数表示。

④ 左舷以 02，04，06，…偶数表示。

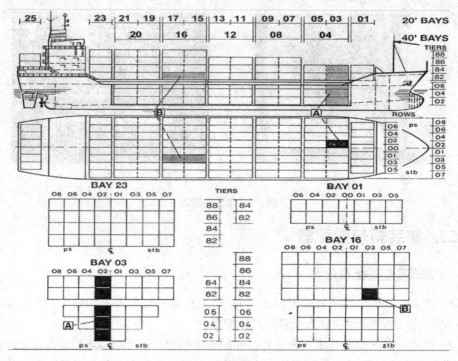

图 6-10 船舶箱位图

⑤ 若船舶箱位总列数为奇数，则中纵剖面上存在一列，编号为 00。

（3）层号 Tier No.表示集装箱箱位的垂线位置。

① 舱内从最底层起，以 H1，H2，H3，…表示，也可以 02，04，06，…偶数表示。

② 甲板从舱面起算，以 D1，D2，D3，…表示，也可以 82，84，86，…偶数表示。

小提示

如在船图上标明某箱的箱位号为 330682，则表示该箱为 20'，位于船舶的 33bay，06 列，装在甲板上第一层。如在船图上标明某箱的箱位号为 340004，则表示该箱为 40'，位于船舶的 33、35bay，00 列，装在船舱内第二层。

三、集装箱运输工作组织

（一）集装箱货物

最佳装箱货：价值大、运价高、易损坏、易盗窃的商品，这些货物的尺寸、容积与质量等方面适合于装载集装箱，还具有装箱利用率较高的特点。适合装箱货：价值较大、运价较高、较易损坏和较易被盗的商品。边缘装箱货：从技术上看是可以装箱的，但由于其价格低廉、运价便宜，所以从经济上看装箱并不是有利的，而且这些货物在包装方面都是难以进行集装箱化的商品。不适合装箱货：从技术上看装箱是有困难的，或是货运量大、不宜于直接用运输工具装运的货物。

（二）集装箱货物的装载

集装箱货运站工作的主要内容就是完成对集装箱的装箱和拆箱作业，而搞好集装箱货物的积极配载工作尤为重要。集装箱运输基本上可以杜绝货差现象，是否能减少或者消除货损现象，很大程度上取决于集装箱内货物的积载情况，这是由集装箱运输的特点所决定的。

集装箱是一个容器，它装载货物的数量较多，而且是在封闭情况下进行运送的，一旦箱内货物装载不良或变质而危及运输安全和货物完好时，不易被及时发现，即使发现了，可能也为时已晚，且要纠正的积载也比较困难。集装箱适于装运多种类的货物，但这些适箱货物并非都能够互相配载，装箱前如没能根据货物的性质、特点、规格等加以合理挑选组合，运输过程中就容易发生货运事故。集装箱的出现和应用，促进了不同运输方式间的联合运输。集装箱在运输过程中，由于跨越不同的国家和地区，经受多种自然的、地理的条件影响，不仅会因气候不同导致箱内气压、温湿度方面的变化，而且由于换装、搬运，受到很大震动、冲击、颠簸和摇晃，最终箱内货物容易损坏，甚至发生严重事故。为确保集装箱货运质量，必须注意集装箱货物的合理装载和固定，集装箱货物的装载应力求满足以下两个基本要求：① 确保货物的完好和运输安全，不断提高运输服务质量；② 集装箱的载重量和容积应得到充分利用，不断提高集装箱的利用率。为防止发生货物事故，需要采用与该包装相适应的装载方法，利用集装箱的典型货物：箱装货、波纹纸板货、捆包货、袋装货、货板（托盘）货和危险货等。

（三）集装箱运输工作

集装箱运输是成组运输的主要代表，也是成组运输中应用最广泛的一种形式。集装箱运输即利用集装箱为媒介，组成一个集装箱货物单位，借助一种或一种以上的运输方式载运的一种现代货运组织方式。

集装箱运输的货物根据发货人或收货人是否单独需要使用一个集装箱，可分为整箱货（full container load，FCL）和拼箱货（less than container load，LCL）。

从集装箱货运过程可以发现，采用整箱货还是拼箱货来完成集装箱货物运输，主要取决于集装箱货流，它是组织车（船）流和箱流的关键。

整箱货的接取送大作业是以箱为单位，其装箱与拆箱作业由货主负责自理。装箱之前，发货人对空箱技术状态应做认真检查，确认是否适于货物的运输要求，并在货单上注明，如发现有不适用者，应及时向承运方提出更换。

整箱货物质量由发货人确定，货物装载质量应以不超过所使用集装箱规定的最大允许载重为限；如发现超重，除应补收逾重部分运费外，还将对货主要求罚款，因逾重所引起的责任及损失，由发货人负责。

货物在箱内装载时，必须稳固、均衡，且不妨碍箱门开关，箱内货物装好之后，发货人应自行施封，并在箱门把手上拴挂货物标记。集装箱运输过程中，凭铅封进行交接。铅封完整、箱体完好，拆封时发现货物残损、短少或内货不符，应由发货人负责。铅封上应标明发货人、发货地点以及施封日期等。

拼箱货的接取送大作业仍以普通货物形态完成，其作业方式与整车或零担相仿，拼箱货的装箱货拆箱作业应在集装箱货运站内完成。

第二节　国际多式联运概述

一、国际多式联运的含义及构成条件

（一）国际多式联运的含义

国际多式联运（international multi-modal/combined transportation）是在集装箱运输的基础上产生和发展起来的一种综合性的连贯运输方式。它一般是以集装箱为媒介，把海、陆、空各种单一运输方式有机地结合起来，组成一种国际的连贯运输。

《联合国国际货物多式联运公约》对国际多式联运所下的定义是："按照多式联运合同，以至少两种不同的运输方式，由多式联运经营人把货物从一国境内接运货物的地点运至另一国境内指定交付货物的地点。"

（二）国际多式联运的构成条件

根据以上描述，构成多式联运应具备以下几个条件。

（1）要有一个多式联运合同，明确规定多式联运经营人（承运人）和托运之间的权利、义务、责任及其豁免的合同关系和多式联运的性质。

（2）必须使用一份全程多式联运单据，即证明多式联运合同已生效以及证明多式联运经营人已接管货物并负责按照合同条款交付货物所签发的单据。

（3）必须是至少两种不同运输方式的连贯，这是确定一票货运是否属于多式联运的重要特征。为了履行单一方式运输合同而进行的该合同所规定的货物接送业务则不应视为多式联运，如航空运输中从仓库到机场的这种陆空组合则不属于多式联运。

（4）必须是国际的货物运输，这是区别于国内运输和是否符合国际法规的限制条件。

（5）必须由一个多式联运经营人对全程运输负责。由多式联运经营人去寻找分承运人，实现分段的运输。

（6）必须是全程单一运费费率。多式联运经营人在对货主负全程责任的基础上，制定一个货物发运地至目的地的全程单一费率，并以包干形式一次向货主收取。

二、国际多式联运的优越性

（一）统一化、简单化

所谓统一化、简单化，主要表现为：在国际多式联运下，不管货物运程有多远，无论使用几种运输方式完成对货物的运输，也不论运输途中经多少次转换，所有一切运输事宜均由多式联运经营人负责办理。当货物发生货损、货差时，多式联运经营人对全程运输负责，每一运输区段的承运人对本区段的货物运输负责。但这丝毫不会影响多式联运经营人

对每个运输区段实际承运人的任何追偿权利。

（二）减少中间环节，缩短货运时间，降低货损、货差，提高货运质量

多式联运通过集装箱进行直达运输，货物在发货人工厂或仓库装箱后，可直接运至收货人门或仓库，运输途中无须拆箱、装箱，减少了很多中间环节。货物虽经多次换装，但由于都使用机械装卸，且不涉及箱内货物，因此货损、货差和货物被窃事故大为减少，从而在一定程度上提高了货运质量。此外，在各个运输环节和各种运输工具之间配合密切，衔接紧凑，货物所到之处，中转迅速及时，减少了停留时间，因此保证了货物安全、迅速、准确、及时地运抵目的地。

（三）降低运输成本，节省运杂费用

多式联运可实现货物门到门运输。因此，对货主来说，货物在交由第一承运人后即可取得货运单据进行结汇，结汇时间提早，有利于加速货物资金的周转，并减少利息的支出；又由于货物装载集装箱，从某种意义上讲，可节省货物的包装费用和保险费用。此外，多式联运可采用一张单据，统一费率，因而也就简化了制单和结算手续，节省了人力、物力。

（四）提高运输组织水平，实现合理运输

国际多式联运可提高运输组织水平，实现合理运输，改善不同运输方式间的衔接协作。在国际多式联运开展之前，各种运输方式经营人各自为政、自成体系，因而经营的范围受到限制，货运量相应也有限。一旦不同的运输业者参与国际多式联运，其经营范围可大大扩大，并且可以最大限度地发挥现有设备的作用，选择最佳运输路线，组织合理运输。

三、国际多式联运的业务特点

国际多式联运业务与一般的国际货物运输要求不同，它们在业务上有很大区别，具体如下。

1. 货运单证的内容与制作方法不同

国际多式联运大都为"门到门"运输，故货物于装船或装车或装机后应同时由实际承运人签发提单或运单，多式联运经营人则签发多式联运提单。这是多式联运与任何一种单一的国际货运方式的根本不同之处。在此情况下，海运提单或运单上的发货人应为多式联运经营人，收货人及通知方一般应为多式联运经营人的国外分支机构或其代理；多式联运提单上的收货人和发货人则是真正的、实际的收货人和发货人，通知方则是目的港或最终交货地点的收货人或该收货人的代理人。

多式联运提单上除了列明装货港、卸货港，还要列明收货地、交货地或最终目的地的名称以及第一程运输工具的名称、航次或车次等。

2. 提单的适用性与可转让性不同

海运提单一般只适用于海运，从这个意义上说多式联运提单只有在海运与其他运输方式结合时才适用，但现在也适用于海运以外的其他两种或两种以上的不同运输方式的连贯性跨国运输（国外采用"国际多式联运单据"可避免概念混淆）。

多式联运提单把海运提单的可转让性与其他运输方式下的运单不可转让性合并在一起，因此多式联运经营人根据托运人的要求既可签发可转让的多式联运提单，也可签发不可转让的多式联运提单。如属前者，"收货人"一栏应采用指示抬头；如属后者，"收货人"一栏应具体列明收货人名称，并在提单上注明"不可转让"。

3. 信用证上的条款不同

根据多式联运的需要，信用证上的条款应有以下三点变动。

（1）向银行议付时不能使用船公司签发的已装船清洁提单，而应凭多式联运经营人签发的多式联运提单，同时还应注明该提单的抬头如何制作，以明确可否转让。

（2）多式联运一般采用集装箱运输（特殊情况除外，如对外工程承包运出的机械设备不一定采用集装箱），因此应在信用证上增加指定采用集装箱运输条款。

（3）如不由银行转单，改由托运人或发货人或多式联运经营人直接寄单，以便收货人或代理能尽早取得货运单证，加快在目的港（地）提货的速度，则应在信用证上加列"装船单据由发货人或由多式联运经营人直接寄收货人或其代理"之条款；如由多式联运经营人寄单，发货人出于议付结汇的需要应由多式联运经营人出具一份"收到货运单据并已寄出"的证明。

4. 海关验放的手续不同

一般国际货物运输交货地点大都在装货港，目的地大都在卸货港，因而办理报关和通关的手续都是在货物进出境的港口。而国际多式联运货物的起运地大都在内陆城市，因此内陆海关只对货物办理转关监管手续，由出境地的海关进行查验放行。进口货物的最终目的地如为内陆城市，进境港口的海关一般不进行查验，只办理转关监管手续，待货物到达最终目的地时由当地海关查验放行。

四、国际多式联运的运输组织形式

国际多式联运是采用两种或两种以上不同运输方式进行联运的运输组织形式。这里所指的至少两种运输方式可以是海陆、陆空、海空等。这与一般的海海、陆陆、空空等形式的联运有着本质的区别。后者虽也是联运，但仍是同一种运输工具之间的运输方式。众所周知，各种运输方式均有自身的优点与不足。一般来说，水路运输具有运量大、成本低的优点；公路运输则具有机动灵活，便于实现货物门到门运输的特点；铁路运输的主要优点是不受气候影响，可深入内陆和横贯内陆，实现货物长距离的准时运输；而航空运输的主要优点是可实现货物的快速运输。国际多式联运严格规定必须采用两种或两种以上的运输方式进行联运，因此这种运输组织形式可综合利用各种运输方式的优点，充分体现社会化大生产、大交通的特点。

由于国际多式联运具有其他运输组织形式无可比拟的优越性，因而这种国际运输新技术已在世界各主要国家和地区得到广泛的推广应用。目前，有代表性的国际多式联运主要有远东—欧洲、远东—北美等海陆空联运，其组织形式如下。

1. 海陆联运

海陆联运是国际多式联运的主要组织形式，也是远东—欧洲多式联运的主要组织形式之一。这种组织形式以航运公司为主体,签发联运提单,与航线两端的内陆运输部门开展联运业务,与大陆桥运输展开竞争。

2. 陆桥运输

在国际多式联运中,陆桥运输起着非常重要的作用,也是远东—欧洲国际多式联运的主要形式。所谓陆桥运输是指采用集装箱专用列车或卡车,将横贯大陆的铁路或公路作为中间"桥梁",使大陆两端的集装箱海运航线与专用列车或卡车连接起来的一种连贯运输方式。严格地讲,陆桥运输也是一种海陆联运形式,因其在国际多式联运中的独特地位,将在后面章节具体介绍。

3. 海空联运

海空联运又被称为空桥运输。在运输组织方式上,空桥运输与陆桥运输有所不同:陆桥运输在整个货运过程中使用的是同一个集装箱,不用换装,而空桥运输的货物通常要在航空港换入航空集装箱,不过两者的目标是一致的,即以低费率提供快捷、可靠的运输服务。

目前,国际海空联运线主要有以下几条。

(1)远东—欧洲。目前,远东与欧洲间的航线有的以温哥华、西雅图和洛杉矶为中转地,也有的以中国香港、曼谷和符拉迪沃斯托克(海参崴)为中转地。此外,还有的以旧金山和新加坡为中转地。

(2)远东—中南美。近年来,远东至中南美的海空联运发展较快,因为此处港口和内陆运输不稳定,所以对海空运输的需求很大。该联运线以迈阿密、洛杉矶、温哥华为中转地。

(3)远东—中近东、非洲、澳洲。这是以中国香港、曼谷为中转地至中近东、非洲的运输线。

在特殊情况下,还有经马赛至非洲、经曼谷至印度、经中国香港至澳洲等联运线,但这些线路货运量较小。

总的来讲,运输距离越远,采用海空联运的优越性就越大,因为同完全采用海运相比,其运输时间更短;同直接采用空运相比,其费率更低。因此,将从远东出发至欧洲、中南美以及非洲的运输服务作为海空联运的主要市场是合适的。

4. 陆空联运

陆空联运包括空陆空联运、陆空陆联运和陆空联运,其特点是费用适中、到货迅速、安全性强、手续简便等。目前陆空联运广泛采用"卡车航班"的运输形式,即卡车内陆运输与空运进出境航班相结合,作为飞机航班运输的补充方式。陆空联运普遍被工业发达以及高速公路较多的国家和地区采用,如欧洲、美洲和澳大利亚。

5. 公铁联运

公铁联运集公路与铁路于一体,发挥了铁路运输准时、安全、低成本以及公路运输快速、灵活、门到门的优势,避免了铁路运输速度慢、网点少以及公路运输费用高、交通拥堵的劣势,适合现代物流发展的要求。驮背运输是一种特殊的公铁联运方式,指将载运货物的公路拖车置于铁路平车上运输,其特点是有助于实现铁路货运与汽车货运之间的直接转移而无须换装。

第三节　国际多式联运的业务流程及单证

一、国际多式联运的业务流程

（一）接受托运申请，订立多式联运合同

多式联运经营人根据货主提出的托运申请和自己的运输线路等情况，判决是否接受该托运申请，发货人或其代理人根据双方就货物的交接方式、时间、地点和付费方式等达成协议并填写场站收据，并把其送至多式联运经营人进行编号，多式联运经营人编号后留下货物托运联，将其他联交还给发货人或其代理人。

（二）空箱的发放、提取及运送

多式联运中使用的集装箱一般由多式联运经营人提供来源，可能有三种情况：一是多式联运经营人自己购置使用的集装箱；二是向借箱公司租用的集装箱；三是由全程运输中的某一分运人提供。如果双方协议由发货人自行装箱，则多式联运经营人应签发提箱单或租箱公司或分运人签发提箱单交给发货人或其代理人，由他们在规定日期到指定的堆场提箱并自行将空箱拖运到货物装箱地点，准备装货。

（三）出口报关

若多式联运从港口开始，则在港口报关；若从内陆地区开始，则应在附近内陆地海关办理报关。出口报关事宜一般由发货人或其代理人办理，也可委托多式联运经营人代为办理，报关时应提供场站收据、装箱单、出口许可证等有关单据和文件。

（四）货物装箱及接受货物

若是发货人自行装箱，发货人或其代理人提取空箱后在自己的工厂和仓库组织装箱，装箱工作一般要在报关后进行，并请海关派员到装箱地点监装和办理加封事宜，如需理货，还应请理货人员现场理货并与其共同制作装箱单。

对于由货主自行装箱的整箱货物，发货人应负责将货物运至双方协议规定的地点，多式联运经营人或其代表在指定地点接收货物。如果是拼箱货，则由多式联运经营人在指定的货运站接收货物，验收货物后，代表多式联运经营人接收货物的人应在场站收据正本上签章，并将其交给发货人或其代理人。

（五）订舱及安排货物运送

多式联运经营人在合同订立后，应立即制订该合同涉及的集装箱货物的运输计划，该计划应包括货物的运输路线、区段的划分、各区段实际承运人的选择及确定各区间衔接地点的到达、起运时间等内容。

这里所说的订舱泛指多式联运经营人要按照运输计划安排洽定各区段的运输工具，与选定的各实际承运人订立各区段的分运合同，这些合同的订立由多式联运经营人本人或委托的代理人办理,也可请前一区段的实际承运人作为后一区段的实际承运人订舱。

货物运输计划的安排必须科学并留有余地,工作中应相互联系,根据实际情况调整计划,以避免彼此脱节。

(六)办理保险

在发货人方面,应投保货物运输保险,该保险由发货人自行办理,或由发货人承担费用而由多式联运经营人代为办理。货物运输保险可以是全程投保,也可以分段投保。在多式联运经营人方面,应投保货物责任险和集装箱保险,由多式联运经营人或其代理人向保险公司或以其他形式办理。

(七)签发多式联运提单,组织完成货物的全程运输

多式联运经营人的代表收取货物后,多式联运经营人应向发货人签发多式联运提单,在把提单交给发货人之前,应注意按双方议定的付费方式及内容、数量向发货人收取全部应付费用。

多式联运经营人有完成和组织完成全程运输的责任和义务,在接收货物后,要组织各区段实际承运人、各派出机构及代表人共同协调工作,完成全程中各区段的运输和各区段之间的衔接工作,并做好运输过程中所涉及的各种服务性工作和运输单据、文件及有关信息等的组织和协调工作。

(八)运输过程中的海关业务

按惯例,国际多式联运的全程运输均应视为国际货物运输,因此该环节工作主要包括货物及集装箱进口国的通关手续、进口国内陆段保税运输手续及结关等内容,如果陆上运输要通过其他国家海关和内陆运输线路时,还应包括这些海关的通关及保税运输手续。

如果货物在目的地港交付,则结关应在港口所在地海关进行;如果在内陆地交货,则应在口岸办理保税运输手续,海关加封后方可运往内陆目的地,然后在内陆海关办理结关手续。

(九)货物支付

当货物运往目的地后,由目的地代理通知收货人提货,收货人需凭多式联运提单提货,多式联运经营人或其代理人需按合同规定,收取收货人应付的全部费用,收回提单签发提货单,提货人凭提货单到指定堆场和地点提取货物。

如果是整箱提货,则收货人要负责至掏箱地点的运输,并在货物掏出后将集装箱运回指定的堆场,此时运输合同终止。

(十)货运事故处理

如果全程运输中发生了货物灭失、损害和运输延误,无论能否确定损害发生的区段,发(收)货人均可向多式联运经营人提出索赔,多式联运经营人根据提单条款及双方协议确定责任并做出赔偿。如能确定事故发生的区段和实际责任者,可向其进一步索赔;如不能确定事故发生的区段,一般按在海运段发生事故处理。如果已对货物及责任投保,则存

在要求保险公司赔偿和向保险公司进一步追索问题，如果受损人和责任人之间不能取得一致，则需要通过在诉讼时效内提起诉讼和仲裁来解决。

二、国际多式联运单证的定义

在国际货物多式联运过程中，虽然一票货物由多种运输方式和几个承运人共同完成运输，但使用的却是同一张货运单证，即多式联运单证。而且，货物在由一种运输方式转换至另一种运输方式时，不必再经过重新分类、核对、检查、开箱和装箱等过程，起到了统一化、简单化和方便货主的作用。

已通过的《联合国国际货物多式联运公约》对多式联运单证的定义是：多式联运单证是指证明多式联运合同，以及证明多式联运经营人接管货物并负责按照多式联运合同条款交付货物的单证。因此，多式联运单证不是运输合同，而是运输合同的证明；是多式联运经营人收到货物的收据和凭此交付货物的凭证。

小提示：多式联运单证与联运提单的区别

多式联运与联运是两个不同的概念，前者是指两种或两种以上的运输方式的联合运输，该种运输方式可以是海陆、陆空、海空中任何一种，而后者是指同一种运输工具间的联运。

多式联运单证与联运提单的区别有以下几方面。

1. 责任形式不同

联运提单对承运人的责任形式规定为"网状责任制"或"单一责任制"，这种规定有时在实际业务中极易引起纠纷，如发货人与第二承运人产生有关货损争议，则出现该承运人与发货人之间是不是合同当事人的问题。而多式联运单证则不同，签发多式联运单证的多式联运经营人对全程运输负统一责任，货物受损人只需向多式联运经营人索赔即可。

2. 单证或提单签发人不同

通常，联运提单由运输工具的海上承运人或其代理人签发，而多式联运单证的签发人不一定是运输工具的所有人，凡有权控制国际多式联运，并对其运输负有责任的人都可签发。

3. 单证或提单签发地点、时间不同

习惯上联运提单在收到货物的装船港，并在货物实际装船后签发。而国际多式联运货物的交接地点有时在内陆集装货运站、发货人工厂或仓库，在收到货物后即签发货物收据，因此多式联运单证的签发有时不在装船港；而且，从收到货物至实际装船有一个待装期，因而签发的时间并不一定是在货物实际装船后。

三、多式联运单证的主要内容

多式联运单证是各当事人之间进行国际多式联运业务活动的凭证，因此要求单据的内容必须正确、清楚、完整，该单证的主要内容包括以下几方面。

（1）货物的外表状况、数量、名称、包装和标志等。

（2）多式联运经营人的名称和主要营业所。

（3）发货人、收货人的名称、地址。

（4）多式联运经营人接管货物的日期、地点。

（5）经双方明确议定的交付货物的时间、地点。

（6）表示多式联运单证可转让或不可转让的声明。

（7）多式联运单证的签发时间、地点。

（8）多式联运经营人或经其授权人的签字。

（9）有关运费支付的说明。

（10）有关运输方式、运输路线、运输要求的说明等。

同时，多式联运单证除按规定的内容要求填写外，还可根据双方的实际需要，在不违背单证签发国法律的情况下，可加注其他项目，如关于特种货物运输的说明、对所运输货物批注的说明、不同运输方式下承运人之间的临时洽商批注等。

多式联运单证所记载的内容，通常由货物托运人填写或由多式联运经营人或其代表根据托运人提供的有关托运文件制成。在多式联运经营人接管货物时，可认为货物托运人或发货人已向多式联运经营人保证其在多式联运单证中所提供的货物品类、标志、件数、尺码等情况准确无误。

如果货物的灭失、损坏是由于发货人或货物托运人在单证中所提供的内容不准确或不当所造成的，发货人应对多式联运经营人负责，即使在多式联运单证已转让的情况下也不例外。当然，如果货物的灭失、损坏是由于多式联运经营人在多式联运单证中列入不实资料，或漏列有关内容所致，则该多式联运经营人无权享受赔偿责任限制，而应按货物的实际损害负责赔偿。

四、多式联运单证的签发

多式联运经营人在接收托运的货物时，必须与接货单位（集装箱货运站或码头堆场）出具的货物收据进行核对无误后，即签发多式联运单证。多式联运单证由多式联运经营人或其授权人签字，在不违背多式联运单证签发国法律规定的情况下，多式联运单证可以是手签的、手签笔迹复印的、打透花字的、盖章或用任何其他机械或电子仪器打印的。

基于国际多式联运而签发的国际多式联运单证本质上借鉴和吸收了海运提单和运单各自独特的功能，集两者所长以适应国际货物多式联运的实际需要。

（一）多式联运单证的签发形式

1. 可转让的多式联运单证

可转让的多式联运单证类似于提单，即可转让的多式联运单证具有三种功能：多式联运合同的证明、货物收据与物权凭证功能。

2. 不可转让的多式联运单证

不可转让的多式联运单证类似于运单（如海运单、空运单），即不可转让的多式联运单证具有两种功能：多式联运合同的证明和货物收据。但它不具有物权凭证功能，如果多式联运单证以不可转让方式签发，多式联运经营人交付货物时，应凭单证上记名的收货人的身份证明向其交付货物。

（二）多式联运单证签发的时间、地点

在集装箱货物的国际多式联运中，多式联运经营人接收货物的地点有时不在装船港，而在某一内陆集装箱货运站、装船港的集装箱码头堆场，甚至在发货人的工厂或仓库。因此，在很多场合下，从接收货物到实际装船之间有一个待装期，在实际业务中，即使货物尚未装船，托运人也可凭场站收据要求多式联运经营人签发多式联运提单，这种提单属收货待运提单。

五、多式联运单据的证据效力与保留

除非多式联运经营人已在多式联运单证上做了保留，否则多式联运单证一经签发，即具有如下效力。

（1）多式联运经营人收到货物的初步证据。

（2）多式联运经营人对所接收的货物开始负有责任。

（3）可转让的多式联运单证如已转让给善意的第三方，该单证在多式联运经营人与善意的第三方之间构成了最终证据，多式联运经营人必须按单证中的记载事项向单证持有人交付货物，任何提出的相反证据均无效。

多式联运单证中的保留是指多式联运经营人或其代表在接收货物时，对于货物的实际状况与单证中所注明的有关货物的种类、标志、包装、件数和重量等事项有怀疑，而又无适当方法进行核对、核查时，多式联运经营人或其代表可在多式联运单证中提出保留，注明不符的地方和怀疑的依据等。与此相反，如多式联运经营人或其代表在接收货物时未在多式联运单证中做出任何批注，则表明他接受的货物外表状况良好。货物在运抵目的港以后，多式联运经营人或其代表也应交付外表状况良好的货物，任何有关货物的灭失或损害均由多式联运经营人负责赔偿。否则，应举证说明货物的灭失或损害并不是由于他或他的代理人的过失所致。

因此，多式联运单证的证据效力如何，取决于该单证中所记载的事项是否准确。这是因为单证中所记载的事项是法定的，而且单证要求具备一定格式，如在这些方面有遗漏，则单证的效力将在判例中无效，除非该种遗漏不危害货物运输或不影响运输合同的执行。

第四节 大陆桥运输

一、大陆桥运输的含义

大陆桥运输是以横贯大陆的铁路或公路为中间桥梁，把大陆两端的海洋运输连接起来，形成一种"海—陆—海"的运输方式。世界上的大陆桥有北美大陆桥（指美国大陆桥和加拿大大陆桥）、亚欧大陆桥（指西伯利亚大陆桥和中荷大陆桥）。自集装箱运输发展起来后，大陆桥运输实质上也属于国际多式联运范畴。

二、大陆桥运输的种类

大陆桥运输产生于 20 世纪 50 年代，始于日本货运公司将货箱装船运至美国太平洋港口，再利用美国横贯东西的铁路将货箱运抵美国东海岸港口（大西洋沿岸），再装船运往欧洲。这条大陆桥运输线路由于经济效益差，逐渐停运，却开启了海、陆运之间的竞争，带动了其后大陆桥的发展。

大陆桥运输在现阶段主要有以下几种陆桥。

1. 西伯利亚大陆桥（Siberian land bridge，SLB）

西伯利亚大陆桥是指货物以国际标准规格集装箱为容器，由远东或日本海运至俄罗斯东部港口，跨越西伯利亚铁路，运至波罗的海沿岸港口，再以铁路、公路或海运将集装箱运往欧洲或中东、近东地区或相反方向，如图 6-11 所示。

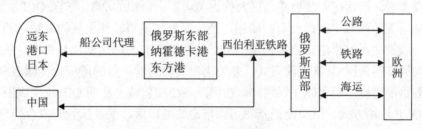

图 6-11 西伯利亚大陆桥图示

西伯利亚大陆桥始于 20 世纪 70 年代，1971 年由全苏对外贸易运输公司确立，该公司与国际铁路集装箱运输公司为这条大陆桥的主要经营者。经过多年的发展，这条大陆桥西端发展到了整个欧洲和伊朗、阿富汗等国，东端发展到了中国、韩国等国家，现全年货运量高达 10 万 TEU，承担了日本出口欧洲杂货的 1/3、欧洲出口亚洲杂货的 1/5 的运输量。货物种类主要有电器、化纤、服装、瓷器、医药、玩具、工具、劳保用品及塑料制品等。西伯利亚大陆桥往返欧亚之间的线路有以下三条。

（1）西伯利亚铁路转到伊朗或东西欧铁路，再抵中、近东各地或欧洲各地以及相反方向的运输线路，我国惯称铁—铁线。

（2）西伯利亚铁路转俄罗斯公路，使用汽车运到欧洲各国目的地及相反方向的运输路线，我国惯称铁—海线。

（3）西伯利亚铁路运至爱沙尼亚或拉脱维亚港口，转船运往西、北欧或巴尔干地区主要港口及相反方向的运输路线，我国惯称铁—卡线。

2. 北美大陆桥（North American land bridge）

北美大陆桥是指从日本港口以海运运至美国或加拿大西部（太平洋沿岸）港口卸货，再用铁路将集装箱运至美、加东海岸（大西洋沿岸）港口，经海运运往欧洲或相反方向的运输线路。

3. 新亚欧大陆桥（new Eurasian land bridge）

新亚欧大陆桥即中荷大陆桥，是指从中国连云港和日照经新疆阿拉山口西至荷兰鹿特丹及相反方向的运输线路。

4. 小陆桥（mini land bridge，MLB）运输

小陆桥运输是指货物以国际标准规格集装箱为容器，从日本港口海运至美国、加拿大西部港口，再由铁路集装箱专列或汽车运至北美东海岸、美国南部或内地以及相反方向的运输。如日本横滨到美国纽约的货物，从日本横滨装船后，越过太平洋，运到美国奥克兰，在奥克兰再用铁路运到纽约。

5. 微型陆桥（micro bridge 或 micro land bridge，它不可简写为 MLB）

微型陆桥是指以国际标准规格集装箱为容器，从日本港口运至美国西海岸港口，利用铁路或汽车从美国西海岸运至美国内陆城市的运输方式。它是从小陆桥派生出来的一种运输方式，部分使用了小陆桥运输线路，因此又称半陆桥运输。

6. 美国内陆公共点（overland common points，OCP）运输

OCP 是美国内陆运输方式，"内陆地区"意指享受优惠费率、通过陆运可抵达的地区，从地理位置上看，指落基山脉以东地区，约占美国国土面积的 2/3。按照 OCP 运输条款规定，凡是使用美国西海岸航运公司的船舶，经过西海岸港口转往上述内陆地区的货物，均可享受比一般直达西海岸港口更为低廉的海运优惠费率和内陆运输优惠费率。条件是成交的贸易合同须订明采用 OCP 运输方式，并使用集装箱运输；目的港应为美国西海岸港口，并在提单的目的港栏注明"OCP"字样，在物品各栏和包装上标明 OCP 内陆地区名称。

采用 OCP 运输方式，出口商把货物运到指定的港口后，就被认为完成合同交货义务。以后则由进口商委托港口转运代理人持提单向船公司提货，并由其自行按 OCP 费率把货物运到美国西海岸港口，但可以享受较低的优惠费率，节省运费支出；而对进口商来说，在内陆运输中也可享受 OCP 优惠费率。

7. 美国内陆点多式联运（interior point of inter modal，IPI）运输

IPI 的运输方式、运输途径、运输经营人的责任和风险完全与小陆桥运输相同。小陆桥运输下的集装箱货物，其抵达区域是美国东海岸和加勒比海区域，而 IPI 运输方式则是将集装箱货物运抵内陆主要城市。

 小提示

表 6-1 为 SLB、OCP、MLB、IPI 四种运输组织方式的区别。

表 6-1　SLB、OCP、MLB、IPI 四种运输组织方式的区别

比 较 项 目	SLB	OCP	MLB	IPI
货物成交价	采用 FCA 或 CIP 应视为合同中约定	卖方承担的责任、费用终止于美国西海岸港口	卖方承担的责任、费用终止于最终交货地	与 MLB 相同
提单的适用	全程运输	海上区段	全程运输	全程运输
运费计收	全程	海、陆分段计收	全程	全程
保险区段	全程投保	海、陆段分别投保	全程投保	全程投保
货物运抵区域	不受限制	OCP 内陆公共点	美东和美国湾港口	IPI 内陆点
多式联运	是	不是	是	是

三、我国大陆桥运输

我国从 1980 年起由中国外运为内外客户办理中国经蒙古或苏联到伊朗和往返西北欧各国的大陆桥集装箱运输业务，全国除西藏、台湾、海南、广西外，其余各省份均已开办了大陆桥运输业务，并且在上海、天津、北京、江苏、辽宁等省份开办了拼箱货运业务。我国最大的货运代理企业——中国外运股份有限公司，在一些口岸和城市建立了铁路集装箱中转点（见表 6-2），办理集装箱的装卸、发运、装箱和拆箱业务。

表 6-2 我国大陆桥运输铁路集装箱中转点一览表

省　份	中　转　点	省　份	中　转　点
上海	何家湾	北京	丰台
天津	塘沽南	黑龙江	滨江西、玉岗
辽宁	沈阳、辽阳、大连西	内蒙古	呼和浩特、二连浩特、集宁、满洲里
河北	石家庄、唐山、秦皇岛	河南	海棠寺
山东	青岛、济南、青州、潍坊西、烟台、淄博、石臼所	山西	太原东
陕西	西安西、窑村	甘肃	兰州西
青海	西宁	安徽	合肥北、芜湖西
浙江	南星桥	江苏	镇江南、中华门、南京西、无锡、连云港
湖南	醴陵、长沙西	湖北	汉西、汉阳
四川	成都东、伏牛溪	贵州	贵阳东
新疆	乌鲁木齐北	吉林	孟家屯
福建	福州东	广东	黄埔

（资料来源：陈洋. 国际物流实务[M]. 北京：高等教育出版社，2003.）

我国的 SLB 运输线路如下。

1. 铁—铁路线（见图 6-12）

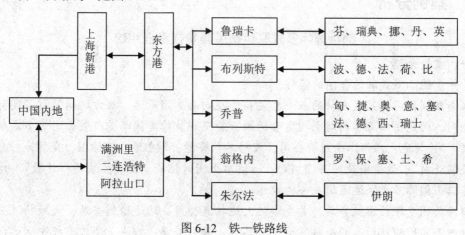

图 6-12 铁—铁路线

2. 铁—海路线（见图6-13）

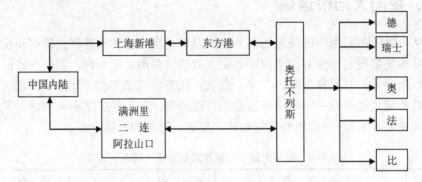

图6-13 铁—海路线

3. 铁—卡路线（见图6-14）

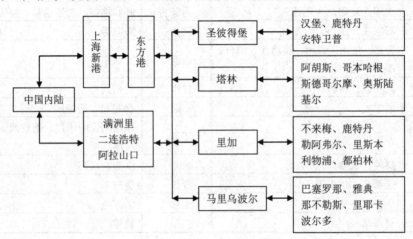

图6-14 铁—卡路线

案例分析

剖析国际多式联运集装箱货损责任纠纷

一、案情介绍

（一）国际多式联运合同的签订

江南丝绸公司将装载布料的五个集装箱委托四海集团承运，双方之间签订了国际多式联运合同，约定由四海集团对全程负责运输，货交底特律美国华美服装公司。多式联运单上记载："接货地：广州江南丝绸公司，装船港：香港，卸船港：西雅图，交货地：底特律华美服装公司"；运输条款："FCL-FCL"；运单上同时记载"由货主装箱、计数"的批注。

（二）国际多式联运运输业务的操作

四海集团受理该票业务后，首先委托大地物流公司公路运输到香港，大地物流公司签发了以四海集团为托运人的公路货运单。其后，货到香港，四海集团又委托中国远洋船公司海运到西雅图。集装箱在香港装船后，中国远洋船公司签发了以四海集团为托运人的海运提单，提单记载："装船港：香港，卸船港：西雅图"；运输条款："FCL-FCL"。集装箱在西雅图港卸船后，五个集装箱中有三个外表状况有严重破损，四海集团在西雅图的代理与船方代理对破损做了记录，双方代理在破损记录上共同签字。而后，四海集团又办理了由西雅图到底特律的铁路运输。五个集装箱运抵底特律华美服装公司后，收货人开箱时发现：三个外表有破损的集装箱箱内布料已严重受损，另一个集装箱尽管箱子外表状况良好，关封完整，但箱内布料也有受损。

（三）货损赔偿纠纷的产生

由于货到底特律收货人开箱时发现五个集装箱中有四个集装箱的货物受损，于是拒绝收货，并向发货人提出赔偿要求。发货人于是向四海集团提出赔偿，并要求按最高货损限额的运输区段给予赔付。关于货损责任人、赔偿限额，四海集团与发货人、大地物流公司、船公司、铁路集团等涉案方产生了争议。纠纷的主要争议是：① 货损到底该由谁来赔付？② 货损是按公路货损标准、海运货损标准，还是铁路货损标准限额支付赔偿金额？要解决此问题，必须明确以下两点：一是国际多式联运经营人的权利与责任；二是在不同的集装箱运输条款下，各当事人该如何划分责任。

二、国际多式联运经营人的权责

国际多式联运是以至少两种不同的运输方式，由国际多式联运经营人将货物从一国境内运至另一国境内的货物运输形式。它是以实现货物整体运输的最优化为目标的联运组织形式，通常以集装箱为运输单元，将不同运输方式有机结合在一起，构成连续的、综合性的一体化货物运输。国际多式联运具有"由多式联运经营人对全程负责，通过一次托运、一次计费、一份多式联运单证、全程实行单一运费率，由各区段的承运人共同完成货物全程运输"的特点。

（一）国际多式联运的运行机制

国际多式联运的全过程可以分为全程运输组织过程、实际运输作业过程两部分。目前运用较多的是衔接式多式联运的组织方法。在这种方法中，全程运输组织主要是指多式联运经营人（multimodal transport operator，MTO）接受货物托运后，首先制订货物全程运输计划，选择货物的运输路线，划分运输区段，确定中转、换装地点，选择各区段实际承运人，并把计划转达给各中转衔接地点的分支机构或委托代理人；然后根据计划分别与第一程、第二程、第三程等的实际承运人订立各区段货物运输合同。全程各区段之间的衔接，由多式联运经营人（或其代表、代理人）采用从前程实际承运人手中接受货物再向后程承运人发运方式完成，在最终目的地从最后一程实际承运人手中接受货物后，再向收货人交付货物。

（二）国际多式联运经营人的责任形式

由于多式联运的发展改变了传统的货物交接界限，也从根本上改变了多式联运经营人的责任范围。在目前的国际多式联运业务中，较常见的责任形式有以下两种。

（1）同一责任制。同一责任制即多式联运经营人对全程运输中货物的损坏、灭失或延期交付负全部责任。无论事故是发生在海运，还是发生在内陆运输区段；无论是明显的事故，还是隐蔽的事故，均按统一原则由多式联运经营人按约定的限额进行赔偿。也就是说，在整个运输中只要发生了货损，就不分实际货损区段，由多式联运经营人按同一约定的赔偿额度进行赔偿。同一责任制具有科学、合理、手续简化等特点，但对多式联运经营人而言，责任负担较重，因此目前在世界范围内并未广泛使用。

（2）网状责任制。网状责任制即多式联运经营人虽然对全程运输负责，但是对货损货差的赔偿是按造成该货损货差的实际运输区段予以赔偿的。比如，如果在公路运输中产生了货损，则根据《国际公路货物运输合同公约》或国内法执行；如果在海上运输中产生了货损，则按照《海牙规则》、国际公约或国内法执行。网状责任制减轻了多式联运经营人的风险责任，但从国际多式联运长远发展来看，这种责任形式并不理想，因为容易在责任轻重、赔偿限额等方面产生分歧，也容易造成多个分运人互相推卸责任的现象产生。目前，国际多式联运处于发展过程中，因此虽然同一责任制更加科学合理，但国际上多采用网状责任制。我国也采用网状责任制，这对保护刚刚起步的我国多式联运经营人的积极性，保证我国多式联运顺利、健康的发展具有积极意义。但随着国际多式联运的不断发展与完善，同一责任制将更符合这种业务的发展要求。

（三）集装箱不同交接形态下各当事人的责任划分

（1）整箱货交接下（FCL-FCL）的责任划分。整箱货是指一个货主托运的货物足以装满一个集装箱，通常情况下只有一个发货人和一个收货人。在整箱货托运时，由托运人负责装箱、计数、填写装箱单，并加盖集装箱封志。整箱货交接地点一般是在进口国和出口国的集装箱堆场（container yard，CY），或托运人和收货人所指定的工厂大门或仓库（door）。整箱货由托运人负责装箱和计数，承运人接受的只是已加盖封志的集装箱。因此，在整箱货运输过程中，承运人在箱体完好和封志完整的状况下接受集装箱，就必须承担在相同状况下运输直至交付集装箱的责任。也就是说，承运人接管的是状态良好的集装箱，就必须对集装箱的良好性负责，而无须对箱内货物负责。在这种情况下，承运人一般都会在货运单上附加一条"不知条款"，不知内容主要涉及箱内货物的品名、属性、状态、数量等。整箱货的拆箱一般由收货人办理，但也可以委托承运人在货运站拆箱，但承运人不负责箱内的货损、货差。除非货方举证确属承运人责任事故的损害，承运人才负责赔偿。

（2）拼箱货交接下（LCL-LCL）的责任划分。拼箱货是指承运人（或代理人）接受货主所托运货物的数量不足整箱的小票货运后，根据货物的性质和目的地进行计划、分类、整理，把去往同一目的地的货物集中到一定的数量后，负责拼装入箱、计数、填写装箱单，并加封志的集装箱货物。拼箱货一般有多个发货人和多个收货人。拼箱货交接地点一般是在进口国和出口国的集装箱货运站（container freight station，CFS）。拼箱货运输条款下，承运人接受的是货物，并负责装箱和计数。因此，如果承运人接受的是外表状况良好的货物，就承担着在运输过程中直至交付货物时要保证货物的良好性的责任。也就是说，承运人接管的是货物，就必须对集装箱货物的良好性负责，而不仅仅对集装箱负责。简而言之，整箱货运输的情况下，承运人对集装箱状况负责；拼箱货运输的情况下，承运人对货物状况负责。

在集装箱运输业务办理过程中，常见的交接形态就是整箱货交接（FCL-FCL）或拼箱货交接（LCL-LCL），而整箱交、拼箱接（FCL-LCL）的方式基本不存在。因为在 FCL-LCL 方式下，承运人是在箱体完好和封志完整的状况下接受托运人的集装箱，只需对集装箱负责；而收货方却需要对集装箱内的货物负责。这明显加大了承运人的责任，因此承运人一般不会接受此种运输方式。

三、本案中货损纠纷分析

（一）江南丝绸公司（发货人）的责任分析

本案中，江南丝绸公司承担的是"集装箱外表状况良好、但箱内货物却受损"的这一个集装箱货损的责任。原因如下：江南丝绸公司以托运人的身份与四海集团签署了国际多式联运合同，多式联运单上注明：运输条款"FCL-FCL"；运单上同时也记载"由货主装箱、计数"的批注，这足以说明此批货物的交接形态是以整箱货的方式进行的。

在集装箱整箱交接形态下，其双方责任是以"集装箱外表状况是否良好，海关关封是否完整"来确定的。本案中，江南丝绸公司将装载货物的集装箱交由四海集团托运时，按照整箱货交接下的责任划分，四海集团只需对集装箱的外表状况负责，而无须对集装箱内的货物负责。因此，货交收货人时，虽然有一个集装箱内的货物受损，但集装箱的外表状况是良好的。结合"FCL-FCL"运输条款下，四海集团"对集装箱状况的良好性负责，而无须对集装箱内货物的良好性负责"的原则，这一个集装箱货损的责任应由发货人江南丝绸公司自己承担。

（二）四海集团（国际多式联运经营人）的责任分析

本案中，四海集团承担的是"集装箱外表有破损且箱内布料也已严重受损"的这三个集装箱货损的责任。原因如下：四海集团作为国际多式联运经营人应对全程运输负有责任。发货人将集装箱交给四海集团时，四海集团未对集装箱外表状况提出异议，由此可以认定集装箱外表状况是完好的。在集装箱"FCL-FCL"运输条款下，国际多式联运经营人承担着"在箱体完好和封志完整的状况下接受集装箱，就必须在相同状况下交付集装箱"的责任。因此，四海集团接受的是"外表状况良好"的集装箱，必须交给收货人的也应该是"外表状况良好"的集装箱。然而在本案中，货到目的地后，收货人发现有三个集装箱外表破损，开箱后其内的布料也已严重受损。结合"FCL-FCL"运输条款下，四海集团"对集装箱状况的良好性负责"的原则，这三个外表有破损的集装箱货损应由四海集团承担。因此，四海集团应该赔偿与其有运输合同关系的发货人江南丝绸公司这三箱货物的损失。

（三）中国远洋船公司（海运区段实际承运人）的责任分析

本案中，"集装箱外表有破损且箱内布料也已严重受损"的这三个集装箱货损的责任，最终由中国远洋船公司承担。原因如下：中国远洋船公司作为"香港—西雅图"区段的海运分运人，应该对自己承担区段的货物运输负责。四海集团将集装箱交给中国远洋船公司承运时，中国远洋船公司签发了以四海集团为托运人的海运提单，运输条款是"FCL-FCL"。在海运提单上对集装箱的状态没有不良记录的批注，说明该提单是清洁提单，也就是说船公司在装运港（香港）接受的是"外表状况良好"的集装箱。依据"FCL-FCL"条款下的责任划分，在整个运输过程直至货交托运人指定的代理人时，都必须保持集装箱"外表状况良好"的特性。但货抵目的港（西雅图）时，四海集团的代理人发现有三个集装箱外表有破损，并且双方代表对破损记录都签字确认。因此，可认定三个外表有破损集装箱的受损区段发生在海运期间。货物最后到达目的地（底特律）后，收货人开箱发现这三个外表有破损的集装箱内的货物已严重受损，由此可推断"集装箱外表有破损且箱内布料也已严重受损"的货损是发生在海上运输区段。因此，中国远洋船公司应该赔偿与其有海运合同关系的四海集团这三个集装箱的货损责任。

（四）大地物流公司（公路区段实际承运人）、西雅图铁路集团（铁路区段实际承运人）的无责任分析

大地物流公司、西雅图铁路集团分别作为公路区段、铁路区段的实际承运人，与四海集团都签订了分运合同。在本案中，不同区段的集装箱运输都是以"FCL-FCL"的形式完成的。因此，各区段实际承运人在完成运输业务、在目的地交箱时，只要保持在起运地接箱时的箱体状态，即可认为整个运输过程是完好的。

大地物流公司承担的是"广州—香港"的集装箱公路运输。在广州接箱时，集装箱外表状态是良好的。货抵香港，将集装箱交给四海集团代理人时，四海集团代理人并未对集装箱外表提出异议，在交接单上也没有不良记录。由此可以认定公路运输区段是完好的，没有造成货损，大地物流公司不承担货损责任。

西雅图铁路集团承担的是"西雅图—底特律"的集装箱铁路运输。在西雅图接箱时，有三个集装箱外表破损、两个集装箱外表状况良好。依据"FCL-FCL"运输条款，货抵目的地底特律时，只要维持接箱时的状态，即"有三个集装箱外表破损、两个集装箱外表状况良好"的箱体形态，即可认定西雅图铁路集团顺利地完成了铁路运输。本案中，货抵西雅图，西雅图铁路集团将集装箱交给四海集团的代理人时，四海集团代理人对三个破损集装箱的损害程度是否加剧没有提出异议，另外两个集装箱外表状况也未提出异议。这说明西雅图铁路集团接受的是"有三个集装箱外表破损、两个集装箱外表状况良好"的运输业务，并且在相同状态下完成了交付任务。因此，可以认定铁路运输没有造成货损，西雅图铁路集团不承担货损责任。

总而言之，在国际多式联运中，要熟悉各参与方之间的关系，要充分了解集装箱不同交接形态下各参与方该承担的责任。只有掌握了丰富的专业知识，处理此类纠纷时才会得心应手。

资料来源：泰德物流风险管理．从一则案例剖析国际多式联运集装箱货损责任纠纷[EB/OL]．（2018-04-13）[2022-08-05]．https://mp.weixin.qq.com/s/CB1Z6H8PcewHhXJWfj3Y-g．

本章小结

本章介绍了集装箱的起源、定义、结构、分类、船舶配载与运输工作组织，阐述了国际多式联运的含义、优越性、业务特点与运输组织形式，介绍了国际多式联运的业务流程与单证的内容、签发及效力，以及大陆桥运输。学生需要重点掌握集装箱的分类、国际多式联运的含义、国际多式联运经营人的责任类别，熟悉国际多式联运业务流程，了解陆桥运输。

延伸阅读

欧美多式联运的借鉴意义

一、美国多式联运的主要形式

1. 箱驮运输（container on flatcar，COFC）和驮背运输（trailer on flatcar，TOFC）

美国将COFC/TOFC解释为：把集装箱或半挂车放在铁路平板车上的多式联运服务。值得注意的是，为了尽可能提高运输效率，美国普遍发展了铁路双层集装箱运输。

我国规定双层集装箱车的限界高度为5850 mm，既有路网的限界难以满足要求。这种低槽板的双层集装箱专用承载车可以结合半挂车综合使用。

2. 滚装运输（roll on/roll off）

滚装运输的定义为：载运工具不通过吊装而是靠轮式驱动或拖带上/下船（火车）的运输方式，包括小汽车、卡车（整车）、挂车、火车等水陆联运，商品车公铁联运。

值得注意的是，除了传统集装箱船舶运输，美国内河和近海发展了以厢式半挂车为标准运载单元的公水滚装运输，且大型化、专业化特点比欧洲更突出。

3. 双式联运（bimodal transportation）

双式联运即将公路挂车加装铁路专用铰。接上托架后，直接拖上铁轨经由铁路运输。由于对公铁两用挂车自重要求高，限制了货物装载量，因而此种方式只在特定区域和范围内有所发展。

二、欧盟多式联运的主要形式

欧洲多式联运使用三种基本的标准化运载单元，即除集装箱和厢式半挂车外，还有可脱卸箱体（swap-body）。欧洲的集装箱仅限于国际标准箱，半挂车主要以40 ft为主。

与美国一样，欧洲的多式联运主要也是箱驮运输、驮背运输和滚装运输。

不过与美国不同的是，欧洲没有发展公铁两用挂车，但发展了独特的公铁滚装运输（特指卡车整车直接开上铁路并通过铁路长途运输）。对于整车通过公铁滚装运输，业界存在较多争议，虽然使用频率不高，但还是得考虑周全。

三、欧美多式联运的借鉴意义

1. 提高基础设施衔接水平

依托港口、铁路货运站场，配套建设公路集散分拨中心，打造具有公、铁、水联运功能的综合货运枢纽（物流园区）。

加快推进铁路集装箱中心站建设，超前规划和提升设施设备能力，强化与周边物流园区的无缝对接和紧密合作，提高组货和配送效率。

支持在符合条件的大型综合性物流园区内建设多式联运作业站场，推进物流园区的改造升级。

2. 提升一体化服务能力

支持铁路运输企业通过兼并、重组、收购、参股控股、联盟合作等方式整合公路货运资源，加快向多式联运经营人转变。

鼓励、支持公路运输企业积极主动地对接铁路运输两端业务，强化对铁路最先和最后一公里的接驳和集散服务，构建铁路干线运输和公路末端配送紧密衔接的全程组织链条。

进一步推进大宗物资铁、公、水多种组合方式的联合运输，强化设施设备的无缝衔接。

大力发展以集装箱、半挂车为标准运载单元的公铁、铁水等多式联运，广泛推广甩挂、甩箱作业模式，积极探索发展铁路双层集装箱运输、铁路驮背运输、公铁滚装运输等先进组织方式。

3. 提高货物快速转运效率

重点支持研发和推广应用铁路驮背运输专用平车、半挂车、专用滚装船、公铁两用挂车以及其他多式联运专用载运机具，支持研发和使用大型、高效、节能环保的装卸设备和快速转运设备，减少无效搬倒和装卸次数，提高货物转运效率。

4. 优化多式联运制度环境

加快制定并推广多式联运标准合同范本及适用于国内水路、铁路、公路运输的统一联运提单。

引导推行"一票式"联运服务，推动企业向客户和社会及时发布船期、定舱、班列、车皮、运价、货物动态等相关信息。建立健全多式联运统计指标体系和调查方法，完善铁路、公路、水路联运统计制度和运行监测体系。

5. 强化信息系统互联互通

整合现有铁路、公路、水路运输相关信息系统，统一搭建多式联运公共信息服务平台，提高不同运输方式之间的信息系统对接和数据协同开发水平。

引导、支持运输企业推进信息管理业务全覆盖，加强货物全程实时追踪、信息查询和多式联运运行调度、统计监测、市场分析等系统建设，全面提升公铁水联运的信息化和智能化水平。

资料来源：搜狐网. 集装箱没有改变世界，而是多式联运[EB/OL].（2017-04-20）[2023-01-10]. https://www.sohu.com/a/135151042_170557.

本章习题

第七章 国际物流中的海关实务

学习目标

- 了解海关的性质、任务与权力;
- 了解并熟悉全国通关一体化政策及其流程;
- 了解出入境检验检疫的内容及其职责;
- 了解并掌握进出境报检的一般规定;
- 掌握海关对监管货物报关程序的管理;
- 了解报关的含义、内容及其分类;
- 了解报关单位与报关员的含义。

引导案例

带了肉苁蓉,从容不可能

2023年1月4日,经鉴定,深圳湾海关此前在旅检入境渠道查获的3批植物共24.3千克,实际均为列当科肉苁蓉属肉苁蓉,属于濒危植物。

这3批濒危植物系两天内由3名不同旅客携带入境,均被深圳湾海关关员现场查获。海关关员在对旅客携带的行李物品进行监管查验时发现,行李箱中装有大量细长不规则物品,其外观呈现黄褐色,表面密生窄短鳞叶,疑似肉苁蓉。经送检鉴定为肉苁蓉,属于《濒危野生动植物种国际贸易公约》附录Ⅱ列明保护物种。

海关提醒:根据《中华人民共和国濒危野生动植物进出口管理条例》等法律规定,除持有相关允许进出口证明书外,禁止贸易、携带、邮寄濒危动植物及其制品进出境,情节严重构成犯罪的将依法追究刑事责任。

资料来源:腾讯网. 带了肉苁蓉,从容不可能[EB/OL]. (2023-01-07)[2023-01-14]. https://new.qq.com/rain/a/20230107A05M0200.

第一节 海关管理基础知识

一、海关的性质

《中华人民共和国海关法》(以下简称《海关法》)第二条规定:"中华人民共和国海关是国家的进出关境(以下简称进出境)监督管理机关。海关依照本法和其他有关法律、行政法规，监管进出境的运输工具、货物、行李物品、邮递物品和其他物品（以下简称进出境运输工具、货物、物品），征收关税和其他税、费，查缉走私，并编制海关统计和办理其他海关业务。"

具体可以做以下理解。

（一）海关是中央国家行政机关的组成部分

根据《海关法》第三条规定，国务院设立海关总署，统一管理全国海关。海关在国务院机构序列中属于国务院直属机构。

（二）海关是具备行政执法职能的国家行政机关

作为国家行政机关的一个部门，海关具有行政管理职能。同时，海关也具备非常明显的行政执法职能，故亦可称之为行政执法机关。海关执法的依据是《海关法》和其他有关法律、行政法规。

海关事务属于中央立法事权，立法者为全国人大及其常务委员会和国务院。海关总署也可以根据法律和国务院的法规、决定、命令，制定规章，作为执法依据的补充。省、自治区、直辖市人民代表大会和人民政府不得制定海关法律规范，地方法规、地方规章不是海关执法的依据。

（三）海关是国家进出境监督管理机关

海关实施监督管理的范围是进出关境及与之有关的活动，监督管理的对象是所有进出关境的运输工具、货物、物品。

关境是世界各国海关通用的概念，指适用于同一海关法或实行同一关税制度的领域。在一般情况下，关境的范围等于国境，但对于关税同盟的签署国来说，其关境大于国境，如欧盟。关境同国境一样，包括其领域内的领水、领陆和领空，是一个立体的概念。我国的关境范围是除享有单独关境地位的地区以外的中华人民共和国的全部领域，包括领水、领陆和领空。目前我国的单独关境有香港、澳门和台、澎、金、马单独关税区。在单独关境内，其各自实行单独的海关制度。因此，我国关境小于国境。本教材所称的"进出境"除特指外均指进出我国关境。

二、海关的任务

2017年修订的《海关法》第二条规定："中华人民共和国海关是国家的进出关境监督管理机关。海关依照本法和其他有关法律、行政法规，监管进出境的运输工具、货物、行李物品、邮递物品和其他物品，征收关税和其他税、费，查缉走私，并编制海关统计和办理其他海关业务。"因此，海关有四项基本任务，即监管进出境的运输工具、货物、物品（以下简称海关监管），征收关税和其他税、费（以下简称海关征税），查缉走私（以下简称海关缉私），编制海关统计（以下简称海关统计）。

（一）海关监管

海关监管是指海关在规定的时间期限和特定地域范围内，依法对进出关境的货物、物品和运输工具,通过采取审查单证数据、检查及监控客观事物等措施,对其合法性、真实性进行审查并实施全过程监控的行政执法活动。

(二)海关征税

海关征税的主要内容是依据《海关法》、《中华人民共和国进出口税则》(以下简称《进出口税则》)及其他有关法律、行政法规规定来确定税率、计税办法和完税价格,征收关税和进口环节海关代征税。国家通过对境外生产的货物征收进口关税,提高其进口成本,降低其竞争能力,从而达到保护国内经济的目的。各国对出口货物基本不征收出口关税,通常只对资源性产品征收以达到保护的目的,所以通常说的关税都是指进口关税。

关税的课税对象是进出口货物、进出境物品。关税可以分为正税和附加税。正税,即我们通常说的关税,是按照《进出口税则》中的规定,对不同种类的货物按不同的税率征收的。附加税是在正税的基础上征收的,一般也只对进口货物征收。进口附加税包括反倾销税、反补贴税、保障措施关税和报复性关税等。

为了节省征税人力,简化征税手续,进口货物、物品征收关税的同时,还负责代替国内税务部门征收若干种类的进口环节税,称之为进口环节海关代征税。目前,由海关代征的进口环节税包括增值税和消费税。此外,海关还代交通管理部门征收船舶吨税。

需要指出的是,海关开展征税业务还依赖于商品归类、原产地规则适用、海关估价等基础工作。

(三)海关缉私

《海关法》规定:"国家实行联合缉私、统一处理、综合治理的缉私体制。海关负责组织、协调、管理查缉走私工作。"这一规定从法律上明确了海关打击走私的主导地位以及与有关部门的执法协调。

根据我国的缉私体制,除了海关,公安、工商、税务、烟草专卖等部门也有查缉走私的权力,但这些部门查获的走私案件,必须按照法律规定,统一处理。各有关行政部门查获的走私案件,应当给予行政处罚的,移送海关依法处理;涉嫌犯罪的,应当移送海关侦查走私犯罪公安机构或地方公安机关依据案件管辖分工和法定程序办理。

(四)海关统计

我国海关的统计制度规定,实际进出境并引起境内物质存量增加或者减少的货物,列入海关统计;进出境物品超过自用、合理数量的,列入海关统计。对于部分不列入海关统计的货物和物品,则根据我国对外贸易管理和海关管理的需要,实施单项统计。

1992 年,我国海关总署以国际通用的《商品名称及编码协调制度的国际公约》(*The Harmonized Commodity Description and Coding System*,简称《协调制度》或 HS)为基础,编制了《中华人民共和国海关统计商品目录》(以下简称《统计商品目录》),把税则与统计目录的归类编码统一起来,规范了进出口商品的命名和归类,使海关统计进一步向国际惯例靠拢,满足了我国对外开放和建立社会主义市场经济体制的需要。

总之,海关的四项基本任务是一个统一的、有机联系的整体。监管工作是海关四项基本任务的基础。征税工作所需的数据、资料等是在海关监管的基础上获取的,征税与监管有着十分密切的关系。缉私工作则是监管、征税两项基本任务的延伸。统计工作是在监管、征税工作的基础上完成的，它为国家宏观经济调控提供了准确、及时的信息，同时又对监管、征税等业务环节的工作质量起到检验把关的作用。

三、海关的权力

（一）海关权力的特点

我国海关权力的来源主要是《中华人民共和国宪法》、法律及行政法规的规定。海关权力主要有以下特点。

1. 特定性

《海关法》明确了海关管理进出境活动的主体资格，决定了海关权力具有的特定性。

2. 复合性

海关权力的复合性是指海关依据法律授权行使行政职权的同时，还可以依据法律授权行使一定的立法权和司法权。

3. 强制性

海关管理的相对人对于海关依法所实施的管理活动有服从、接受和协助的义务。

4. 自由裁量性

自由裁量性是指海关在法律所允许的范围内自行判断和选择自己认为正确的行为，从而更加准确地贯彻法律意图和体现公正。

5. 广泛性

海关管理内容涉及政治、经济、文化、社会等诸多方面。海关不仅要面对中国公民，还要面对外国公民或无国籍人，其职能具有广泛性。

（二）海关权力的内容

根据《海关法》及有关法律、行政法规，海关的权力主要包括以下几个方面。

1. 检查权

海关有权检查进出境运输工具，检查有走私嫌疑的运输工具和有藏匿走私货物、物品嫌疑的场所，检查走私嫌疑人的身体。海关对进出境运输工具的检查不受海关监管区域的限制；对走私嫌疑人身体的检查，应在海关监管区和海关附近沿海沿边规定地区内进行；对有走私嫌疑的运输工具和有藏匿走私货物、物品嫌疑的场所，在海关监管区和海关附近沿海沿边规定地区内，海关人员可直接检查，超出此范围，在调查走私案件时，须经直属海关关长或者其授权的隶属海关关长批准，才能进行检查，但不能检查公民住处。

2. 查阅、复制权

海关有权查阅进出境人员的证件，查阅、复制与进出境运输工具、货物、物品有关的合同、发票、账册、单据、记录、文件、业务函电、录音录像制品和其他的有关资料。

3. 查问权

海关有权对违反《海关法》或者其他有关法律、行政法规的嫌疑人进行查问，调查其违法行为。

4．查验权

海关有权查验进出境货物、个人携带进出境的行李物品、邮寄进出境的物品。海关查验货物认为必要时，可以径行提取货样。

5．查询权

海关在调查走私案件时，经直属海关关长或者其授权的隶属海关关长批准，可以查询案件涉嫌单位和涉嫌人员在金融机构、邮政企业的存款、汇款。

6．稽查权

海关在法律规定的年限内，对企业进出境活动及与进出口货物有关的账务、记账凭证、单证资料等有权进行稽查。

7．行政处罚权

海关有权对违法当事人予以行政处罚，包括对走私货物、物品及违法所得处以没收，对有走私行为和违反海关监管规定行为的当事人处以罚款，对有违法情事的报关企业和报关员处以暂停或取消报关资格的处罚等。

8．行政强制权

海关行政强制包括海关行政强制措施和海关行政强制执行。

（1）海关行政强制措施。

① 限制公民人身自由。

- 在海关监管区和海关附近沿海沿边规定地区，对走私犯罪嫌疑人，经直属海关关长或者其授权的隶属海关关长批准，可以扣留，扣留时间不得超过24小时，在特殊情况下可以延长至48小时。
- 个人违抗海关监管逃逸的，海关可以连续追至海关监管区和海关附近沿海沿边规定地区以外，将其带回。
- 受海关处罚的当事人或者其法定代表人、主要负责人在出境前未缴清罚款、违法所得和依法追缴的货物、物品、走私运输工具的等值价款，又未提供担保的，海关可以通知出境管理机关阻止其出境。

② 扣留财物。

- 对违反《海关法》的进出境运输工具、货物、物品以及与之有牵连的合同、发票、账册、单据、记录、文件、业务函电、录音录像制品和其他资料，可以扣留。
- 在海关监管区和附近沿海沿边规定地区内，对有走私嫌疑的运输工具、货物、物品，经直属海关关长或者其授权的隶属海关关长批准，可以扣留。
- 在海关监管区和海关附近沿海沿边规定地区以外，对有证据证明有走私嫌疑的运输工具、货物、物品，可以扣留。
- 进出口货物的纳税义务人、担保人自规定的纳税期限届满之日起超过3个月未缴纳税款的，经直属海关关长或者其授权的隶属海关关长批准，海关可以扣留其价值相当于应纳税款的货物或者其他财产。
- 进出口货物的纳税义务人、担保人自规定的纳税期限届满之日起超过3个月未缴纳税款的，经直属海关关长或者其授权的隶属海关关长批准，海关可以扣留其价值相当于应纳税款的货物或者其他财产。

❑ 对涉嫌侵犯知识产权的货物，海关可以依申请扣留。

③ 冻结存款、汇款。进出口货物的纳税义务人在规定的纳税期限内有明显的转移、藏匿其应税货物以及其他财产迹象，不能提供纳税担保的，经直属海关关长或者其授权的隶属海关关长批准，海关可以通知纳税义务人开户银行或者其他金融机构暂停支付纳税义务人相当于应纳税款的存款。

（2）海关行政强制执行。海关行政强制执行是指在有关当事人不依法履行义务的前提下，为实现海关的有效行政管理，依法强制当事人履行法定义务的行为。

① 加收滞纳金。

❑ 进出口货物的纳税义务人逾期缴纳税款的，由海关征收滞纳金。

❑ 进出口货物和海关监管货物因纳税义务人违反规定造成少征或者漏征税款的，海关可予追征并加征滞纳金。

② 扣缴税款。

进出口货物的纳税义务人、担保人自规定的纳税期限届满之日起超过 3 个月未缴纳税款的，经直属海关关长或者其授权的隶属海关关长批准，海关可以书面通知其开户银行或者其他金融机构从其暂停支付的存款中扣缴税款。

③ 抵缴、变价抵缴。

❑ 进出口货物的纳税义务人、担保人自规定的纳税期限届满之日起超过 3 个月未缴纳税款的，经直属海关关长或者其授权的隶属海关关长批准，海关可以依法变卖应税货物，或者依法变卖其价值相当于应纳税款的货物或者其他财产，以变卖所得抵缴税款。

❑ 进口货物的收货人自运输工具申报进境之日起超过 3 个月未向海关申报的，其进口货物由海关提取依法变卖处理。

（三）海关行使权力的原则

1. 合法性原则

权力的行使要合法，这是行政法的基本原则——依法行政原则的基本要求。按照行政法理论，行政权力行使的合法性至少包括：行使行政权力的主体资格合法，即行使权力的主体必须有法律授权；行使权力必须有法律规范为依据；行使权力的方法、手段、步骤、时限等程序应合法；等等。

2. 合理性原则

行政权力的合理性原则是指权力的行使应该以公平性、合理性为基础，以正义性为目标。

3. 依法独立行使原则

海关实行高度集中统一的管理体制和垂直领导方式，地方海关只对海关总署负责。海关无论级别高低都是代表国家行使管理权的国家机关，海关依法独立行使权力，各地方、各部门应当支持海关依法行使职权，不得非法干预海关的执法活动。

4. 依法受到保障原则

《海关法》规定：海关依法执行职务，有关单位和个人应当如实回答询问并予以配合，任何单位和个人不得阻挠；海关执行职务受到暴力抗拒时，执行有关任务的公安机关和人民武装警察部队应当予以协助。

第二节 全国海关通关一体化

2017 年 7 月 1 日开始，全国海关通关一体化改革全面启动。其主要内容和适用范围包括：第一，2017 年 7 月 1 日起，建成启用全国海关风险防控中心和税收征管中心，在全国口岸所有运输方式进口的《进出口税则》全部章节商品，适用"一次申报、分步处置"通关作业流程和企业自报自缴税款、税收征管要素海关审核后置等改革措施。同步推进全国隶属海关功能化改造。涉及公式定价、特案（包括实施反倾销反补贴措施和保障措施）以及尚未实现电子联网的优惠贸易协定项下原产地证书或者原产地声明的进口报关单，由现场验估岗处置；其中被 H0、H1 或 H2 参数捕中的，按相关流程处置。第二，2017 年 7 月 1 日起，海关总署风险防控中心（上海）、海关总署风险防控中心（青岛）、海关总署风险防控中心（黄埔）分别开展空运货物、水运货物（来往港、澳小型船舶除外）、陆运货物安全准入风险防控。第三，取消专业审单，各区域通关一体化审单中心不再办理相关业务。

2018 年"关检融合"后，检验检疫作业已全面融入全国通关一体化整体框架和流程，逐步实现"统一申报单证、统一作业系统、统一风险研判、统一指令下达、统一现场执法"。

目前，《中华人民共和国海关进出口税则》所涉进出口商品已全部纳入改革范围，所有适用通关作业无纸化的企业均可通过全国通关一体化模式操作。

一、全国通关一体化的含义

全国通关一体化是指企业可以任意选择通关或者报关地点和口岸，在全国任何一个地方都可办理相关手续。

全国通关一体化可以让企业通关成本更低、更便捷。

二、全国通关一体化的具体内容

海关全国通关一体化有两个主要组成部分，即"两个中心"及"三项制度"，具体内容如下。

1. 两个中心

（1）设立上海、黄埔和青岛三个全国覆盖的集中风险防控中心（简称风控中心），分别针对空运货物、陆运货物、水运货物（来往港、澳小型船舶除外），统一对全国所有口岸进口的全部商品开展安全准入风险防控。风控中心将为无纸化通关设置许可证、原产地证、"3C"认证、商检报告等安全准入参数并维护税收征管参数。

（2）设立京津、上海和广州三个全国覆盖的集中税收征管中心（简称税管中心），按照商品和行业分工，统一对全国所有口岸进口的商品针对涉税申报要素的准确性进行验证和处置，重点防控涉及归类、价格、原产地等税收征管要素的税收风险，具体职能分工如表 7-1 所示。

表 7-1 我国税管中心主要职能分工

税管中心	主管进口货物品类	主管进口商品税号
北京、天津	农林、食品、药品、轻工、杂项、纺织类、航空器等商品	共58章（第1～24章、30章、41～67章、88章、93～97章），3461个税号
上海	机电大类（机电、仪器仪表、交通工具类）等商品	共8章（第84～87章、89～92章），2286个税号
广州	化工大类（化工原料、高分子、能源、矿产、金属类）等商品	共31章（第25～29章、31～40章、68～83章），2800个税号

全国海关设立风险防控中心和税收征管中心，统一风险分析防控，集中统一实施税收征管，实现全国海关风险防控、税收征管等关键业务集中、统一、智能处置。

2．三项制度

实施"一次申报、分步处置"、"税收征管方式改革"和"协同监管"三项制度，具体如下。

（1）"一次申报、分步处置"的管理模式将分离安全准入和税收征管作业，第一步由风控中心分析验证货物品名、数重量、禁限类别等准入属性，排查准入风险后企业自缴税款或凭担保先放行货物；第二步由征管中心分析验证货物归类、价格、原产地等税收属性，完成货物放行后的税收征管作业。

（2）"税收征管方式改革"将强化企业如实申报、依法纳税的责任，推动税收征管申报要素的审查由集中在进出口通关环节向全过程转变，由逐票审查确定向抽查审核转变。

（3）"协同监管"制度主要针对隶属海关功能定位和机构设置的差别化，口岸海关将侧重运输工具、货物、物品、监管场所等监管，而主管海关（即进口人/出口人注册地海关）则侧重企业稽查、信用管理等后续监管和合规管理。同时将强化通关监管（即风控中心和税管中心）、稽查、缉私三支执行力量的协同监管，并分别有所侧重。

从三项制度整体来看，全国范围推进通关一体化改革后，对企业的进出口申报管理将分为以下三个步骤。

第一步，放行前核查。风控中心分析货物是否存在禁限管制、侵权、品名规格数量伪瞒报等安全准入风险并下达布控指令，由现场查验人员实施查验。对于存在重大税收风险的，由税管中心实施货物放行前的税收征管要素风险排查处置或安排现场验估岗进行实货验估。

第二步，放行后排查。税管中心在货物放行后对报关单税收征管要素实施批量审核，筛选高风险目标进行核查，并联系企业或通知主管海关统筹实施放行后验估、稽（核）查等作业。

第三步，常规或专项稽查。由主管海关负责通过对企业进行常规或专项稽查来实施后续监管。

实施"一次申报、分步处置"的通关管理模式，主要是对进出口货物完成合法进出口等要素甄别后，先放行货物，其他手续通关后完成。

三、全国通关一体化的好处

对企业来说，全国通关一体化可以使企业能够享受多项红利。

（一）一地进口，多地申报

企业可以自行选择申报点和通关模式，例如企业对于从 A 口岸进口的货物，可以选择在 B 地申报进口。在全国通关一体化改革前，海关申报必须在货物进口口岸进行，或经进口口岸海关批准于主管地海关处进行申报。

（二）海关执法更统一

过去由于各地海关在政策理解和操作上的不一致，经常会出现同一货物在不同口岸被处以不同的征税决定。施行全国海关通关一体化后，三个税管中心将统一审核全国的进出口货物，以往各地海关执法不统一的情况将大为减少。企业可以设立统一的操作流程，集中管理通关业务，从而节约人力成本和运营成本，将更多的精力投放到风险控制和提高管理水平上。

（三）通关效率显著提高

把过去的企业申报、海关审核，尤其是价格、归类、原产地等税收申报要素在口岸上的逐一审核，变为企业自己向海关申报、自主缴税，海关抽查审核，重点放在后续的审查和处理上，做到压缩货物在口岸的滞留时间，节省通关时间，降低通关成本。

四、全国通关一体化改革后的通关流程

（一）全国通关一体化出口流程

1. 预录入

进出口企业根据报关单填制规范，按有纸或通关无纸化方式录入报关单电子数据，并上传随附单证，向海关申报。

2. 电子审单

海关计算机系统对报关单电子数据进行规范性、逻辑性审核，对不能通过审核的电子数据报关单，系统不接受申报；对通过审核且满足一体化逻辑检控条件的电子数据报关单，系统设置相应的报关单标志，相关报关单审核界面均显示"区域一体化"字样。

3. 通道判别、风险分析

系统根据区域风险参数进行风险分析，并根据区域通道参数条件进行判别，对需由人工专业审核的，转审单中心专业审单人员进行审核；不需人工审单的，由计算机自动审结。

4. 人工审单

专业审单关员根据相关作业规范、系统提示的重点审核内容等，对报关单进行人工审核，并根据审核情况确定报关单后续处置方式。

5. 审核通过，审结报关单

（1）审核认为需转至本审单分中心其他岗位或其他审单分中心的，进行"内转"操作；

认为需转至申报地海关接单现场的，进行"外转"操作。

（2）审核认为需要企业补充资料或沟通协商的，进行"挂起"操作。如系统中已维护专业审单关员工号和电话号码，系统告知企业关员的姓氏和联系方式。

（3）审核认为需查验的，可下达布控指令。

（4）审核不通过的，选择"退单"，并告知企业退单原因。

6. 接单审核

审结后的报关单转申报地海关接单现场，按有纸或通关无纸化现有作业规程进行分拣及接单审核处理。

7. 布控查验

申报地海关可在人工审单、现场接单环节下达布控指令，或使用"查验设定"功能下达即决式布控指令。报关单被布控查验后，申报地海关可以直接调取口岸地的舱单信息。查验程序如下。

（1）申报地海关告知企业货物需查验。

（2）企业至口岸地海关查验部门办理查验手续。

（3）口岸地海关根据企业申请安排查验计划，按现有规定细化查验指令，并实施查验，查验完毕后录入查验结果。

8. 货物放行

（1）无查验的，由H2010系统根据电子运抵报告完成报关单自动放行操作。

（2）有查验的，根据查验结果确定后续处置方式。

① 查验正常的，由查验地海关录入查验处理结果，并完成放行作业。如报关单尚未完成相关通关手续的，由申报地海关办结通关手续，并完成放行作业。

② 查验异常的，由申报地海关进行查验后续处理，并通知口岸地海关录入查验处理结果；如需放行的，由申报地海关完成放行作业。

9. 货物出运

海关完成报关单放行后，系统对符合条件的报关单进行自动结关，企业凭海关电子或纸质放行凭证到监管场所办理货物出运手续。

（二）全国通关一体化进口流程

1. 预录入

区域内企业根据报关单填制规范，按有纸或通关无纸化方式录入电子数据报关单、传输随附单证，向海关申报。

2. 电子审单

海关计算机系统对报关单电子数据进行规范性、逻辑性审核。对不能通过规范性审核的电子数据报关单，系统不接受申报；对通过审核且满足一体化逻辑检控条件的电子数据报关单，系统置相应的报关单标志，相关报关单审核界面均显示"区域一体化"字样。

3. 通道判别、风险分析

系统根据区域风险参数进行风险分析，并根据区域通道参数条件进行判别。对由人工专业审核的，转区域审单中心专业审单人员进行审核；不需人工审单的，由计算机自动审结。

4．人工审单

专业审联员根据相关作业规范、系统提示的重点审核内容等，对报关单进行人工审核，并根据审核情况确定报关单后续处置方式。

（1）审核通过的，结报关单。

（2）审核认为转至本审单分中心其他岗位或其他审单分中心的，进行"内转"操作；认为转至申报地海关接单现场的，进行"外转"操作。

（3）审核认为需企业补充资料或沟通协商的，进行"挂起"操作。如系统中已维护专业审单关员号和电话号码，系统告知企业关员姓氏和联系方式。

（4）审核认为需查验的，可下达布控指令。

（5）审核不通过的，选择"退单"，并告知企业退单原因。

5．发送税费指令

涉税报关单审结后，系统向企业发送电子税费缴款通知，企可采用"电子支付"式协理税费缴纳手续。

6．现场接单

结后的报关单转申报地海关接单现场，按有纸或通关无纸化现有作业规程进行分拣及接单审核处理。

7．布控查验

申报地海关可在人工审单、现场接单环节下达即决式布控指令，或使用"查验设定"功能下达即决式布控指令，也可以在查验环节下达二级预定式布控指令。报关单被布控查验后，企业可自主选择在口岸地或申报地实施查验。

（1）口岸地查验。

① 申报地海关告知企业货物需查验。

② 企业至口岸地海关查验部门办理查验手续。

③ 口岸地海关根据企业申请安排查验计划，按现有规定细化查验指令，实施查验，查验完毕后录入查验结果。

（2）申报地查验。

① 申报地海关告知企业货物需查验。

② 企业申报地海关提出转运分流申请。

③ 申报地海关审核同意后，通知口岸地海关办理跨关区转运分流。

④ 口岸地海关同意转运分流的，企业至口岸地海关办理转运分流手续，按转关方式将货物转往申报地海关。

⑤ 转关运抵后，申报地海关按现有规定细化查验指令，并实施查验，查验完毕后录入查验结果。

8．货物放行

（1）无查验的，申报地海关完成放行作业。如口岸地海关已使用新舱单系统，由H2010系统根据电子运抵报告完成报关单自动放行操作。

（2）有查验的，根据查验结果确定后续处置方式。

① 查验正常的，查验地海关录入查验处理结果，完成放行作业。如报关单尚未完成相关通关手续的，申报地海关办结通关手续，完成放行作业。

② 查验异常的，申报地海关进行查验后续处理，并通知口岸地海关录入查验处理结果；如需放行的，由申报地海关完成放行作业。

9. 货物提取

海关完成报关单放行后，企业凭海关电子或纸质放行凭证到监管场所办理货物提取手续。

10. 结关

进口货物放行即结关。

11. 证明联签发

报关单证明联签发作业要求与现有规定相同。

12. 理单

申报地海关完成报关单理单归档作业。如货物在口岸地海关实施查验的，口岸地海关完成纸质《查验记录单》的理单归档。

第三节　出入境检验检疫及其报检

一、出入境检验检疫的内容

出入境检验检疫是指由国家进出境检验检疫部门依据我国有关法律和行政法规以及我国政府所缔结或者参加的国际条约、协定，对进出境的货物、物品及其包装物、交通运输工具、运输设备和进出境人员实施检验检疫的监督管理。

我国出入境检验检疫实行目录管理，即根据对外贸易需要，公布并调整《出入境检验检疫机构实施检验检疫的进出境商品目录》（以下简称《法检目录》）。《法检目录》所列名的商品称为法定检验商品，即国家规定实施强制性检验的进出境商品。

我国进出境检验检疫制度内容包括进出口商品检验制度、进出境动植物检疫制度以及国境卫生监督制度。

（一）进出口商品检验制度

国家质量监督检验检疫总局及其口岸进出境检验检疫机构对进出口商品依法进行品质、质量检验和监督管理。

进出口商品检验检疫的内容包括商品的质量、规格、数量、重量、包装以及是否符合安全、卫生的要求。我国商品检验的种类分为四种，即法定检验、合同检验、公证鉴定和委托检验。

（二）进出境动植物检疫制度

根据《中华人民共和国进出境动植物检疫法》及其实施条例的规定，国家质量监督检验检疫总局及其口岸进出境检验检疫机构对进出境动植物，动植物产品生产、加工、存放过程实行动植物检疫。其主要目的是为了防止动物传染病、寄生虫病和植物危险性病、虫、杂草以及其他有害生物传入、传出国境，保护农、林、牧、渔业生产和人体健康，促进对外经济贸易的发展。

动植物检疫监督管理的方式有：实行注册登记、疫情调查、检测和防疫指导等。其管理流程主要包括：进境检疫、出境检疫、过境检疫、进出境携带和邮寄检疫以及进出境运输工具检疫等。

（三）国境卫生监督制度

进出境检验检疫机构根据《中华人民共和国国境卫生检疫法》及其实施细则，以及国家其他的卫生法律、法规和卫生标准，在进出口口岸，对进出境的交通工具、货物、运输容器以及口岸辖区的公共场所、环境、生活设施、生产设备进行卫生检查、鉴定、评价和采样检验。其主要目的是为了防止传染病由国外传入或者由国内传出，实施国境卫生检疫，保护人体健康。其监督职能主要包括：进出境检疫、国境传染病检测、进出境卫生监督等。

二、出入境检验检疫的职责

出入境检验检疫的职责范围主要包括以下三方面。

（1）对《法检目录》所列名的进出境商品，进行强制性检验。

（2）对于法定检验以外的进出境商品是否需要检验，由对外贸易当事人决定。对外贸易合同约定或者进出口商品的收发货人申请检验检疫时，检验检疫机构可以接受委托，实施检验检疫并制发证书。此外，检验检疫机构对法检以外的进出口商品，可以以抽查的方式予以监督管理。

（3）对关系国计民生、价值较高、技术复杂或涉及环境及卫生、疫情标准的重要进出口商品，收货人应当在对外贸易合同中约定，在出口国装运前进行预检验、监造或监装，以及保留到货后最终检验和索赔的条款。

出入境检验检疫制度是我国贸易管制制度的重要组成部分，其目的是为了维护国家声誉和对外贸易有关当事人的合法权益，保证国内的生产，促进对外贸易健康发展，保护我国的公共安全和人民生命财产安全等，是国家主权的具体体现。

三、报检的含义

报检是指有关当事人根据法律、行政法规的规定，对外贸易合同的约定或证明履约的需要，向海关申请检验、检疫、鉴定，以获准出入境或取得销售使用的合法凭证及某种公证证明所必须履行的鉴定程序和手续。

我国自 2000 年 1 月 1 日起，一直实施"先报检，后报关"的检验检疫货物通关制度。但到了 2018 年 4 月，为了贯彻落实国务院机构改革的要求，进一步优化营商环境，促进贸易便利化，海关全面接管原质检总局下的出入境检验检疫工作，新的检验检疫制度按照《海关总署关于修改部分规章的决定》（海关总署令 2018 年 238 号）来执行。报关报检全面实现"三个一"的融合，企业可以通过"单一窗口"（包括通过"互联网+海关"接入"单一窗口")报关报检合一界面向海关一次申报、一次查验、一次放行。

海关总署主管全国报检企业的管理工作。主管海关负责所辖区域报检企业的日常监督管理工作。

四、报检的范围

根据国家法律、行政法规的规定和目前我国对外贸易的实际情况,出入境检验检疫的报检范围主要包括以下三个方面。

（一）法律、行政法规规定必须经检验检疫的

根据《商检法》及其实施条例、《中华人民共和国进出境动植物检疫法》及其实施条例、《中华人民共和国国境卫生检疫法》及其实施细则、《中华人民共和国食品安全法》及其实施条例等有关法律、行政法规的规定,以下对象在出入境时必须向海关报检,由海关实施检验检疫或鉴定工作。具体报检范围如下。

（1）列入《法检目录》内的货物。
（2）入境废物、进口旧机电产品。
（3）出口危险货物包装容器的性能检验和使用鉴定。
（4）进出境集装箱。
（5）进境、出境、过境的动植物,动植物产品及其他检疫物。
（6）装载动植物、动植物产品和其他检疫物的装载容器、包装物、铺垫材料,进境动植物性包装物、铺垫材料。
（7）来自动植物疫区的运输工具,装载进境、出境、过境的动植物、动植物产品及其他检疫物的运输工具。
（8）进境拆解的废旧船舶。
（9）出入境人员、交通工具、运输设备以及可能传播检疫传染病的行李、货物和邮包等物品。
（10）旅客携带物（包括微生物、人体组织、生物制品、血液及其制品、骸骨、骨灰、废旧物品和可能传播传染病的物品以及动植物、动植物产品和其他检疫物）和携带伴侣动物。
（11）国际邮寄物（包括动植物、动植物产品和其他检疫物、微生物、人体组织、生物制品、血液及其制品以及其他需要实施检疫的国际邮寄物）。
（12）其他法律、行政法规规定需经海关实施检验检疫的其他应检对象。

案例分析

《法检目录》内商品不如实申报案

【案情】2019年12月12日,某公司委托代理公司向海关申报出口一批牙刷、蜡锅、袜子等货物,但宁波海关在实施现场查验时未发现袜子等申报货物,反而发现另有多项未

申报的货物，其中口红、眉笔、睫毛膏等化妆品均属于法检商品，出口须经过检验。该公司对法定检验的出口商品不予报检的行为涉嫌逃避出口商品检验，根据《中华人民共和国进出口商品检验法》第三十三条及其实施条例第四十六条第一款的有关规定，宁波海关对该公司实施了相应的行政处罚。

【分析】在进出口环节，行政相对人对于列入目录的进出口商品以及法律、行政法规规定须经出入境检验检疫机构检验的其他进出口商品，负有如实报检的法律义务。调查发现，该类案件的起因主要有以下三类。

1. 部分企业法律知识匮乏

该类案件主要违法主体大多属于中小微企业，企业负责人、管理人员对海关检验检疫法律法规掌握不全面、理解不到位，以致出现违法事实时还不知自己已经违法。

2. 个别企业法治意识淡薄

目前海关监管模式实施的是抽批检验检疫，个别不诚信企业出于自身利益的考虑，无视法律制度的权威，主观存在侥幸心理，故意不申报，企图蒙混过关，凸显了其法律意识的淡漠和诚信意识的缺乏。

3. 对相关政策规定了解不够

少数企业由于不了解相关政策和服务措施等原因，存在怕检验检疫流程时间长而影响通关的思想顾虑，采取了不如实申报等方式，造成了违法。

【警示】对于通过伪瞒报、夹藏、夹带等方式逃避法定检验，或出口掺杂掺假、以假充真、以次充好或者以不合格冒充合格的违法、失信企业，海关不仅给予行政处罚，符合刑事立案标准的，将移送司法机关追究刑事责任。出口企业应当主动学习相关的海关检验检疫法律法规，加强内部管理，做到知法、懂法、守法，将海关法律法规作为规范自身的行为准则。否则，既影响正常生产经营，又要遭受法律制裁。

资料来源：关中海关. 海关检验检疫行政处罚常见案例解析[EB/OL].（2020-11-04）[2023-01-14]. https://mp.weixin.qq.com/s/Shfa8VAnbhvrr_tEHCKCfA.

（二）输入国家或地区规定必须凭检验检疫证书方准入境的

有的国家发布法令或政府规定要求，对某些来自中国的入境货物须凭海关签发的证书方可入境。如一些国家和地区规定，对来自中国的动植物、动植物产品，凭我国海关签发的动植物检疫证书以及有关证书方可入境。

又如欧盟、美国、日本等一些国家或地区规定，从中国输入货物的木质包装，装运前要进行热处理或熏蒸等除害处理，并由我国海关或经海关认可的有资质单位加施 IPPC 标识（国际上通用的标识，意思是木包装已经过处理）或出具检验检疫证书，入境时凭 IPPC 标识或检验检疫证书验放货物。

因此，凡出口货物输入国家和地区有此类要求的，报检人须报经检验检疫机构实施检验检疫或进行除害处理，取得相关证书或标识。

（三）有关国际条约规定须经检验检疫的

随着加入世界贸易组织和其他地区域性经济组织，我国已成为一些国际条约、公约和协定的成员。此外,我国还与世界上几十个国家缔结了有关商品检验或动植物检疫的双边协定、协议。认真履行国际条约、公约、协定或协议中的检验检疫条款是我们的义务,如根据双边协定,输往塞拉利昂、埃塞俄比亚、埃及等国家的商品,都必须向海关报检,并取得装运前检验证书后才允许出口。因此,凡国际条约、公约或协定规定须经我国海关实施检验检疫的出入境货物,报检人必须向海关报检,由海关实施检验检疫。

五、进出境货物报检的一般规定

下面以一般货物的报检要求为主,分别阐述进出境货物报检的一般规定。

(一)出境货物报检的一般规定

出境货物检验检疫流程可概括为以下环节:报检(审单)→施检部门接单→现场查验或取样检验、检疫、鉴定、除害处理,出具检验检疫结果→检务审单→计费(收费)→出证。

出境货物的检验检疫工作是先检验检疫,后通关放行,即法定检验检疫的出境货物的发货人或者其代理人向检验检疫机构报检,检验检疫机构受理报检和计收费后,转检验检疫部门实施检验检疫。对产地和报关地不一致的出境货物,检验检疫机构出具出境货物换证凭单,由报关地检验检疫机构换发出境货物通关单。对产地和报关地相同的出境货物,经检验检疫合格的,检验检疫机构出具出境货物通关单。出境货物经检验检疫不合格的,出具出境货物不合格通知单。

1. 出境货物报检的时限和地点要求

凡经检验不合格的货物,一律不得出口。在出口货物托运环节中,未经检验合格是不能装船出运的,因而在托运的同时即应办理报检。出境货物最迟应在出口报关或装运前7天报检,对于个别检验检疫周期较长的货物,应留有相应的检验检疫时间。法定检验检疫货物,除活动物须由口岸检验检疫机构检验检疫外,原则上应坚持产地检验检疫。

2. 出境货物报检的手续要求

具体手续要求有如下四项。

(1)报检单位首次报检时须先办理备案登记手续,取得报检单位代码。代理报检的,应有委托书。委托书由委托人按检验检疫机构规定的格式填写。

(2)在申请报检时,应填制出境货物报检单,向检验检疫机构申请报检。每份报检单限填一批货物。特殊情况下,对批量小、使用同一运输工具、运往同一地点、有同一收货人与发货人、使用同一报关单的同类货物,可填写一份报检单。

(3)应附资料包括合同、信用证、厂检单或检验检疫机构出具的换证凭单(正本)、包装性能合格单、发票、装箱单等。随附单据必须真实、合法、有效。随附单据为复印件的,应加盖货主单位的公章或报检专用章。代理报检的,也可加盖代理报检单位的公章或报检专用章。法定商品检验的出境货物,应由生产单位或货主检验(或验收)合格,并出具有效的厂检合格单或验收单。

(4)在一些规定的情况下还需提供相应的文件。例如,实施质量许可证管理的货物,应提供质量许可证副本,并在报检单上注明质量许可证号,同时提供厂检合格证;法定商品检验的出境货物,其运输包装应提交与实际包装容器(包括种类、规格、包装编号)相符的包装性能检验结果单;等等。

3．出境货物的出运期限及有关检验检疫证单的有效期

检验检疫机构签发的证单一般以检验检疫完毕日期(验讫日期)作为签发日期。出境货物的出运期限及有关检验检疫证单的有效期为:一般货物为60天;植物和植物产品为21天,北方冬季可适当延长至35天;鲜活类货物为14天;信用证要求装运港装船时检验,签发证单日期为提单日期前3天内签发(含提单日)。

(二)进境货物报检的一般规定

进境货物的检验检疫流程一般为:报检(审单)→计费(收费)→施检部门接单→现场查验或取样→检验检疫、鉴定、除害处理→出具检验检疫结论→检务审单→出证。

进境货物报检的一般规定为:法定检验检疫进境货物的货主或其代理人首先向卸货口岸或到达站的检验检疫机构报检;检验检疫机构受理报检,转施检部门签署意见,计收费,对来自疫区、可能传播检疫传染病、动植物疫情及可能夹带有害物质的进境货物的交通工具或运输包装实施必要的检疫消毒、卫生除害处理后,签发入境货物通关单供报检人办理海关的通关手续;货物通关后,进境货物的货主或其代理人须在检验检疫机构规定的时间和地点到指定的检验检疫机构联系对货物实施检验检疫,经检验检疫合格的进境货物,签发进境货物检验检疫证明,经检验检疫不合格的进境货物,签发检验检疫处理通知书,需要索赔的进境货物,签发检验检疫证书。

1．进境货物检验检疫报检方式

进境货物检验检疫报检方式可分为三类:进境一般报检、进境流向报检和异地施检报检。

(1)进境一般报检。进境一般报检是指法定检验检疫进境货物的货主或其代理人,持有关单证向卸货口岸检验检疫机构申请取得入境货物通关单,并对货物进行检验检疫的报检。对进境一般报检业务而言,签发入境货物通关单和对货物的检验检疫都由口岸检验检疫机构完成,货主或其代理人在办理完通关手续后,应主动与检验检疫机构联系落实施检工作。

(2)进境流向报检。进境流向报检亦称口岸清关转异地进行检验检疫的报检,是指法定检验检疫进境货物的收货人或其代理人持有关证单在卸货口岸向口岸检验检疫机构报检,获取入境货物通关单并通关后由进境口岸检验检疫机构进行必要的检疫处理,货物调往目的地后再由目的地检验检疫机构进行检验检疫监管。申请进境流向报检货物的通关地与目的地属于不同辖区。

案例分析

进境流向货物逃检案

【案情】2019年12月23日,宁波某公司委托代理公司向上海浦东机场海关报关进口一批碳钢管,申报目的地为宁波市鄞州区。该批货物属于进境流向货物,但该公司未及时联系鄞州海关实施目的地检验。货物口岸通关后被运至该公司厂区,在未落实法定检验的

情况下即被拆箱使用。依据《中华人民共和国进出口商品检验法》第三十三条规定，鄞州海关依法对该公司予以罚款处罚。

【分析】何为进境流向货物的目的地检验？进境流向货物必然涉及两个海关辖区，即入境口岸海关和目的地海关，法律法规已经清晰地界定了两者的职责，除大宗散装商品、易腐烂变质商品、可用作原料的固体废物以及已发生残损、短缺的商品在卸货口岸检验外，法定检验的进口商品应当在收货人报检时申报的目的地检验。在实践中，造成进境流向货物逃检的原因有以下几个方面。

1. 企业对相关法律条文理解不到位

曲解了法律法规中"经检验"的含义，误以为在口岸海关进行报关即实施了检验检疫，不知晓货物运抵目的地后还需申请检验。

2. 企业诚信守法意识有待提高

对进口法检商品须经检验检疫合格方可使用的规定没有足够重视，对自身行为可能带来的危害考虑不周，一定程度上仍存侥幸心理，受经济利益驱动实施违法行为。

3. 有的代理报关企业未尽责

未将进境流向货物须在口岸通关进境后 20 日内向目的地海关申请法定检验的要求告知收货人，致使收货人在不知情的情况下造成逃检。

【警示】列入《法检目录》的进口商品必须接受检验，未经检验的，不准销售、使用。如果将必须经检验的进口商品，未报经检验而擅自销售或者使用的，依法要承担相应的法律责任。一旦擅自使用的进口商品经检验不合格，将直接导致企业遭受经济损失，不利于开展后续的对外索赔，甚至会导致损害国家利益、社会公共利益的严重后果。相关企业要从这类案件中吸取教训，切勿以生产急需等为由擅自使用。

资料来源：关中海关. 海关检验检疫行政处罚常见案例解析[EB/OL]. （2020-11-04）[2023-01-14]. https://mp.weixin.qq.com/s/Shfa8VAnbhvrr_tEHCKCfA.

（3）异地施检报检。异地施检报检是指已在卸货口岸完成进境流向报检，货物到达目的地后，该批进境货物的货主或其代理人在规定的时间内，向目的地检验检疫机构申请进行检验检疫的报检。进境流向报检只在卸货口岸对装运货物的运输工具和外包装进行了必要的检疫处理，并未对整批货物进行检验检疫，因此只有当检验检疫机构对货物实施了具体的检验检疫，确认其符合有关检验检疫要求及合同、信用证的规定后，货主才能获得相应的准许进口货物销售使用的合法凭证，完成进境货物的检验检疫工作。异地施检报检时应提供口岸检验检疫机构签发的入境货物调离通知单。

2. 进境货物报检时间限制

进境货物报检时间限制的规定具体如下。

（1）申请货物品质检验和鉴定的，一般应在索赔有效期到期前不少于 20 天内报检。

（2）输入其他动物的应当在进境前 15 天报检。

（3）输入植物、种子、种苗及其他繁殖材料的，应当在进境前 7 天报检。

（4）动植物性包装物、铺垫材料进境时应当及时报检。

（5）运输动植物、动植物产品和其他检疫物过境的，应当在进境时报检。

（6）进境的集装箱货物、废旧物品在到达口岸时，必须向检验检疫机构报检并接受检疫，经检疫或实施消毒、除鼠、除虫或其他必要的卫生处理合格的，方准进境。

（7）输入微生物、人体组织、生物制品、血液及其制品或种畜、禽及其精液、胚胎、受精卵的，应当在进境前30天报检。

案例分析

入境货物木质包装擅自运递案

【案情】2019年7月5日，某公司委托代理公司向宁波海关申报进口一批高密度聚乙烯HDPE货物，并申报该批货物木质包装情况为天然木托396件。海关查验人员对该批货物实施木质包装现场查验，发现该公司在未经许可的情况下，擅自将部分货物连同木质包装运离港区，并无法再提回查验。宁波海关依法对该公司实施了行政处罚。

【分析】进境木质包装作为境外有害生物传入我国的主要载体之一，携带各种有害生物，危害国家农林生态安全，历来是口岸检疫防控的重点。近年来发现的违规情况，主要有以下几方面的原因。

（1）贸易双方缺乏检疫常识，对木质包装的申报不重视。

（2）贸易相关方缺乏沟通和跟踪，特别是对国际物流仓储、装运环节中加固、支撑用木质包装相关信息沟通不畅。

（3）报关工作存在失误，少数报关人员存在漏报或错报行为。

对于未按照规定向海关报检、报检与实际情况不符、未经海关许可擅自将木质包装货物卸离运输工具或者运递的，海关将依照《中华人民共和国进出境动植物检疫法》及其实施条例的相关规定予以行政处罚；对于未经海关许可，擅自拆除、遗弃木质包装的，未按海关要求对木质包装采取除害或者销毁处理的，伪造、变造、盗用IPPC专用标识的，由海关处以3万元以下罚款。

【警示】进口企业应增强自我防范意识和防控能力，在签订贸易合同时，应明确提出木质包装检验检疫及除害处理的要求，约定相应的违约责任条款。另外，还应及时了解木质包装的相关规定，如不清楚相关规定应及时向海关咨询。入境货物在使用木质包装时要注意核对，避免无意违法给自身带来不必要的损失。

资料来源：关中海关. 海关检验检疫行政处罚常见案例解析[EB/OL].（2020-11-04）[2023-01-14]. https://mp.weixin.qq.com/s/Shfa8VAnbhvrr_tEHCKCfA.

3. 进境货物报检地点限制

进境货物报检地点限制的规定具体如下。

（1）法律法规规定必须经检验检疫机构检验的进口商品的收货人或者其代理人，应当向报关地检验检疫机构报检；审批、许可证等有关政府批文中规定了检验检疫地点的，在规定的地点报检。

（2）大宗、散装进口货物的鉴重及合同规定凭卸货口岸检验检疫机构的品质、重量检验证书作为计算价格、结算货款的货物，应向卸货口岸或到达站检验检疫机构报检。

（3）进口粮食、原糖、化肥、硫黄和矿砂等散装货物，按照国际贸易惯例，应在卸货口岸报检，并须在目的地口岸承载货物的船舱内或在卸货过程中，按有关规定抽取代表性样品进行检验。

（4）进口化工原料和化工产品分拨调运后，不易按原发货批号抽取代表性样品的，应在卸货口岸报检。

（5）在国内转运过程中，容易造成水分挥发、散失或易腐易变的货物，应在卸货口岸报检。

（6）在卸货时，发现货物残损或短少时，必须向卸货口岸或到达站检验检疫机构报检。

（7）需要结合安装调试进行检验的成套设备、机电仪器产品以及在卸货口岸开箱检验难以恢复包装的货物，可以向收、用货人所在地检验检疫机构报检。

（8）输入动植物、动植物产品和其他检疫物的，应向进境口岸检验检疫机构报检，并由口岸检验检疫机构实施检疫。

（9）进境后需办理转关手续的检疫物，除活动物和来自动植物疫情流行国家或地区的检疫物须由进境口岸检疫外，其他均应到指定检验检疫机构报检，并实施检疫。

4．进境货物报检须提供的相应单据和文件

进境货物报检时，应填写入境货物报检单，并提供外贸合同、发票提（运）单、装箱单等有关单证。一些情况下还需提供相应的单据和文件，例如，凡实施安全质量许可、卫生注册、强制性产品认证、民用商品验证或其他须经审批审核的货物，应提供有关审批文件，并在报检单上注明文件号；又如，报检进境旧机电产品的，还应事先申请旧机电产品备案，报检时提供与进口旧机电产品相符的进口许可证明，等等。

案例分析

在取得检验检疫合格证明前未经海关许可擅自动用进口食品案

【案情】2019年8月12日，某公司委托代理公司向海关申报进口一批碧根果，并于2019年8月20日申报出区。在这批货物未完成检验检疫流程且未获得《入境货物检验检疫证明》的情况下，该公司于2019年8月20日将这批进口坚果擅自提离海关监管场所，并存放于杭州某仓库。该公司的行为构成违法，海关根据《中华人民共和国进出口食品安全管理办法》第五十二条对该公司予以处罚。

【分析】食品进口商在进口食品环节负有依法报检、中文标签合规审查等法律义务，未依法履行上述义务的，可能构成违法，会受到海关的惩处。根据《中华人民共和国进出口食品安全管理办法》第十七条规定，进口食品在取得检验检疫合格证明前，应当存放在海关指定或者认可的场所，未经海关许可，任何单位和个人不得动用。上述违法行为的出现，主要是企业对相关的进出口法律法规和检验检疫程序规定不了解，片面地认为检验检疫只是对产品开箱验货，对进口食品须经检验检疫合格并取得检验检疫合格证明后方可销售、使用的规定没有引起足够重视。

【警示】食品进口商应加大对《中华人民共和国食品安全法》《中华人民共和国进出口

食品安全管理办法》等法律法规的学习，及时了解进口食品检验检疫的相关政策和规定，自觉守法，积极配合海关完成检验检疫工作流程，切勿以生产经营急需等为由擅自销售、使用，避免因违法造成不必要的处罚损失。

资料来源：关中海关. 海关检验检疫行政处罚常见案例解析[EB/OL].（2020-11-04）[2023-01-14]. https://mp.weixin.qq.com/s/Shfa8VAnbhvrr_tEHCKCfA.

第四节 海关对国际货物的监管

一、海关监管货物的含义及其分类

（一）海关监管货物的含义

海关监管货物是指自进境起到办结海关手续止的进口货物、自向海关申报起到出境止的出口货物，以及自进境起到出境止的过境、转运和通运货物。

（二）海关监管货物的分类

按货物进出境的不同目的，海关监管货物可以分成以下五大类。

1．一般进出口货物

一般进出口货物指从境外进口，办结海关手续直接进入国内生产或流通领域的进口货物，以及按国内商品申报，办结出口手续到境外生产、消费领域流通的出口货物。也就是说，一般进出口货物是指在进出境海关监管环节缴纳了应征的进出口税费，并办结了必要的海关手续，海关放行后不再进行监管的进出口货物。

一般进出口货物的监管期限为：进口货物，自货物进境时起到海关放行止；出口货物，自向海关申报起到出境止。

一般进出口货物通关适用于海关放行后可永久留在境内或境外，不能享受特定减免税优惠的实际进出口货物。也就是说，货物不论通过何种进出口方式、进出口渠道，只要是不享受特定减免税优惠的实际进出口，均应按一般进出口货物通关规则，办理进出口海关手续。

小提示：一般进出口货物与一般贸易货物的区别

"一般进出口"是海关的一项监管制度，也就是说，按照"一般进出口监管制度"办理海关手续的货物就是一般进出口货物。一般进出口货物并不等同于一般贸易货物。一般进出口是海关业务中的一种监管制度，一般贸易是国际贸易中的一种交易方式。一般贸易货物在进口后按照一般进出口监管制度办理海关手续，就是一般进出口货物；若符合减免税的条件按照减免税监管制度办理海关手续，它就是特定减免税货物；若经海关批准保税即称为保税货物。

2．保税货物

保税货物指经海关批准未办理纳税手续而进境，在境内储存、加工、装配后复运出境的货物。此类货物又分为保税加工货物和保税物流货物两类。

保税货物的监管期限为：自货物进入关境起，到出境最终办结海关手续，或转为实际进口最终办结海关手续止。也就是说，保税货物自进境之日起就必须在海关的监管之下，其在境内的运输、储存、加工、装配都必须接受海关监管，直到复运出境或改变性质办理正式进口手续为止。

3. 特定减免税货物

特定减免税货物指经海关依据有关法律准予免税进口的用于特定地区、特定企业、有特定用途的货物。这些货物进口享受减免税的优惠待遇，在海关规定的监管期限内只能在规定范围内使用，在海关规定的期间内经海关批准，出售、转让或移作他用应按照规定折旧补缴进口关税和进口环节国内税。

特定减免税货物的监管期限为：自货物进入关境起，到监管年限期满海关解除监管或办理纳税手续止。

4. 暂准进出境货物

暂准进出境货物指经海关批准，凭担保进境或出境，在境内或境外使用后，原状复运出境或进境的货物。

暂准进出境货物的监管期限为：进境货物自进入关境起到复运出境，或转为实际进口止；出境货物自出境起到复进入关境，或转为实际出口止。

5. 其他进出境货物

其他进出境货物指由境外起运，通过中国境内继续运往境外的货物，以及其他尚未办结海关手续的进出境货物。

其他进出境货物的监管期限为：进境货物自进入关境起到复出境，或最终办结海关手续止；出境货物自出境起到复进入关境，或最终办结海关手续止。

二、海关对监管货物报关程序的管理

报关程序是指进出口货物收发货人、运输工具负责人、物品所有人或其代理人按照海关的规定，办理货物、物品、运输工具进出境及相关海关事务的手续和步骤。

从海关对进出境货物进行监管的全过程来看，报关程序按时间先后可以分为三个阶段：前期管理阶段、进出境管理阶段、后续管理阶段。

（一）前期管理阶段

前期管理阶段是指根据海关对保税货物、特定减免税货物、暂准进出口货物等的监管要求，进出口货物收发货人或其代理人在货物进出境以前，向海关办理上述拟进出口货物合同、许可证等的备案手续的过程。前期管理阶段适用于保税加工进出口货物、特定减免税货物、进出境展览品。

在前期管理阶段中，进出口货物收发货人或其代理人应当监管类别，分别完成相应的工作。

（1）保税货物。进出口货物收发货人或其代理人应当办理加工贸易备案手续，申请建立电子的或纸质的登记手册。

（2）特定减免税货物。进口货物收货人或其代理人应当办理企业的减免税申请、减免税证明的申领手续。

（3）暂准进出口货物。暂准进出口货物中的展览品实际进境之前，进境货物收货人或其代理人应当办理展览品进境备案申请手续。

（4）其他进出境货物中的出料加工货物。在实际出境之前，出境货物发货人或其代理人应当办理出料加工的备案手续。

（二）进出境管理阶段

进出境管理阶段是指根据海关对进出境货物的监管制度，进出口货物收发货人或其代理人在进口货物进境时、出口货物出境时，向海关办理进出口申报、配合查验、缴纳税费、提取或装运货物手续的过程。进出境管理阶段适用于所有的进出境货物。

接受申报、查验、征税和放行制度是海关监管进出境管理阶段的基本制度。从海关方面来看，海关对进出口货物的监管的业务程序是：接受申报、查验货物、征收税费、结关放行。作为进出境货物的收发货人，其相应的报关手续应为：提出申报、接受查验、缴纳税费、凭单取货或装船出运。

1. 申报

进出口申报指进口货物的收货人、出口货物的发货人或其代理人在《海关法》规定的期限内，按照海关规定的形式，向海关报告进出口货物的情况，提请海关按其申报的内容放行进出口货物的工作环节。其具体手续应当由报关员办理。申报与否，包括是否如实申报，是区别走私与非走私的重要界限之一。

进出口货物收发货人或其代理人将报关单内容录入海关电子计算机系统，生成电子数据报关单。海关审结电子数据报关单后，进出口货物收发货人或其代理人应当自接到海关"现场交单"或"放行交单"通知之日起 10 日内，持打印的纸质报关单，备齐规定的随附单证并签名盖章，到货物所在地海关提交书面单证，办理相关海关手续。

2. 交验货物与海关查验

进出口货物在通过申报环节后，即进入查验环节。申报进出口的货物经海关决定查验时，进口货物的收货人、出口货物的发货人，或者办理进出口申报具体手续的报关员应到达查验现场，配合海关查验货物，并负责按照海关的要求搬移、开拆或重封被查验的货物。

海关查验是指海关依法为确定进出境货物的品名、规格、成分、原产地、货物状态、数量和价格是否与货物申报内容相符，对货物进行实际检查的行政执法行为。即通过对进出口货物进行实际的核查，确定单货、证货是否相符，有无瞒报、伪报和申报不实等走私违规行为，并为今后的征税统计和后续管理提供可靠的监管依据。

进出口货物除海关批准免验的以外，都应接受海关的查验。查验进出口货物应当在海关规定的时间和场所进行。如果要求海关在海关监管场所以外的地方查验，应当事先报请海关同意，海关按规定收取规费。海关认为必要时，可以径行开验、复验或提取货样。海关确定查验后，由现场接单关员打印查验通知单，必要时制作查验关封交报关员。查验结束后，由陪同人员在查验记录单上签名、确认。

海关查验部门自查验受理时起,到实施查验结束,反馈查验结果最多不得超过48小时,出口货物应于查验完毕后半个工作日内予以放行。查验过程中,发现有涉嫌走私、违规等情况的,不受此时限限制。

海关在查验进出境货物时,损坏被查验的货物的,应当赔偿实际损失。此时,由海关关员如实填写《查验货物、物品损坏报告书》并签字。

3. 征税

征税是指海关根据国家的有关政策、法规,对进出口货物征收关税及进口环节的税费(海关代征税)。

按照规定,进口货物的收货人、出口货物的发货人、进出境物品的所有人是关税的纳税义务人;同时,有权经营进出口业务的企业也是法定纳税人。纳税人应当在海关签发税款缴纳证的次日起7日内,向指定银行缴纳税款;逾期不缴纳的,由海关自第8日起至缴清税款日止,按日征收税款总额1‰的滞纳金;对超过3个月仍未缴纳税款的,海关可责令担保人缴纳税款或者将货物变价抵缴,必要时,可以通知银行在担保人或纳税人的存款内扣除。

4. 海关放行与提取或装运货物

放行就是海关对货物、运输工具、物品查验后,在有关单据上签印放行,或者开具放行通知单,以示海关监督结束。

提取货物是指进口货物的收货人或其代理人在办理了进口申报、配合查验、缴纳税费等手续,海关决定放行后凭海关加盖"放行章"的进口提货凭证(在无纸通关方式中,也可凭海关通过计算机发送的放行通知书),提取进口货物。

装运货物是指出口货物的发货人或其代理人在办理了出口申报、配合查验、缴纳税费等手续,海关决定放行后,凭海关加盖"放行章"的出口装货凭证(在无纸通关方式中,也可凭海关通过计算机发送的放行通知书),通知港区、机场、车站及其他有关单位装运出口货物。

放行是口岸海关监管现场作业的最后一个环节。口岸海关在接受进出口货物的申报后,经过审核报关单据、查验实际货物,并依法办理了征收货物税费手续或减免税手续后,在有关单据上签盖"放行章",海关的监管行为结束。在这种情况下,放行即为结关。进口货物可由收货人凭以提取、发运,出口货物可以由发货人装船、起运。

对于保税加工贸易进口的货物、经海关批准减免税或缓纳税款的进口货物、暂时进出口货物、转关运输货物以及在其他口岸海关未缴纳税款的进口货物,口岸海关接受申报以后,经审核单证符合规定的,即可以放行转为后续管理。另外,进出口货物因各种原因需海关特殊处理的,可向海关申请担保放行。海关对担保的范围和方式均有明确的规定。

通常,海关办理放行手续有两种方式。

(1)签印放行。一般进出口货物,报关人如实向海关申报并如数缴清应纳税款和有关费用,海关关员应在有关进出口货运单据上签盖"放行章",进口货物凭以到海关监管仓库提货进境,出口货物凭以装货起运出境。

(2)销案。按照海关担保管理办法的进口货物或暂时进口货物,在进口收货人全部履行了承担的义务后,海关应准予销案。这意味着取得了海关的最后放行。

（三）后续管理阶段

后续管理阶段是指根据海关对保税货物、特定减免税货物、暂准进出口货物等的监管要求，进出口货物收发货人或其代理人在货物进出境储存、加工、装配、使用维修后，在规定的期限内，按照规定的要求，向海关办理上述进出口货物核销、销案、申请解除监管等手续的过程。后续管理阶段适用于保税货物、特定减免税货物、暂准进出境货物。

在后续管理阶段中，进出口货物收发货人或其代理人应当监管类别，分别完成相应的工作。

（1）保税货物。进口货物收货人或其代理人应当在规定时间内办理申请保税货物核销手续。

（2）特定减免税货物。进口货物收货人或其代理人应当在海关监管期满，或者在海关监管期内经海关批准出售、转让退运、放弃并办妥有关手续后，向海关申请办理解除海关监管的手续。

（3）暂准进出口货物。进出口货物收发货人或其代理人应当在暂准进出境期限内，或者在经海关批准延长暂准进出境期限到期前，向海关申请办理复运出境或进境，或正式进出口销案等手续。

（4）出料加工货物、修理货物、部分租赁货物等。进出境货物收发货人或其代理人应当在规定的期限内办理销案手续。

第五节　进出境报关

一、报关的含义

报关是指进出境运输工具负责人、进出口货物收发货人、进出境物品的所有人或者他们的代理人向海关办理运输工具、货物、物品进出境手续的行为。

向海关办理进出口货物的报关手续，依法缴纳关税和其他税费，是国家对进出口货物进行监督管理的基本要求，也是进出口货物收发货人及其代理人必须履行的基本义务。

二、报关的基本内容

（一）进出境运输工具报关的基本内容

国际贸易的交货、国际间人员的往来及其携带物品的进出境，除经其他特殊运输方式外，都要通过各种运输工具的国际运输来实现。根据我国海关法律规定，所有进出我国关境的运输工具必须经由设有海关的港口、车站、机场、国界孔道、国际邮件互换局（交换站）及其他可办理海关业务的场所申报进出境。进出境申报是运输工具报关的主要内容。根据海关监管的要求，进出境运输工具负责人或其代理人在运输工具进入或驶离我国关境时均应如实向海关申报运输工具所载旅客人数、进出口货物数量、装卸时间等基本情况。

1. 运输工具申报的基本内容

根据海关监管要求的不同，不同种类的运输工具报关时所需递交的单证及所要申明的具体内容也不尽相同。总的来说，运输工具进出境报关时须向海关申明的主要内容有：运输工具进出境的时间、航次（车次）、停靠地点等；运输工具进出境时所载运货物情况，包括过境货物、转运货物、通运货物、溢短卸（装）货物的基本情况；运输工具服务人员名单及其自用物品、货币等情况；运输工具所载旅客情况；运输工具所载邮递物品、行李物品的情况等。

2. 运输工具舱单申报

进出境运输工具舱单（以下简称舱单）是指反映进出境运输工具所载货物、物品及旅客信息的载体，包括原始舱单、预配舱单、装（乘）载舱单。进出境运输工具载有货物、物品的，舱单内容应当包括总提（运）单及其项下的分提（运）单信息。进出境运输工具负责人即舱单电子数据传输义务人应当按照海关备案的范围在规定时限向海关传输舱单电子数据。

（二）进出境货物报关的基本内容

根据海关规定，进出境货物的报关业务应由依法取得报关从业资格并在海关注册的报关员办理。进出境货物的报关业务包括：按照规定填制报关单，如实申报进出口货物的商品编码、实际成交价格、原产地及相应的优惠贸易协定代码，并办理提交报关单证等与申报有关的事宜；申请办理缴纳税费和退税、补税事宜；申请办理加工贸易合同备案、变更和核销及保税监管等事宜；申请办理进出口货物减税、免税等事宜；办理进出口货物的查验、结关等事宜；办理应当由报关单位办理的其他事宜。

海关对不同性质的进出境货物规定了不同的报关程序和要求。

（三）进出境物品报关的基本内容

海关监管进出境物品包括行李物品、邮递物品和其他物品，三者在报关要求上有所不同。《海关法》规定，个人携带进出境的行李物品、邮寄进出境的物品，应当以自用合理数量为限。自用合理数量原则是海关对进出境物品监管的基本原则，也是对进出境物品报关的基本要求。

对于行李物品而言，"自用"指的是进出境旅客本人自用、馈赠亲友而非为出售或出租的；"合理数量"是指海关根据进出境旅客旅行目的和居留时间所规定的正常数量。超过自用合理数量规定的，海关不予放行，除本人声明放弃外，应在 3 个月内向海关办理退运手续。

需要注意的是，对于通过随身携带或邮政渠道进出境的货物要按货物办理进出境报关手续。

1. 进出境行李物品的报关

当今世界上大多数国家的海关法律都规定对旅客进出境采用"红绿通道"制度。我国海关也采用了"红绿通道"制度。

我国海关规定，进出境旅客在向海关申报时，可以在分别以红色和绿色作为标记的两种通道中进行选择。带有绿色标志的通道称"无申报通道"（又称"绿色通道"），适用于携运物品在数量和价值上均不超过免税限额，且无国家限制或禁止进出境物品的旅客；带有红色标志的通道称"申报通道"（又称"红色通道"），适用于携带应向海关申报物品的旅客。对于选择"红色通道"的旅客，必须填写"中华人民共和国海关进出境旅客行李物品申报单"，在进出境地向海关做出书面申报。

2．进出境邮递物品的报关

（1）邮递物品的申报。进出境邮递物品的申报方式由其特殊的邮递运输方式决定。我国是《万国邮政公约》的签约国，根据《万国邮政公约》的规定，进出口邮包必须由寄件人填写"报税单"（小包邮件填写绿色标签），列明所寄物品的名称、价值、数量，向邮包寄达国家的海关申报。进出境邮递物品的"报税单"和绿色标签随同物品通过邮政企业或快递公司呈递给海关。

（2）行邮税。行邮税是行李和邮递物品进口税的简称，是海关对入境旅客行李物品和个人邮递物品征收的进口税。由于其中包含了进口环节的增值税和消费税，故也为对个人非贸易性入境物品征收的进口关税和进口工商税收的总称。

课税对象包括入境旅客、运输工具服务人员携带的应税行李物品、个人邮递物品、馈赠物品以及以其他方式入境的个人物品等。

3．进出境其他物品的报关

个人携带进出境的暂时免税进出境物品须由物品携带者在进境或出境时向海关做出书面申报，并经海关批准登记，方可免税携带进出境，而且应由本人复带出境或进境。

三、报关的分类

（一）自理报关与代理报关

从委托关系的角度，可以分为自理报关和代理报关两种形式。

进出口货物收发人自行办理报关手续，称为自理报关。根据我国海关目前的规定，进出口收发货人必须依法向海关注册登记后方能自行办理报关业务。

接受进出口货物收发货人的委托，代理办理报关手续，称为代理报关。我国海关法律把有权接受他人委托办理报关业务的企业称为报关企业。

根据法律行为责任承担者的不同，代理报关又分为直接代理报关和间接代理报关。直接代理报关是指报关企业接受委托人（进出口货物收发货人）的委托，以委托人的名义办理报关业务的行为。间接代理报关是指报关企业接受委托人的委托，以报关企业自身的名义向海关办理报关业务的行为。

> 小提示：直接代理报关与间接代理报关的区别
>
> 直接代理报关与间接代理报关的区别在于，在直接代理报关中，报关企业（代理人）报关行为的法律后果直接作用于进出口货物收发货人（委托人）；而在间接代理报关中，报关企业（代理人）应当承担与进出口货物收发货人（委托人）自理报关时所应当承担的相同的法律责任。目前，我国报关企业大多采取直接代理形式报关，间接代理报关主要用于经营快件业务的营运人等国际货物运输代理企业。

（二）口岸报关与属地报关

按照报关地点的不同，可以分为口岸报关和属地报关。口岸报关是指在货物的实际进出境地海关办理报关手续。属地报关是指在报关单位的企业注册地直属海关关区内办理报关手续。

为贯彻落实国家发展战略和促进贸易便利化，适应区域经济发展的要求，海关启动了全面深化区域通关的业务改革，实施了跨关区的"属地申报、口岸验放"的通关模式。这种模式的优势在于对于符合海关规定条件的企业，可以在其注册地海关履行申报义务，海关则可以在口岸放行环节履行其监督检查管理的职责。这种方式可以简化海关手续，提高通关效率，降低通关成本。

2013年以后，"属地申报、口岸验放"的通关模式进一步拓展为"属地申报、属地放行"的通关模式，即结合海关企业信用管理措施，收发货人为高级认证类企业，且报关企业为一般信用以上企业进出口货物时，可自主选择向属地海关申报，并在属地海关办理货物放行手续。自2014年5月1日起，收发货人为一般认证企业且报关企业为一般信用以上企业进出口货物时，除布控查验货物外，也可适用"属地申报、属地放行"的通关模式。

（三）逐票报关与集中报关

逐票报关是指根据《中华人民共和国海关进出口货物申报管理规定》，进出口货物收发货人按照进出口货物每次进出口时的实际状态，根据规范要求，填制"中华人民共和国海关进/出口报关单"，逐票逐次向海关进行申报，这是一种常规的通关方式。

集中报关是指根据《中华人民共和国海关进出口货物集中申报管理办法》，经海关备案，进出口货物收发货人在同一口岸多批次进出口规定范围内货物，先以"中华人民共和国海关进出口货物集中申报清单"申报货物进出口，再以报关单集中办理海关手续，这是一种特殊的通关方式。

适用集中报关的进出口货物主要包括以下几项。

（1）图书、报纸、期刊类出版物等时效性较强的货物。

（2）危险品或者鲜活、易腐、易失效等不宜长期保存的货物。

（3）公路口岸进出境的保税货物。

四、报关单位的概念及其分类

（一）报关单位的概念

根据《海关法》和《中华人民共和国海关报关单位注册登记管理规定》（以下简称《报关单位注册登记管理规定》），报关单位是指依法在海关注册登记的报关企业和进出口货物收发货人。

报关单位具有以下三个基本特征。

（1）依法在海关注册登记。必须依法在海关注册登记后，方可向海关办理报关业务，这是成为报关单位的前提条件。

（2）在我国关境内。报关单位必须是中华人民共和国境内的法人、其他组织或者个人，这就意味着境外的企业、其他组织或者个人均不能成为报关单位。所谓境内，即法人或者其他组织必须是在中国关境内依法成立。

（3）包含两类主体。报关单位是一个集合概念，由进出口收发货人和报关企业两类主体共同构成。

（二）报关单位的分类

1. 进出口货物收发货人

进出口货物收发货人是指依法直接进口或者出口货物的中华人民共和国关境内的法人、其他组织或者个人。进出口收发货人经向海关登记注册后，只能为本单位进出口货物办理报关业务。

从所有制结构来看，收发货人主要包括国有企业、外商投资企业、民营企业和集体企业，具有企业数量多，但报关单量相对较小等特点。因此，为节约企业成本，进出口收发货人选择委托专业报关公司代理报关的态势在上升。

除上述企业外，一些没有进出口经营权，但临时有进出口业务的单位，如新闻、经贸机构、文化团体等依法在中国境内设立的常驻代表机构，学校、科研院所等组织机构，临时接受捐赠、礼品、国际援助的单位等，可以在申报前向所在地海关办理备案手续，领取临时注册登记证明，其有效期最长为一年。

2. 报关企业

报关企业是指按照规定经海关准许注册登记，接受进出口货物收发货人的委托，以进出货物收发货人的名义或者以自己的名义，向海关办理代理报关业务，从事报关服务的境内企业人。其主要包括：经营国际货物运输代理业务，兼营进出口货物代理报关业务的国际货物运输代理公司和主营代理报关业务的报关公司或报关行。

五、报关员的概念及其权利、义务

（一）报关员的概念

报关员是具有专业知识，向社会提供专门智力服务的专业人才。《海关法》及现行《报关单位注册登记管理规定》中，将报关单位所属从事报关业务的人员称为"报关人员"，即经报关单位向海关备案，专门负责办理所在单位报关业务的人员。

（二）报关员的权利与义务

1. 报关员的权利

（1）报关权。作为从事报关业务的专门人员，有权以所属报关单位的名义执业，办理报关业务。报关员可以办理的业务如下。

① 如实申报进出口货物的商品编码、商品名称、规格型号、实际成交价格、原产地及相应优惠贸易协定代码等报关单有关项目，并办理填制报关单、提交报关单证等与申报有关的事项。

② 申请办理缴纳税费和退税、补税事宜。
③ 申请办理加工贸易合同备案（变更）、深加工结转、外发加工、内销、放弃核准、余料结转、核销及保税监管等事宜。
④ 申请办理进出口货物减税、免税等事宜。
⑤ 协助海关办理进出口货物的查验、结关。

（2）监督权。报关员有权对违反国家规定、逃避海关监管的行为进行举报，有权对海关及其工作人员违法、违纪行为进行控告、检举。

（3）查询权。报关员有权向海关查询其办理的报关业务情况。

2. 报关员的义务

（1）依法报关。报关员应当遵守海关法律法规和规章，依法办理报关业务。

（2）合理审查。报关员应该熟悉所申报货物的基本情况，对申报内容和有关材料的真实性、完整性进行合理审查，提交齐全、正确、有效的单证，准确、清楚、完整地填制报关单证。

（3）配合执法。其具体包括：海关查验进出口货物时，报关员应配合海关查验；配合海关稽查和对涉嫌走私违规案件的查处；协助落实海关对报关单位管理的具体措施。

（4）协助工作。报关员需配合所属报关单位完整保存各种原始报关单证、票据、函电等资料，协助报关单位办理有关事项。

本章小结

本章分别介绍了海关的性质、任务与权力，全国通关一体化政策及其流程，进出境检验检疫的内容及其职责，进出境报检的一般规定，海关对国际货物的监管管理，报关的含义、内容及其分类，报关单位与报关员的含义。学生需要重点掌握进出境报检的一般规定、海关对监管货物报关程序的管理，熟悉国际物流通关流程。

延伸阅读

海关罚没物品去哪儿了

一、海关罚没财物主要包括哪些？

根据《海关涉案财物管理办法（试行）》规定，海关罚没财物主要包括以下几项。

（1）走私、违规货物、物品。

（2）违法犯罪所得及其孳息。

（3）走私、违规运输工具以及其他用于实施违法犯罪行为的工具。

（4）用于变价抵缴以履行海关行政处罚决定的在扣货物、物品、运输工具等。

二、海关罚没物品主要有哪些处理方式？

1. 公开拍卖

对除国家法律法规另有规定或因特殊情况不宜公开拍卖的以外，海关按照《中华人民共和国拍卖法》的有关规定采取公开拍卖，这是海关处理罚没物资的主要方式。海关按照处理进度委托拍卖行不定期地举行拍卖会，对罚没物品进行公开处理，拍卖所得全部上缴国库。

2. 定向变卖

例如，海关依法没收的成品油，按有关规定交中国石油天然气集团有限公司或中国石油化工集团有限公司所属石油批发企业统一收购。

3. 销毁

查获的淫秽物品、非法出版的音像制品、非法宣传品、走私卷烟、送检不合格或无法取得卫生许可证的进出口货物等均要进行销毁处置。

4. 移交主管部门处理

罚没的文物、濒危动植物及其制品等均移交给行政主管部门依法处理。

三、如何参与海关罚没物品的公开拍卖？

1. 关注拍卖信息

海关拍卖公告可以通过海关总署门户网站的"信息公开栏"或报纸等新闻媒介查阅，主要内容包括拍卖地点、拍卖时间、拍卖标的、看样时间、拍卖行联系人等相关信息。

2. 了解拍卖渠道

海关主动适应"互联网+"改革浪潮，积极探索和运用公众网络平台组织涉案财物公开拍卖，近两年来多次在淘宝和京东的拍卖平台上组织公开拍卖活动。

3. 竞买人需提交证件材料

（1）企业法人需提供：营业执照、法人证明书、委托书、竞拍者本人居民身份证。

（2）个体企业需提供：营业执照、竞拍者本人居民身份证。

（3）个人竞买需提供：竞拍者本人居民身份证。

四、海关罚没物品可以通过"内部关系"私下售卖吗？

不可以。海关全面应用科技化手段管理涉案财物，保管仓库内外部均采用24小时不间断视频监控等严密的安防措施，涉案财物的入库、处置、出库等信息全部纳入系统管理。

海关严格按照《中华人民共和国拍卖法》进行罚没物品的拍卖；海关内部纪律规定，海关工作人员及其家属不得购买罚没物品。

因此，网络上那些所谓的海关罚没货物的"低价销售""内部销售""悄悄处理"都是子虚乌有的，消费者切勿一时贪心，误中圈套。

资料来源：知乎. 海关罚没物品去哪儿了[EB/OL].（2020-05-13）[2023-01-14]. https://zhuanlan.zhihu.com/p/140486317.

本章习题

第八章　国际物流关税筹划

学习目标

- 了解并学习进口货物完税价格的关税筹划；
- 了解并学习出口货物完税价格的关税筹划；
- 了解并学习关税税率的关税筹划；
- 了解并学习原产地的关税筹划；
- 了解并学习特别关税的关税筹划。

引导案例

关税筹划可以为企业节省成本

如果您是一家钢铁公司的老板，您的钢厂急需进口一批铁矿石，在可供选择的进货渠道中有两家：一是澳大利亚；二是加拿大。如果进口需求为10万吨，从澳大利亚进口优质高品位铁矿石，其价格为20美元一吨，运费为10万美元；若从加拿大进口较低品位的铁矿石，价格为19美元一吨，但由于其航程为从澳洲进口的两倍，又经过巴拿马运河，故运费及杂项费用高达25万美元，且其他费用比前者只高不低。在此种情况下，您作为老板应选择何种进货渠道呢？

澳大利亚铁矿石完税价格=20×10+10+其他=210+其他
加拿大铁矿石完税价格=19×10+25+其他=215+其他

通过上述简单的数学公式，您不难做出选择从澳大利亚进口铁矿石。若按20%征收进口关税的话，您至少可以避税1万美元。

这里特别需要注意的一点是，对于买方付给我方的正常事后折扣，应从完税价格中加以扣除。如果您在一笔交易中获取了100万美元的折扣，但因您不了解上项扣除，在关税税率为20%的情况下，您将并不情愿地为国家做出20万美元的贡献。

资料来源：华律网. 进口货物价格避税筹划方法介绍[EB/OL]. （2023-03-12）[2023-03-16]. https://www.66law.cn/laws/282797.aspx.

第一节　进口货物完税价格的关税筹划

《商品名称及编码协调制度》（The Harmonized Commodity Description and Coding System，HS或HS编码，简称《协调制度》）是国际贸易中进出口商品的分类目录，在各国进出口贸易中发挥着无可替代的作用。《协调制度》将国际贸易涉及的各种商品按照生产部类、自然属性和不同功能用途等分为 21 类、97 章。《协调制度》的前 6 位数是 HS 国际标准编码，HS 有 1241 个四位数的税目、5113 个 6 位数子目。部分国家根据本国的实际，已分出第 7、8、9、10 位数码。

世界海关组织对 2007 版《协调制度》53 个章节中的部分章注、子目注释、品目及子目做了修改，新增了 164 个子目，6 位数子目总数从 5052 个增加到 5216 个。在 2012 版《协调制度》中，第 1~24 章是本次修订的重点，其中涉及的动、植物及食品类的部分章节修改数量逾总修订的三分之一。

自 2013 年 1 月 1 日起，我国对进出口税则中部分税目进行调整，增列硒化氢、垃圾焚烧炉、生物杀虫剂、混凝土泵车等税目。调整后，我国 2013 年进出口税目总数由 2012 年的 8194 个增至 8238 个。

由于关税税目规定明晰、税率的适用对象具体以及税基、减免优惠等方面的规定相当详尽，如我国 2002 年版进口税则的关税税目数为 7316 个，其中 HS2002 年版有 5224 个 6 位税目，出口税则税目总数为 36 个，因此关税税务筹划不像其他各税那样有较大的弹性空间。

确定完税价格的依据和方法、同一商品的税率等方面的规定却是不唯一的，有多种方案可供纳税人选择，这就为纳税人在国家税法规定的范围内，选择税收负担最轻的方法来计算和缴纳关税、进行关税的税务筹划提供了条件。

《海关法》规定，进口货物的完税价格由海关以该货物的成交价格为基础审查确定，成交价格不能确定时，完税价格由海关依法估定。

一、进口货物完税价格的审定方法

根据《中华人民共和国海关法》和《中华人民共和国进出口关税条例》的规定，进口货物以海关审定的正常成交价格为基础的到岸价格作为完税价格。到岸价格包括货价，加上货物运抵中华人民共和国关境内输入地点起卸前的包装费、运费、保险费和其他劳务费等费用。

到岸价格通常要运用实付或应付价格进行修订。实付或应付价格是指买方为购买进口货物直接或间接支付的总额，即作为卖方销售进口货物的条件，由买方向卖方或为履行卖方义务向第三方已经支付或将要支付的全部款项。

（一）对到岸价格的补充内容

如果下列费用或者价值未包括在进口货物的实付或者应付价格中，应当计入完税价格，例如：

（1）由买方负担的除购货佣金以外的佣金和经纪费。

（2）由买方负担的与该货物视为一体的容器费用。

（3）由买方负担的包装材料和包装劳务费用。

（4）可以按照适当比例分摊的，由买方直接或间接免费提供，或以低于成本价方式销售给卖方，或有关方使用的货物或服务的价值，例如：
① 该货物包含的材料、部件、零件和类似货物。
② 在生产该货物过程中使用的工具、模具和类似货物。
③ 在生产该货物过程中消耗的材料。
④ 在境外进行的为生产该货物所需的工程设计、技术研发、工艺及制图等。

（5）与该货物有关并作为卖方向我国销售该货物的一项条件，应当由买方直接或间接支付的特许权使用费。

（6）卖方直接或间接从买方对该货物进口后转售、处置或使用所得中获得的收益。

（二）对到岸价格的减免内容

如果能与该货物实付或者应付价格区分的费用，不得计入完税价格，例如：

（1）厂房、机械、设备等货物进口后的基建、安装、装配、维修和技术服务的费用。

（2）货物运抵境内输入地点之后的运输费用。

（3）进口关税及其他国内税。

（三）完税价格的审定方法

根据进口货物不同的成交价格，海关对最终完税价格的审定方法通常有以下三种。

1. 成交价格为 CIF 价格

CIF（cost insurance and freight），到岸价格，即成本+保险费+运费。

$$完税价格=CIF 价格$$

2. 成交价格为 FOB 价格

FOB（free on board），即装运港船上交货价，是指卖方在约定的装运港将货物交到买方指定的船上。按此术语成交，卖方负责办理出口手续，买方负责派船接运货物，买卖双方费用和风险的划分，则以装运港船舷为界。

$$完税价格=FOB 价格+运费+保险费$$

或
$$完税价格=(FOB 价格+运费)/(1-保险费)$$

3. 成交价格为 CFR 价格

CFR（cost and freight），即成本+运费，是指卖方必须负担货物运至约定目的港所需的成本和运费。

$$完税价格=CFR 价格+保险费$$

或
$$完税价格=CFR 价格/(1-保险费)$$

（四）进口货物成交价格的规定

按照现行审价制度规定，进口货物成交价格应当符合下列规定。

（1）买方对进口货物的处置或使用不受限制，但国内法律、行政法规规定的限制和对货物转售地域的限制，以及对货物价格无实质影响的限制除外。

（2）货物的价格不得受到使该货物成交价格无法确定的条件或因素的影响。

（3）卖方不得直接或间接获得因买方转售、处置或使用进口货物而产生的任何收益，除非能够按照《完税价格办法》有关规定做出调整。

（4）买卖双方之间没有特殊关系，如果有特殊关系，应当符合《完税价格办法》的有关规定。买卖双方之间如有特殊经济关系或对货物的使用、转让互相订有特殊条件或有特殊安排，应如实向海关申报。海关经调查认定买卖双方的特殊经济关系、特殊条件或特殊安排影响成交价格时，有权不接受申报价格。

在确定进出口货物的完税价格，运用税率并将外币折算成人民币后，海关即填发税款缴纳证，纳税人凭其于开设的次月起7日内（星期日和节假日除外），向指定银行缴款，并将回执联送交海关，海关在报关单上盖放行章后，收发货人即可凭其提（装）货。

二、进口货物完税价格的估定方法

进口货物的价格不符合成交价格条件或者成交价格不能确定的，海关应当依次以相同货物成交价格法、类似货物成交价格法、倒扣价格法、计算价格法及其他合理方法确定的价格为基础，估定完税价格。

如果进口货物的收货人提出要求，并提供相关资料，经海关同意，可以选择倒扣价格方法和计算价格方法的适用次序。

（一）相同或类似货物成交价格方法

采用相同或类似货物成交价格方法估定完税价格，需要满足如下条件。

1．时间接近

参照货物与被估的进口货物同时或大约同时（在海关接受申报进口之日的前后各45天以内）估定完税价格。

2．种类相同或接近

以与被估的进口货物种类相同或类似的货物的成交价格为基础，估定完税价格。

"相同货物"是指与进口货物在同一国家或地区生产的，在物理性质、质量和信誉等所有方面都相同的货物，但表面的微小差异允许存在。

"类似货物"是指与进口货物在同一国家或地区生产的，虽然不是在所有方面都相同，但却具有相似的特征、相似的组成材料、同样的功能，并且在商业中可以互换的货物。

3．进口批量相同或类似

应使用与被估的进口货物进口数量基本一致的成交价格估定完税价格，但对因运输距离和运输方式不同，在成本和其他费用方面产生的差异应当进行调整。

4．产地相同或类似

以该方法估定完税价格时，应当首先使用同一生产商生产的相同或类似货物的成交价格，只有在没有这一成交价格的情况下，才可以使用同一生产国或地区生产的相同或类似货物的成交价格。

在没有上述的相同或类似货物的成交价格的情况下，可以使用不同商业水平或不同进口数量的相同或类似货物的成交价格，但对因商业水平、进口数量、运输距离和运输方式不同，在价格、成本和其他费用方面产生的差异应当做出调整。另外，如果有多个相同或类似货物的成交价格，应当以最低的成交价格为基础，估定进口货物的完税价格。

（二）倒扣价格方法

倒扣价格方法是以与被估的进口货物相同或类似的进口货物在境内销售的价格为基础，估定完税价格。

按该价格销售的货物应当同时符合以下五个条件。

（1）在被估货物进口时或大约同时销售。

（2）按照进口时的状态销售。

（3）在境内第一环节销售。

（4）合计的货物销售总量最大。

（5）向境内无特殊关系方的销售。

以该方法估定完税价格时，应当扣除的项目有以下三种。

（1）该货物的同等级或同种类货物，在境内销售时的利润和一般费用及通常支付的佣金。

（2）货物运抵境内输入地点之后的运费、保险费、装卸费及其他相关费用。

（3）进口关税、进口环节税和其他与进口或销售上述货物有关的国内税。

（三）计算价格方法

计算价格方法是以相关项目的总和计算出的价格估定完税价格。相关项目主要包括以下三个方面的内容。

（1）生产该货物所使用的原材料价值和进行装配或其他加工的费用。

（2）与向境内出口销售同等级或同种类货物的利润、一般费用相符的利润和一般费用。

（3）货物运抵境内输入地点起卸前的运输及相关费用、保险费。

（四）其他合理的估价方法

使用其他合理方法时，应当根据《完税价格办法》规定的估价原则，以在境内获得的数据资料为基础估定完税价格，但不得使用以下价格。

（1）境内生产的货物在境内的销售价格。

（2）可供选择的价格中较高的价格。

（3）货物在出口地市场的销售价格。

（4）以计算价格方法规定的有关各项之外的价值或费用计算的价格。

（5）出口到第三国或地区的货物的销售价格。

（6）最低限价或武断虚构的价格。

三、特殊进口货物完税价格的确定

（一）加工贸易进口料件及其制成品

加工贸易进口料件及其制成品需征税或内销补税的，海关按照一般进口货物的完税价格审定完税价格。其中具体规定如下所列。

（1）进口时需征税的进料加工进口料件，以该料件申报进口时的价格估定。

（2）内销的进料加工进口料件或其制成品（包括残次品、副产品），以料件原进口时的价格估定。

（3）内销的来料加工进口料件或其制成品（包括残次品、副产品），以料件申报内销时的价格估定。

（4）出口加工区内的加工企业内销的制成品（包括残次品、副产品），以制成品申报内销时的价格估定。

（5）保税区内的加工企业内销的进口料件或其制成品（包括残次品、副产品），分别以料件或制成品申报内销时的价格估定，如果内销的制成品中含有从境内采购的料件，则以所含从境外购入的料件原进口时的价格估定。

（6）加工贸易加工过程中产生的边角料，以申报内销时的价格估定。

（二）租赁、租借方式进境的货物

租赁、租借方式进境的货物主要有以下三方面规定。

（1）租赁方式进口的货物中，以租金方式对外支付的租赁货物，在租赁期间以海关审定的租金作为完税价格。

（2）留购的租赁货物，以海关审定的留购价格作为完税价格。

（3）承租人申请一次性缴纳税款的，经海关同意，按照一般进口货物估价办法的规定估定完税价格。

（三）留购的进口货样等

国内单位留购的进口货样、展览品和广告陈列品，以留购价格作为完税价格。但是，买方留购货样、展览品和广告陈列品，除了按留购价格付款，又直接或间接给卖方一定利益的，海关可以另行确定上述货物的完税价格。

（四）运往境外加工的货物

运往境外加工的货物，出境时已向海关报明并在海关规定期限内复运进境的，应当以加工后货物进境时的到岸价格与原出境货物或者相同、类似货物在进境时的到岸价格之间的差额，作为完税价格。如上述原出境货物在进境时的到岸价格无法得到时，可用原出境货物申报出境时的离岸价格替代。如上述两种方法的到岸价格都无法得到时，可用该出境货物在境外加工时支付的工缴费加上运抵我国关境输入地点装卸前的包装费、运费、保险费、其他劳务费等一切费用作为完税价格。

（五）运往境外修理的机器、工具等

运往境外修理的机械器具、运输工具或者其他货物，出境时已向海关报明并在海关规定期限内复运进境的，应当以海关审查确定的正常修理费和料件费作为完税价格。

（六）予以补税的减免税货物

减税或者免税进口的货物需要予以补税时，应当以海关审定的该货物原进口时的价格扣除折旧部分价值作为完税价格，其计算公式为：

完税价格=海关审定的该货物原进口时的价格×[1-申请补税时实际已使用的时间（月）÷（监督年限×12）]

（七）转让出售的减免税货物

税法规定按照特定减免税办法减税或免税进口的货物需要补税时，其完税价格应仍按该项货物原进口时的成交价格确定。受海关监管的减免税进口货物在管理年限内，经海关批准出售、转让或移作他用时，按其使用年限折旧的新旧程度折算确定完税价格。

（八）暂时进境货物

对于经海关批准的暂时进境的货物，应当按照一般进口货物估价的规定，估定完税价格。

（九）从保税区或出口加工区销往区外、从保税仓库出库内销的进口货物

从保税区或出口加工区销往区外、从保税仓库出库内销的进口货物（加工贸易进口料件及其制成品除外）以海关审定的价格估定完税价格。对经审核销售价格不能确定的，海关应当按照一般进口货物估价办法的规定，估定完税价格。如销售价格中未包括在保税区、出口加工区或保税仓库中发生的仓储、运输及其他相关费用的，应当按照客观量化的数据资料予以计入。

（十）以其他方式进口的货物

以易货贸易、寄售、捐赠或赠送等其他方式进口的货物，应当按照一般进口货物估价办法的规定，估定完税价格。

四、审定完税价格的税务筹划

在审定成交价格下，如何缩小进口货物的申报价格而又能为海关审定认可为正常成交价格，就成为筹划的关键所在。

要达到降低税负的目的，纳税人在进口货物时，应当选择同类货物中成交价格比较低或运输、保险费等相对小的货物进口，才能降低完税价格。

五、估定完税价格的税务筹划

对于目前市场上还没有或很少出现的产品，如高新技术、特种资源、新产品等，由于这些产品进口没有确定的市场价格，而其预期市场价格一般要远远高于市场类似产品的价格，也就为进口完税价格的申报留下了较大的空间。

如某企业欲进口一种刚刚投入市场的高新技术产品，其确切的市场价格尚未形成，卖方实行市场初期渗透价格 20 万美元，但其未来国内市场价格非常可观，预计可以达到 50 万美元，而其类似产品的市场价格仅为 30 万美元。若该企业到海关进行进口货物申报时，可以以成交价 20 万美元申报，若海关估定其完税价格也为 20 万美元时，即可征税放行；若海关认为该产品 20 万美元的申报价格不合理时，海关将会按类似货物（因为市场上目前还没有同种产品）成交价格法进行估价，因此该新产品的完税价格最多可能被估定为 30 万

美元。在此过程中该企业通过关税筹划,可以将该产品的进口完税价格降低20万~30万美元,从而降低关税税负。

第二节 出口货物完税价格的关税筹划

由于世界各国对出口一般都不征税,或很少征税,因而对出口货物的估价方法都很简单。一般是以出口货物物流目的国的进口货物关税制度为基础进行筹划,但是作为卖方不可能以降低货物价格的方式去为买方筹划经济利益,因此出口货物关税筹划的目的与进口货物关税筹划的目的和方法可能有些差别。

(1)出口货物完税价格的审查及估定方法均与进口货物的相关方法一致。

(2)出口货物的关税筹划目的主要是市场开拓,由于关税会导致商品在目的国的销售价格大幅上涨,因此采取关税筹划措施的目的是不能让商品输在价格水平上。

(3)出口货物完税价格的税务筹划方法最主要的是在目的国设立子公司。很多大型国际企业经常的做法是在相应国家设立自己的子公司,通过关联企业的交易,进行国际间转让定价的关税筹划。

转让定价具有正常的方面,也有不正常的方面。作为关联企业之间的交易价格,虽然与独立企业之间的交易价格不完全吻合,但符合市场营运常规,即关联企业之间的内部交易价格可以采取与市场正常价格有别的灵活性,对于这类转让定价应理解为正常的,是合理的出口货物完税价格筹划。

需要注意的是,对于不正常的转让定价,如采用欺诈手段虚开购销凭证、设置假账等方式,不属于税务筹划范畴的转让定价,而是属于偷税行为。

案例分析

> **销售货物的转让定价**
>
> 筹划集团公司利用其关联公司之间提供原材料、产品销售等往来,通过采用"高进低出"或"低进高出"等内部作价方法,将收入转移到低税负地区的独立核算企业,而把费用尽量转移到高税负地区的独立核算企业,从而达到转移利润和减轻公司整体税负的目的。它包括以下两种情况。
>
> (1)关联企业间商品交易采取压低定价的策略,使企业应纳的流转税变为利润而转移,进行避免。
>
> 如适用基本税率17%的增值税企业,为减轻增值税税负,将自制产品低价售给适用低税率的15%的联营企业,虽然减少了企业的销售额,却使联营企业多得了利润,企业可以从中多分联营企业的利润,从而实现减轻税负的目的。
>
> (2)关联企业之间商品交易采取抬高定价的策略,转移收入,进行避税。
>
> 有些实行高税率增值税的企业,在从其低税负的关联企业购进产品时,故意抬高进价,将利润转移给关联企业。这样既可以增加本企业增值税扣税额,减轻增值税税免,又可以

降低所得税税负，然后从低税负的关联企业多留的企业留利中多获一部分。

【举例】华强建材总公司生产一种建筑材料生产模具，主要销往山东、上海、江苏、珠海、广东、深圳等省市，每件产品市场售价为 31 000 元，每单件产品基本费用如下：生产成本 15 000 元，销售费用 3000 元，管理费、财务成本等综合费用暂不考虑。如何进行纳税筹划？

筹划前：华强公司应交所得税额为：(31 000-15 000-3000)×33%=4290 元

显然，企业应交所得税较高，为此，该公司决定在珠海设一家全资子公司专门负责对公司产品的销售工作，总公司只专注于生产。总公司给销售公司每件产品的价格为 26 000 元，则该集团公司应交所得税为：(26 000-15 000)×33%=3630 元，销售公司应交所得税为：(31 000-26 000-3000)×15%=300 元，两公司共计纳税为：3630+300=3930 元，比未设销售公司单件产品少交税：4290-3930=360 元。

现在，该集团经进一步筹划分析，只要在税法准许的情况下，能够达到同行业一般生产型企业的平均利润水平，就可以将部分利润转让给珠海销售公司，故将销售给珠海公司的售价降到 23 000 元/件，则集团公司应交所得税为：(23 000-15 000)×33%=2640 元，销售公司应交所得税为：(31 000-23 000-3000)×15%=750 元，两公司共计纳所得税为：2640+750=3390 元。由此可见，单件产品价格转让后比价格转让前少交所得税：3930-3390=540 元。比未设立销售公司时少交所得税：4290-3390=900 元。

资料来源：华律网. 转让定价是企业进行纳税筹划的最基本的方法[EB/OL].（2023-03-07）[2023-03-10]. https://www.66law.cn/laws/174591.aspx.

第三节　关税税率的关税筹划

一、关税税率的种类

关税税率是指国家征收关税的比率，是关税制度的核心要素，可以说整个关税制度的大部分内容是围绕税率来制定的。《中华人民共和国海关进出口税则》规定了我国海关征收关税使用的全部税率。

我国的关税税率有以下几种形式。

（一）进口关税税率

我国进口税则对进口货物的关税税率设有最惠国税率、协定税率、特惠税率和普通税率四栏税率。

（二）出口关税税率

与进口税率不同，我国出口税率没有普通税率和优惠税率之分。为鼓励国内企业出口创汇，提高国内产品在国际市场上的竞争能力，我国对绝大部分出口货物不征收出口关税。我国仅对具有下述特征的两类商品征收出口关税。

（1）盈利水平高的大宗出口商品，国际市场容量有限、盲目出口会在国外形成削价竞销的商品。

(2) 国内紧俏、需大量进口的商品，以及为保护国内资源，需要控制出口的商品。现行税则对 36 种商品计征出口关税，主要是鳗鱼苗、部分有色金属矿砂及其精矿、生锑、磷、苯、山羊板皮、部分铁合金、钢铁废碎料、铜和铝原料及其制品、镍锭、锌锭和锑锭等。

(三) 暂定关税税率

为了满足特定时期对关税税率进行临时性变更的需要，现行税则规定，国务院关税税则委员会有权负责制定比优惠税率更低的暂定税率。暂定税率一般按照年度制定，并且随时可以根据需要恢复按照法定税率征税。

目前，我国对 200 多个税目进口商品实行了暂定税率，主要包括部分进口原材料、零部件、农药原药和中间体、乐器及生产设备等。

需要注意的是，暂定税率优先适用于优惠税率或最惠国税率，按普通税率征税的进口货物不适用暂定税率。

(四) 配额关税税率

配额税率是将关税与进口配额管理、进口许可证管理结合使用的一种限制进口的管理方法。

我国海关规定，对在进口配额范围内进口的货物可适用于更低的配额税率，对超出进口配额范围进口的货物按普通税率征收关税。现行税则对小麦、豆油等 10 种农产品和尿素等 3 种化肥产品实行关税配额管理。

(五) 关税的从量税率、复合税率和滑准税率

除了上述以完税价格为征税依据确定应纳关税税率的从价税率，还有从量税率、复合税率和滑准税率作为补充。

1. 从量税率

从量税率即不以货物的完税价格为征税依据，而是以其重量、数量和容量等为征税依据的进口货物所适用的税率，我国目前对原油、啤酒和胶卷等进口商品实行从量税率。

2. 复合税率

复合税率即采用从价税率和从量税率两种征税标准相结合的税率，而且从价税率中的从量税率必须随着完税价格和进口数量的不同等级而变化，我国目前对录像机、放像机、数字照相机和摄录一体机实行复合税率。

3. 滑准税率

滑准税率是特殊的从价税率，其特殊性在于税率的大小与完税价格的大小相反，即完税价格越高，滑准税率越低，反之滑准税率越高。采用滑准税率征税的货物，其完税价格是用特殊方法计算出来的。我国目前仅对进口新闻纸采用滑准税率征税。

二、关税税率的税务筹划

(一) 零部件与成品关税的税务筹划

虽然关税税率是不可变的，但是通过分析不难发现不同形式的商品税率是不同的。原

材料和零部件的关税税率最低，半成品次之，产成品的税率最高，因此企业可以考虑进口原材料和零部件进行加工生产，从而降低关税税负。

案例分析

关税筹划计算

某外贸进出口企业主要从事进口某国际知名品牌洗衣机的销售，年销售量为10 000台，每台国内的销售价格为5000元，进口完税价格为3000元，假定适用进口环节的关税税率为20%，增值税税率为17%。该企业管理层提出议案：在取得该品牌洗衣机厂商的同意和技术协作的情况下，进口该品牌洗衣机的电路板和发动机，进口完税价格为整机价格的60%，假定适用进口环节的关税税率为15%。其他配件委托国内技术先进的企业加工，并完成整机组装，所发生的成本费用为进口完税价格的50%，购进配件及劳务的增值税税率为17%。

分析要求：该管理层议案的经济可行性。

1. 直接购进整机的税负与收益：

应纳关税额=1×3000×20%=600（万元）

应纳增值税额=(1×3000+600)×17%=612（万元）

收益额=1×5000-1×3000-600-612=788（万元）

2. 购进部件及其组装的税负与收益：

应纳关税额=1×3000×60%×15%=270（万元）

应纳增值税额=(1×3000×60%+270)×17%=351.9（万元）

国内组装的应纳增值税=1×3000×50%×17%=255（万元）

收益额=1×5000-1×3000×60%-270-351.9-1×3000×50%-255=823.1（万元）

因此，作为管理层应当选择从国外购进部件并在国内组装方式，虽然购进成本比整机方式上升300万元，但支付的税额比整机方式下降了335.1万元，降低的税负抵减购进成本的上升后，增加收益额35.1万元。

资料来源：人人文库网. 各项税务纳税筹划分析案例[EB/OL]. （2022-03-15）[2023-01-10]. https://www.renrendoc.com/paper/204782063.html.

（二）保税制度的税务筹划

在国际贸易中，经常会发生货物已进境、未上市的情况，需视货物决定为进口还是复运出口而决定货物缴纳关税与否。如果是后者，可将该货物置于相应的海关特殊监管区域。

出口企业可以向海关申请将其进口货物定为保税货物。如果能够申请成功，从批准日起暂时免征进口关税，而后视货物经储存或加工或装配后是否复运出境，再决定需不需要补缴税款。

（三）"出口"退税筹划

出口货物退税简称出口退税，其基本含义是指对出口货物退还其在国内生产和流通环节实际缴纳的增值税、消费税。出口货物退税制度是一个国家税收的重要组成部分。出口退税主要是通过退还出口货物的国内已纳税款来平衡国内产品的税收负担，使本国产品以不含税成本进入国际市场，与国外产品在同等条件下进行竞争，从而增强竞争能力，扩大出口的创汇。

但是需要注意的是，只有符合《中华人民共和国增值税暂行条例》《中华人民共和国增值税暂行条例实施细则》《财政部国家税务总局关于出口货物劳务增值税和消费税政策的通知》《出口货物劳务增值税和消费税管理办法》等相关法律规定的国际贸易企业和国际贸易货物，才能申请出口退税。

需要注意的是，千万不能进行虚拟出口骗税的活动。

案例分析

高报价格、循环出口骗取退税 4200 万余元

2012 年 1 月，上海海关在对某公司销售至香港的电容、二极管和按摩棒等商品进行数据查询比对时，发现其申报价格高于实际同类商品国内零售价数十倍。通过扩大风险分析范围后，发现另有 5 家企业自 2009 年起均以相同的手法申报出口这些出口退税率商品。上海海关与上海市公安局经侦部门开展联合办案。

经查，这 6 家公司具有相同的实际控制人。这些公司以 4.5%～5.5%的费用购买增值税专用发票，并以高于同类产品数十倍的价格将电容、二极管和按摩棒涉案货物申报销售至中国香港等地，随后雇用"水客"再将这些电子元器件走私入境，循环往复骗取退税。为获取退税所需的出口收汇核销单，该公司将货款通过地下钱庄非法汇兑至由其操控的香港公司账户内，再以正常付汇方式向代理其出口的外贸公司支付货款。截至案发，该犯罪团伙采用上述高报价格、循环出口等手法出口金额达 2.88 亿余元，涉案退税款约 4200 万余元。

2012 年 3 月 29 日，在上海海关的全力配合下，上海市公安局经侦部门对上述人员实施抓捕。目前，犯罪团伙主犯顾某、王某及其他 8 名团伙成员悉数到案。

资料来源：央视网. 上海海关查获特大出口骗退税案 案值达 2.88 亿元[EB/OL]. （2012-05-09）[2023-01-10]. http://news.cntv.cn/20120509/109598.shtml.

三、报关的度量衡单位

保税物流是一个包含众多环节的过程，如果是来料加工模式的流程，则进口货物最终将复运出境，其基本环节就是原材料/半成品进口和产成品出口环节，这两个环节既是进口公司又是出口公司的企业都必须向海关报关。企业填写的报关表中有"单耗计量单位"一栏，这一栏就是税收筹划的突破口。

这里的"单耗计量单位"是指生产一个单位成品耗费几个单位原料，通常有以下几种形式。

（1）度量衡单位/度量衡单位，如克/升、吨/立方米等。

（2）度量衡单位/自然单位，如吨/块、米/套等。

（3）自然单位/自然单位，如件/套、匹/件等。

度量衡单位容易测量，而自然单位要具体测量则很困难，所以通常运用自然单位/自然单位做出税收筹划。

 案例分析

通过单耗计量单位进行关税筹划

某生产出口产品的家具生产公司，2000年5月从加拿大进口一批木材，并向当地海关申请保税，该公司报关表上填写的单耗计量单位为：280块/套，即做成一套家具需耗用280块木材。在加工过程中，该公司引进先进设备，做成一套家具只需耗用200块木材。家具生产出来以后，公司将成品复运出口，完成了一个保税过程。

假设公司进口木材10万块，每块价格120元，海关关税税率为50%，则其节税成果为：
$$(100\,000-100\,000\div 280\times 200)\times 120\times 50\% = 1\,714\,285.7（元）$$

该公司由于灵活运用单耗计量单位，成功地降低税负171余万元。

资料来源：正保会计网校. 关税的纳税筹划[EB/OL]. （2006-06-07）[2023-01-10]. https://www.chinaacc.com/new/287/292/334/2006/6/sh23016141017660027440-0.htm.

第四节 原产地的关税筹划

原产地规则的核心内容是确定货物原产地的判断标准。

判断进出口货物原产地，以货物是否含有非本国原产的原材料、半成品和零部件为标准，可以分为两种情形：① 全部产地标准，完全在一个国家（地区）获得的货物，以该国为原产地；② 实质性加工标准，两个以上国家（地区）参与生产的货物，以最后完成实质性加工的国家（地区）为原产地。

实质性加工标准需要满足以下两个条件之中的一个。

（1）产品经过加工后，在海关税则中已不按原有的税目税率征税，而应纳入其他的税目征税。

（2）其加工增值部分所占新产品总值的比例已经超过30%。

我国《关税法》同时也规定对机器、仪器或车辆所用零件、部件、配件、备件以及工具，如与主件同时进口而且数量合理，其原产地按全部的原产地予以确定；如果分别进口的，应按其各自的原产地确定。

可以看出：全部产地标准，进行关税税务筹划的可能性较小；实质性加工标准，显然具有税务筹划的可能。结合参见第二节转让定价的案例。

另外，依据我国《关税法》的规定，进口货物原产地认定基准分为下列三种：① 一般货物的原产地认定。② 低度开发国家货物的原产地认定。③ 自由贸易协议缔约国或地区货物的原产地认定。

案例分析

85.6亿美元港澳CEPA受惠货物进入内地

截至2014年年底，内地与香港、澳门关于建立更紧密经贸关系的安排自2004年实施以来，已累计有85.6亿美元受惠货物进入内地，关税优惠47.1亿元人民币。其中，香港、澳门受惠货物分别为84.7亿美元和8556.1万美元，关税优惠46.7亿元人民币和4418.3万元人民币。

海关统计显示，2014年香港CEPA项下货物进口受惠货值和关税优惠比2013年同期分别增长7.7%和8.4%。澳门CEPA项下货物进口货值增幅由2013年的2.1%提高到2.6%。

海关总署新闻发言人张广志表示，海关认真贯彻中央对港澳工作有关指示精神，着力落实好《内地与香港/澳门关于建立更紧密经贸关系的安排》，积极开展原产地标准磋商工作，并与港澳特区政府有关部门商讨推进原产地证书的电子化，不断便利企业通关，有效推动港澳CEPA货物贸易深入发展。

资料来源：中央政府门户网站. 海关总署：85.6亿美元港澳CEPA受惠货物进入内地[EB/OL].（2015-02-03）[2023-01-10]. http://www.gov.cn/xinwen/2015/02/03/content_2813801.htm.

第五节　特别关税的关税筹划

一、进口国家的特别关税筹划

（一）报复性关税

任何国家或者地区对其进口的原产于我国的货物征收歧视性关税或者给予其他歧视性待遇的，我国对原产于该国家或者地区的进口货物征收报复性关税。

（二）反倾销税与反补贴税

根据《中华人民共和国反倾销条例》和《中华人民共和国反补贴条例》规定，进口产品经初裁确定倾销或者补贴成立，并由此对国内产业造成损害的，可以采取临时反倾销或反补贴措施，由外经贸部提出建议，国务院关税税则委员会根据外经贸部的建议做出决定，由外经贸部予以公告。

采取临时反补贴措施要求提供现金保证金、保函或者其他形式的担保，由外经贸部做出决定并予以公告。

案例分析

海关总署公告2016年第41号
（关于对进口原产于日本、韩国和土耳其的腈纶征收反倾销税的公告）
2016-07-29

【法规类型】海关规范性文件　　　　【内容类别】关税征收管理类
【文　　号】总署公告〔2016〕41号　【发文机关】海关总署
【发布日期】2016-07-13　　　　　　【生效日期】2016-07-14
【效　　力】[有效]
【效力说明】

根据《中华人民共和国反倾销条例》的规定，国务院关税税则委员会决定自2016年7月14日起，对进口原产于日本、韩国和土耳其的腈纶（税则号列：55013000、55033000、55063000）征收反倾销税，期限为5年。商务部为此发布了2016年第31号公告（详见附件），并明确了实施反倾销措施产品的具体商品范围。进口收货人在申报进口上述税则号列项下属于反倾销范围内的商品时，商品编号应分别填报55013000.10、55033000.10和55063000.10。

特此公告。

海关总署
2016年7月13日

海关总署公告2016年第27号
（关于对进口原产于美国、欧盟和日本的未漂白纸袋纸征收反倾销税的公告）
2016-04-12

【法规类型】海关规范性文件　　　　【内容类别】关税征收管理类
【文　　号】总署公告〔2016〕27号　【发文机关】海关总署
【发布日期】2016-04-08　　　　　　【生效日期】2016-04-10
【效　　力】[有效]
【效力说明】

根据《中华人民共和国反倾销条例》的规定，国务院关税税则委员会决定自2016年4月10日起，对进口原产于美国、欧盟和日本的未漂白纸袋纸征收反倾销税，期限为5年。商务部为此发布了2016年第8号公告（详见附件1）。现将有关事项公告如下：

一、自2016年4月10日起，海关对进口原产于美国、欧盟和日本的未漂白纸袋纸（税则号列：48042100和48043100），除按现行规定征收关税外，还将区别不同的供货厂商，按照本公告附件2所列的适用税率和下述计算公式征收反倾销税及相应的进口环节增值税：

反倾销税税额=完税价格×反倾销税税率

进口环节增值税税额=（完税价格+关税税额+反倾销税税额）×进口环节增值税税率

实施反倾销措施产品的详细描述详见本公告附件1。

二、进口收货人在申报进口上述税则号列项下属于反倾销范围内的商品时,商品编号应分别填报4804210000和4804310020。

三、凡申报进口原产于美国、欧盟和日本的未漂白纸袋纸的进口收货人,应当向海关如实申报原产地并提交相关原产地证据文件。如果原产地为美国、欧盟和日本的,还需提供原生产厂商发票。对于无法确定原产地的上述货物,海关按照本公告附件2所列的最高反倾销税税率征收反倾销税。对于能够确定货物的原产地是美国、欧盟和日本,但进口收货人不能提供原生产厂商发票,且通过其他合法、有效的途径仍无法确定原生产厂商的,海关将按照本公告附件2所列的最高反倾销税税率征收反倾销税。

四、有关加工贸易保税进口原产于美国、欧盟和日本的未漂白纸袋纸征收反倾销税等方面的问题,海关按照《中华人民共和国海关关于加工贸易边角料、剩余料件、残次品、副产品和受灾保税货物的管理办法》及海关总署公告2001年第9号的规定执行。

五、对于自2015年12月11日起至2016年4月9日进口原产于美国、欧盟和日本的未漂白纸袋纸已经缴纳的反倾销保证金,按本公告规定的征收反倾销税的商品范围和适用税率计征并转为反倾销税,与之同时缴纳的进口环节增值税保证金转为进口环节增值税。上述保证金超出按本公告规定的税率计算的反倾销税及相应的进口环节增值税部分,进口收货人可自2016年4月10日起6个月内向征收地海关申请退还;不足部分,不再补征。

特此公告。

海关总署

2016年4月8日

资料来源:中华人民共和国海关总署官网.

(三)保障性关税

根据《中华人民共和国保障措施条例》规定,有明确证据表明进口产品数量增加,在不采取临时保障措施将对国内产业造成难以补救的损害的紧急情况下,可以做出初裁决定,并采取临时保障措施。

临时保障措施采取提高关税的形式。保障措施可以以提高关税、数量限制等形式,针对正在进口的产品实施,不区分产品来源国家或地区。其中采取提高关税形式的,由对外贸易经济合作部提出建议,国务院关税税则委员会根据建议做出决定,由对外贸易经济合作部予以公告。

二、出口型企业的特别关税筹划

出口型企业应当针对货物目的国的特别关税可能带来的负面影响,采取正确有效的关税筹划,避免不公平的经济损失。其主要筹划方法遵从以下三个方面。

(一)尽量减少被控诉的可能

尽量减少被控诉的可能可以从以下三方面入手。

(1)提高产品附加值,打破片面的低价策略。

(2)组建出口企业商会,加强内部协调和管理,塑造我国出口型企业的整体战略集团形象。

(3) 分散出口市场，降低受控风险。

（二）顺利通过调查，避免被认为倾销

如果企业的出口产品在国际市场上面临反倾销调查，可以选用适当的技术手段灵活应对，包括如下四种手段。

(1) 及时上调价格。欧美商业裁判机构一般于每征满一年反倾销税时会重新调查该倾销商是否仍有倾销行为，若及时上调价格，就会被认为不具倾销行为，从而出口产品所被征的反倾销税也立即取消。

(2) 调整产品利润预测，改进企业会计财务核算，以符合国际规范和商业惯例，同时还要密切注意国际外汇市场的浮动状况。

(3) 推动国外进口商组织起来，推动其反贸易保护活动。因为一旦我国产品被征收反倾销税，受损失的还有外国进口商，通过加强与当地工商组织的交流，以实际的商业利益为砝码促使其向政府施加压力。

(4) 与外方投诉厂商私下进行谈判、协商。

（三）避免出口行为被裁定为损害进口国产业

我国出口企业在国际贸易以及国际营销的过程中，应该注意以下四方面的事项。

(1) 不要迫使进口国厂商采取降价促销的营销手段。

(2) 全面收集有关资料信息情报，有效地获取进口国市场的商情动态，查证控诉方并未受到损失，以便在应诉中占据主动地位。

(3) 在出口目的地设立企业，筹建跨国公司，由此可以使我国产品免受进口配额等歧视性贸易条款的限制。

(4) 凭借便利的销售条件、优质的产品、高水平的服务和良好的运输条件等去占取国际市场，提高单位产品的使用价值，降低其替代率，提升国外消费市场的依赖性，获取国外消费者的支持。

案例分析

充分理解关税法则，进行税收策划

风雷汽车公司是一家从事跨国经营的汽车生产厂商，由多个设在不同国家和地区的子公司提供零配件，并且其销售业务已遍布全球。最近，该公司发现中国具有巨大的汽车市场，而且在未来可以预见的几年内，中国的汽车消费呈增长趋势。因此，该公司的董事长决定从2004年开始，将自己的产品打进中国市场，计划首批投入公司最近研制的最新甲品牌高档小汽车100辆。该种小汽车的市场销售价格为每辆90万元，而与此款汽车相近的其他品牌小汽车的市场销售价格为每辆70万元。据了解，小汽车的关税税率为50%。作为风雷汽车公司应该如何筹划才能够将关税降到最低水平？

一、筹划思路

筹划关税首先要了解与关税有关的具体规定。纳税人如果对现行的海关法、进出口条例和其他有关的海关法律法规进行深入细致的研究,就可以发现其中有很多对完税价格的规定可以用来进行关税筹划。

有关税收法规进行筹划的一般思路如下。

(1) 是否存在优惠条款,以便利用关税方面的优惠政策,使自己所经营的项目往既定的优惠政策上靠。

(2) 寻找条款差别,通过不同的条款差别寻求降低税收负担的具体途径。对于风雷汽车公司的这笔业务而言,有两个具体的筹划方案:方案一,利用"原产地"条款进行筹划;方案二,利用单证申报进行筹划。

二、筹划分析

对于方案一,实质上是利用原产地与中国是否签订有关协议来进行税收策划。

中国进口税率为普通税率和优惠税率两种,对于原产地未与中国签订关税互惠协议的国家或地区的进口货物,按普通税率征税;对于原产地与中国签订了关税互惠协议的国家或地区的进口货物,按优惠税率征税。

海关对进口货物原产地按全部产地标准和实质性加工标准两种方法来确定。

中国日益扩大的汽车需求促使风雷汽车公司准备开拓中国市场。中国市场显然不得不面对高额的汽车进口关税,那么为降低成本,风雷汽车公司怎样避免普通税率的重负,取得优惠税率的护身符呢?

由于风雷汽车公司是一家由多个不同国家和地区的子公司提供零配件的跨国经营企业,因而全部产地标准显然不适用。实际上,在应用优惠政策进行关税筹划的时候,全部产地标准一般都没有很大的实际应用意义。

定义"对于完全在一个国家内生产或制造的进口货物"刚性较强,拓展的余地较小。

对于实际性加工标准,则有进行关税筹划的可能。对于实质性加工的标准条件,满足其中一项标准即可。

第一个条件,从定性的角度来判断。

它是指加工后的进口货物在进出口税则中的税目税率发生了改变。这里的"实质性加工",是指"经过几个国家加工、制造的进口货物,以最后一个对货物进行经济上可以视为实质性加工的国家作为该货物的原产国"。

如果这家汽车公司在新加坡、中国台湾、菲律宾、西亚都设有供应零配件的子公司,那么其将制造汽车新产品整体形象的最终装配厂设在哪里呢? 首先,要选择那些与中国签有关税互惠协议的国家或地区作为所在地,排除那些没有签订协议的国家和地区;其次,要综合考虑从装配国到中国口岸的运输条件、装配国的汽车产品进口关税和出口关税等因素;最后,考虑装配国的政治经济形象、外汇管制情况和出口配额控制情况等。在考虑上述因素的基础上,做出一个最优惠选择。

第二个条件,从定性的角度来判断。

它是指"加工增值部分所占新产品总值的比例已经超过30%以上可视为实质性加工。

如果风雷汽车公司已经在一个未与中国签订关税互惠协议的国家或地区建立了装配

厂，要改变厂址，无疑需要付出较多的成本。那么这家厂商将原装配厂作为汽车的半成品生产家，再在已选定的国家和地区建立一家最终装配厂，只要使最终装配的增值部分占到汽车总价格的30%以上，出来的汽车即可享受优惠税率。

假如最终装配的增值部分没有达到所要求的30%，则可以采取转让的方法，降低原装配厂产半成品汽车的价格，减少半成品的增值比例，争取使最终装配的增值比例达到或超过30%。

总之，根据实际情况进行测算、比较，选择最经济的国家和地区作为成品汽车的原产地，风雷汽车公司就会通过享受优惠税率而获得较大的比较收益。

对于方案二，实质上是利用海关对报关资料是否齐全而采用不同的定价方法进行税收策划的。

各国的税法对税务管理都比较严格，其中要求纳税人就有关具体纳税事项进行主动申报，税务机关则将依法进行核定征收。例如，我国《进出口关税条例》第十五条规定：进出口货物的收货人或者他们的代理人，在向海关递交出口货物的报关单证时，应当交验载明货物真实价格、运费、保险和其他费的发票（如有厂家发票应附着在内）、包装清单和其他有关单证。而《进出口关税条例》第十七条又指出：进出口货物的发货人和收货人或者他们的代理人，在递交进出口货物报关单时，未交验第十五条规定的各项单证的，应当按照海关估定的完税价格完税，事后补交单证的，税款不予调整。

认真研究上述两条规定，我们可以发现，第十七条规定中的"未"就给我们留下了进行税收策划的机会。也就是说，进出口商可以将其所有的单证全部交给海关进行查验，可以不交验十五条所指的有关单证（当然这里不是指对有关账簿数字的隐瞒、涂改等），这时，海关将对进出口货物的完税价格进行估定。

如果一家进口商将进口某种商品，实际上应申报的完税价格要高于同类产品的市场价格，那么它可以根据实际情况在法律许可的范围内少报或不报部分单证，以求海关估定较低的完税价格，从而减轻相关的关税负担。对于风雷汽车公司而言，如果未按有关法律规定申报单证，海关将按同类产品或者相近产品的市场核定其关税的计税依据。

三、筹划结论

经过深入的调研，风雷汽车公司决定采纳第二个筹划方案。在具体操作环节上，他们出现"申报资料不全"的问题，请求海关谅解。海关则将该案交给海关稽查部门处理。海关稽查部门对该批汽车的市场行情进行了调研，取得了有关资料，最后按每辆70万元的价格作为计算关税的依据征收关税。通过筹划，风雷汽车公司实际节省关税：

$$(90-70) \times 100 \times 50\% = 1000（万元）$$

在配合海关稽查部门调查期间发生费用50万元，实际取得筹划收益950万元。

资料来源：普粤财税咨询. 案例二：充分理解关税法则进行税收策划[EB/OL].（2006-12-06）[2023-01-10]. http://www.puyuefinance.com/jinchukoushuicehua/2006/12-06/1777.html.

综合来说，关税筹划是国际物流与国际贸易企业所必须关注的一个国际金融内容，对于企业控制成本、控制贸易风险起到十分重要的作用。除此之外，国际物流的期货与期权、外汇制度和国际物流保险三方面也是对国际物流与国际贸易企业的经营起到十分重要作用的国际金融内容，相关内容可以参见相关的金融知识。

本章小结

本章分别介绍了进口货物完税价格的关税筹划、出口货物完税价格的关税筹划、关税税率的关税筹划、原产地的关税筹划和特别关税的关税筹划。学生需要重点掌握进口货物完税价格的审定方法、关税税率的种类，熟悉出口型企业特别关税筹划方法，善于使用关税税率的关税筹划方法。

延伸阅读

海关详解境外购物免税规定

一名中国籍旅客从巴黎回国，竟携带国际知名品牌皮包、皮带、鞋、首饰和香水共计247件；一名中国籍导游从日本回国，一次携带了80套名牌化妆品；一位航空公司机长"偷偷"交给机场维修人员的纸袋里，竟然装有10块名牌手表……

针对近日频发的进境旅客违规携带物品事件，海关提醒：我国法规对居民境外购物、航空公司员工进出境都有明确规定，携带超量货物、物品入境且未主动申报，涉及偷逃应税额较大的，需承担相关法律责任；航空公司员工更不能借工作之便走私犯法。

一、境外购物免税额上限5000元

《中华人民共和国海关总署公告2010年第54号》规定：进境居民旅客携带在境外获取的个人自用进境用品，总值在5000元人民币以内（含5000元）的，海关予以免税放行，单一品种限自用、合理数量，但烟草、酒精制品及国家规定应当征税的20种商品等另按有关规定办理。对于超出5000元人民币的个人自用进境物品，经海关审核确属自用的，海关仅对超出部分的个人自用进境物品征税，对不可分割的单件物品，全额征税。

上海海关行邮监管专家张满弦强调，海关总署有关5000元人民币的"上限"，是在参照一些发达和发展中国家的相关规定后做出的。对普通旅客而言，只要在境外购物不为牟利，并在相关规定的合理自用范围内，都可放心无虞。

二、"物品"不同于"货物"

海关将进出境商品分为物品和货物。根据《中华人民共和国海关法》中对于个人物品的释义，对进出境行李物品的监管按照"自用、合理数量"原则进行。"自用"是指进出境旅客本人自用、馈赠亲友而非出售或出租，或者说是非牟利性的。货物是贸易性的（政府间捐赠物资等除外），为国家或单位进行国际贸易的交付物，其通关方式与个人自用进境"物品"是全然不同的。

张满弦分析认为，近期海关查获的少数进境旅客违规携带物品事件，其关键问题是相关海外购买的商品以非贸易"物品"渠道被带入，进入国内后又涉嫌再次销售，具有牟利性，"物品"成为"货物"。其中更有少数以牟利为目的的"专业海外代购"，不按海关规定申报和办理相关手续，涉嫌走私，有可能触及相关法规。

三、邮寄他国物品每次限值1000元

《中华人民共和国海关总署公告2010年第43号》规定：个人寄往港、澳、台地区的物品，每次限值为800元人民币；寄自或寄往其他国家和地区的物品，每次限值为1000元人民币。如果个人邮寄进出境物品超出规定限值的，应办理退运手续或者按照货物规定办理通关手续。

四、走私最高刑罚处无期徒刑

2011年2月，全国人大常委会第19次会议通过了《中华人民共和国刑法修正案（八）》，其中有三条规定：一是走私货物、物品偷逃应缴税额较大或者一年内曾因走私被给予二次行政处罚后又走私的，处三年以下有期徒刑或者拘役，并处偷逃应缴税额一倍以上、五倍以下罚金；二是走私货物、物品偷逃应缴税额巨大或者有其他严重情节的，处三年以上十年以下有期徒刑，并处偷逃应缴税额一倍以上五倍以下罚金；三是走私货物、物品偷逃应缴税额特别巨大或者有其他特别严重情节的，处十年以上有期徒刑或者无期徒刑，并处偷逃应缴税额一倍以上五倍以下罚金或者没收财产。

"最近北京海关公开的一起离职空姐海外代购逃税百万元获刑11年的案件，就是一个很好的警示。"张满弦说。

五、导游空乘人员当守法自律

对于经常执行出入境任务的航空公司员工，《中华人民共和国海关进出境运输工具监管办法》第五章明确规定：进出境运输工具工作人员携带物品进出境的，应当向海关申报并接受海关监管。

进出境运输工具工作人员携带的物品，应当以服务期间必需和自用合理数量为限。运输工具工作人员不得为其他人员托带物品进境或者出境。进出境运输工具工作人员需携带物品进入境内使用的，应当向海关办理手续，海关按照有关规定验放。

据了解，上述法规内容在民航空乘人员入职教育中都有培训考核，相关空乘人员应自觉遵守海关法规，不能"知法犯法"。

针对部分出境旅行团的导游兼职海外代购，并利用旅客关系，在进境环节帮忙分散托带货物的情况，海关提醒相关旅行社加强行业教育和监管，普通旅客如有发现应予以回绝并主动向海关举报，否则参与其中有可能要担负相关责任。

资料来源：江苏财经信息网. 海关详解境外购物免税规定[EB/OL].（2012-09-23）[2023-01-10]. http://www.jsck.com/sw/shuwjc/1209/40516.html.

本章习题

第九章　国际物流单证实务

学习目标

- 理解国际物流单证的含义,掌握信用证的相关知识;
- 掌握进出口货物各种单证的法律效力以及进出口货物报关单的法律责任;
- 了解进出口货物检验检疫的基本概念及申请的相关情况;
- 了解国际航空、海运、集装箱的运输方式,掌握各单证的填制要求。

引导案例

中远海运特运正式签发区块链电子提单

2023年1月3日,中远海运特运成功为纸浆COA客户ELDORADO签发首张电子提单——这是基于区块链技术电子提单在全球航运非集装箱领域的重大突破。

非集装箱领域的航运单票货量货值较大、运输周期较长、全球化产业链经营相关方复杂,对提单的流转要求灵活多样,基于区块链技术电子提单的应用,可在提升客户体验、提高产业链整体效率、拓展全球化供应链金融业务等方面发挥重要作用。

中远海运特运2022年完成了数字化航运平台与GSBN区块链平台、IQAX eBL电子提单系统的全面集成,正式具备了签发电子提单的服务能力。

中远海运特运数字化转型工作小组协同纸浆供应链事业部、运营与营销管理部等多个业务部门,以纸浆为起点,结合各类货物贸易特点开展了近半年的业务调研,针对客户的业务场景进行了电子提单的全生命周期设计,开发了电子提单的签发、流转、背书、改单、换单、转纸质提单等多项功能。

本次区块链电子提单的成功签发,意味着中远海运特运区块链技术的落地,实现了从0到1的突破。

未来,中远海运特运将聚焦"提升客户体验",全面推进公司的数字化转型升级、业务协同升级和客户服务升级,依托数字航运平台及区块链电子提单技术,为客户提供线上24小时签单、改单、换单以及无纸化放货服务,为客户贸易提供更便捷的一体化解决方案。

资料来源:中国远洋海运集团有限公司. 中远海运特运正式签发区块链电子提单[EB/OL]. (2023-01-05)[2023-01-10]. https://www.coscoshipping.com/art/2023/1/5/art_6864_307047.html.

第一节　国际物流单证概述

一、物流单证的含义及重要性

物流单证（logistics documents）是物流活动中使用的所有单据、票据和凭证的总称。

单证的种类有很多，其中有些是政府要求的，也有些是企业内部管理的需求，还有一些是商业伙伴、客户、银行或其他单位所需要的。单证并不仅仅是一张纸，其代表着流转和应用的一系列过程。单证工作是一种流转过程，而不仅仅是一种结果。单证指明了在贸易的任意环节中正在控制或对货物负责的当事人。单证使用的目的包括：符合规章要求、控制风险、达成一致和记录保存。

单证通常发挥非关税壁垒的作用，用来阻碍进口并且增加货物的进口成本，有时甚至导致贸易不可能获利。WTO一直致力于取消单证业务，并尝试确定作为非关税壁垒的文件的种类。共同市场和自由贸易协定就是为此提出的。在共同市场和自由贸易协定中，非关税壁垒基本被取消了，需要的单证也少了，取而代之的是使用独立的行政管理法规。

单证所扮演的另外一个角色就是控制风险。其中包括货物安全的问题。单证的合理使用可以有效地防止货物的丢失以及走私。相应地，单证处理过程也包括一些鉴定程序。单证需要前后相互对照，以防止走私者伪造单证，除非其能制造一份假单证并将这份单证输入政府的数据库中。

交通运输方式的不同影响单证的使用，也影响单证的处理程序。海洋运输需要几天或数周的时间，这就给当事人一定的时间去处理单证。相对应的，航空运输货物速度很快，这时单证就需要与货物同步。

单证的保密性也是极其重要的。如果可以得到发货商的发货记录，公司间就可以相互收集对方有价值的信息，发货商就可能导致在单证上作假。单证在私人企业内部流转时也可能会泄露机密。单证在私营部门间流转与在公共系统中流转的一个重要区别就是，公共机构通常有责任来保护私人信息，而私人机构却没有这个义务。

> **小提示**
>
> 在国际上，联合国的《国际商事合同通则》（Principles of International Commercial Contracts，PICC）建立了现在使用的绝大多数单证的标准。PICC适用于两个不同国家的实体之间发生货物贸易的情况。买者和卖者发生交易的地点必须是PICC认可的地方。对合约地点的要求，也指如果一国的两个企业签订的合同在国外施行，PICC也可发挥效力。但这种约定并不涵盖所有交易，如从拍卖中买到的货物等。联合国国际贸易法委员会（UNCITRAL）最早致力于统一贸易法规，其中就包括单证。例如，国际商会（International Chamber of Commerce，ICC）颁布新的提单指导说明后，联合国国际贸易法就会将其采纳，然后推广成为全球贸易的标准。

二、信用证概述

(一) 信用证的概念及性质

信用证（letter of credit）是银行做出的有条件的付款承诺，即银行根据开证申请人的请求和指示，向受益人开具的有一定金额，并在一定期限内凭规定的单据承诺付款的书面文件；或者是银行在规定金额、日期和单据的条件下，原代开证申请人承购受益人汇票的保证书。信用证属于银行信用，采用的是逆汇法。信用证广泛应用于国际流通领域。信用证有以下三个重要性质。

1. 信用证是一项自足文件

信用证虽然以贸易合同为基础，但一经开立，并被双方所接受，就成为独立于贸易合同之外的一种契约。《跟单信用证统一惯例（2007年修订版）》（以下简称《UCP600》）明确规定："信用证与其可能依据的销售合约或其他合约是性质上不同的业务。即使信用证中包含有关于该合约的任何援引，银行也与该合约完全无关，并不受其约束。"

2. 信用证是银行信用

信用证支付方式是一种银行信用，由开证行以自己的信用做出付款保证，在符合信用证规定的条件下，首先由开证行承担付款的责任。《UCP600》规定，开证行依照开证申请人的要求和指示，在规定的单据符合信用证条款的情况下，向受益人或其他指定人进行付款，或支付或承兑受益人开立的汇票；也可授权另一银行进行该项付款，或支付、承兑或议付该汇票。后一种情况并不能改变开证行作为第一付款人的责任。

3. 信用证也是单据买卖

《UCP600》明确规定："在信用证业务中，各有关方面处理的是单据，而不是与单据有关的货物、服务及（或）其他行为。"由此可见，信用证业务是一种纯粹的凭单据付款的业务。只要单据与单据相符、单据与信用证相符，银行就凭单付款。银行只认单据是否与信用证相符，而"对于任何单据的形式、完整性、准确性、真实性、伪造或法律效力，或单据上规定的或附加的一般及（或）特殊条件，概不负责"。对于货物是否存在、品质、包装是否完好、数（量）是否完整等，也不负责。因此，要想在使用信用证支付时安全、及时地收到货款，必须做到"单单一致""单证一致"。

(二) 信用证的类型

信用证按照不同的分类方式有多种类型，如下文所述。

（1）以信用证项下的汇票是否附有货运单据，可以分为跟单信用证及光票信用证。在国际贸易的货款结算中，绝大部分使用跟单信用证。

（2）以开证行所负的责任为标准，可以分为不可撤销信用证（irrevocable L/C）及可撤销信用证（revocable L/C）。《UCP600》规定银行不可开立可撤销信用证。

（3）以有无另一银行加以保证兑付为依据，可以分为保兑信用证（confirmed L/C）及不保兑信用证（unconfirmed L/C）。

（4）根据付款时间不同，可以分为即期信用证（sight L/C）、远期信用证（usance L/C）及假远期信用证（usance L/C payable at sight）。

（5）根据受益人对信用证的权利可否转让，可分为可转让信用证（transferable L/C）及不可转让信用证（non-transferable L/C）。

（6）红条款信用证（red clause L/C）。此种信用证可让开证行在收到单证之后，向卖家提前预付一部分款项。这种信用证常用于制造业。

（7）循环信用证（revolving L/C）。它通常在分批均匀交货情况下使用。在按金额循环的信用证条件下，恢复到原金额的具体做法有以下几种。

① 自动式循环。每期用完一定金额，不需等待开证行的通知，即可自动恢复到原金额。

② 非自动循环。每期用完一定金额后，必须等待开证行通知到达，信用证才能恢复到原金额使用。

③ 半自动循环。每次用完一定金额后若干天内，开证行未提出停止循环使用的通知，自第×天起即可自动恢复至原金额。

（8）对开信用证（reciprocal L/C）。它多用于易货贸易或来料加工和补偿贸易业务。

（9）背对背信用证（back to back L/C），又称转开信用证。背对背信用证的开立通常是中间商转售他人货物，或两国不能直接办理进出口贸易时，通过第三者以此种办法来沟通贸易。原信用证的金额（单价）应高于背对背信用证的金额（单价），背对背信用证的装运期应早于原信用证的规定。

（10）预支信用证/打包信用证（anticipatory L/C/packing L/C）。预支信用证凭出口人的光票付款，也有要求受益人附一份负责补交信用证规定单据的说明书，当货运单据交到后，付款行在付给剩余货款时，将扣除预支货款的利息。

（11）备用信用证（standby L/C），又称商业票据信用证（commercial paper L/C）。它是银行信用，对受益人来说，是备用于开证人违约时取得补偿的一种方式。

（三）汇票

汇票是由一人向另一人签发的书面、无条件支付命令，要求对方（接受命令的人）即期、定期或在可以确定的将来时间，向某人或指定人或持票人支付一定金额。在商品被发送出去之后，汇票就被送去启动支付程序，它使得出口方所系银行担当货款代收职能机构。

汇票有几种不同的类型。银行汇票是签发人为银行，付款人为其他银行的汇票；商业汇票是签发人为商号或者个人，付款人为其他商号、个人或银行的汇票。即期汇票指见票付款；远期汇票是在出票一定期限后或特定日期付款。在远期汇票中，记载一定的日期为到期日，于到期日付款的，为定期汇票；记载于出票日后一定期间付款的，为计期汇票；记载于见票后一定期间付款的，为注期汇票；将票面金额划为几份，并分别指定到期日的，为分期付款汇票。远期汇票按承兑人不同，分为商业承兑汇票、银行承兑汇票。光票汇票不负担货运单据，并且绝大多数是为了支付而直接印刷的，银行汇票多为光票。跟单汇票有票据保证,又称信用汇票、押汇汇票,是需要附带提单、仓单、保险单、装箱单和商业发票等单据,才能进行付款的汇票,商业汇票多为跟单汇票,在国际贸易中经常使用。

第二节 进出口货物报关单

一、进出口货物报关单的含义

进出口货物报关单是指进出口货物的收发货人或其代理人,按照海关规定的格式对进出口货物的实际情况做出书面申明,以此要求海关对其货物按适用的海关制度办理通关手续的法律文书。

二、进出口货物报关单的类别

1. 按进出口流向分类
（1）进口货物报关单。
（2）出口货物报关单。
2. 按表现形式分类
（1）纸质报关单。
（2）电子数据报关单。
3. 按海关监管方式分类
（1）进料加工进（出）口货物报关单。
（2）来料加工及补偿贸易进（出）口货物报关单。
（3）一般贸易及其贸易进（出）口货物报关单。

三、进出口货物报关单的填制规范

进出口货物报关单,分别如图9-1和图9-2所示。

（一）预录入编号

进出口货物报关单上方的预录入编号是指申报单位或预录入单位对该单位填制录入的报关单的编号,用于该单位与海关之间引用其申报后尚未接受申报的报关单。

预录入编号指预录入报关单的编号,一份报关单对应一个预录入编号,由系统自动生成。

报关单预录入编号为18位,其中第1~4位为接受申报海关的代码（海关规定的《关区代码表》中相应海关代码）,第5~8位为录入时的公历年份,第9位为进出口标志（"1"为进口,"0"为出口;集中申报清单"I"为进口,"E"为出口）,后9位为顺序编号。

中华人民共和国海关进口货物报关单

预录入编号：		海关编号：				页码页数：	
境内收货人		进境关别		进口日期		申报日期	备案号
境外发货人		运输方式		运输工具名称及航次号		提运单号	货物存放地点
消费使用单位		监管方式		征免性质		许可证号	启运港
合同协议号		贸易国（地区）		启运国（地区）		经停港	入境口岸
包装种类	件数	毛重（千克）		净重（千克）	成交方式	运费	杂费
随附单证及编号					保费		
标记唛码及备注							
项号	商品编号	商品名称及规格型号	数量及单位	单价/总价/币制	原产国（地区）	最终目的国（地区）	境内目的地 征免
特殊关系确认：		价格影响确认：		支付特许权使用费确认：	公式定价确认：	暂定价格确认：	自报自缴
报关人员	报关人员证号	电话		兹申明对以上内容承担如实申报、依法纳税之法律责任		海关批注及签章	
申报单位				申报单位（签章）			

图9-1 进口货物报关单

中华人民共和国海关出口货物报关单

预录入编号：				海关编号：		页码/页数：
境内发货人		出境关别	出口日期		申报日期	备案号
境外收货人		运输方式	运输工具名称及航次号		提运单号	
生产销售单位		监管方式	征免性质		许可证号	
合同协议号		贸易国（地区）	运抵国（地区）		指运港	离境口岸
包装种类		件数	毛重（千克）	净重（千克）	成交方式	运费	保费	杂费
随附单证及编号						
标记唛码及备注						
项号	商品编号	商品名称及规格型号	数量及单位	单价/总价/币制	原产国（地区）	最终目的国（地区）	境内货源地	征免
特殊关系确认：		价格影响确认：	支付特许权使用费确认：	公式定价确认：		暂定价格确认：	自报自缴：
报关人员		电话	兹申明对以上内容承担如实申报、依法纳税之法律责任			海关批注及签章	
申报单位			申报单位（签章）				

图 9-2　出口货物报关单

（二）海关编号

海关编号指海关接受申报时给予报关单的编号，一份报关单对应一个海关编号，由系统自动生成。

报关单海关编号为18位，其中第1~4位为接受申报海关的代码（海关规定的《关区代码表》中相应海关代码），第5~8位为海关接受申报的公历年份，第9位为进出口标志（"1"为进口，"0"为出口；集中申报清单"I"为进口，"E"为出口），后9位为顺序编号。

（三）境内收发货人

填报在海关备案的对外签订并执行进出口贸易合同的中国境内法人、其他组织名称及编码。编码填报18位法人和其他组织统一社会信用代码，没有统一社会信用代码的，填报其在海关的备案编码。

特殊情况下填报要求如下。

（1）进出口货物合同的签订者和执行者非同一企业的，填报执行合同的企业。

（2）外商投资企业委托进出口企业进口投资设备、物品的，填报外商投资企业，并在标记唛码及备注栏注明"委托某进出口企业进口"，同时注明被委托企业的18位法人和其他组织统一社会信用代码。

（3）有代理报关资格的报关企业代理其他进出口企业办理进出口报关手续时，填报委托的进出口企业。

（4）海关特殊监管区域收发货人填报该货物的实际经营单位或海关特殊监管区域内经营企业。

（5）免税品经营单位经营出口退税国产商品的，填报免税品经营单位名称。

（四）进出境关别

根据货物实际进出境的口岸海关，填报海关规定的《关区代码表》中相应口岸海关的名称及代码。

特殊情况填报要求如下。

进口转关运输货物填报货物进境地海关名称及代码，出口转关运输货物填报货物出境地海关名称及代码。按转关运输方式监管的跨关区深加工结转货物，出口报关单填报转出地海关名称及代码，进口报关单填报转入地海关名称及代码。

在不同海关特殊监管区域或保税监管场所之间调拨、转让的货物，填报对方海关特殊监管区域或保税监管场所所在的海关名称及代码。

其他无实际进出境的货物，填报接受申报的海关名称及代码。

（五）进出口日期

进口日期填报运载进口货物的运输工具申报进境的日期。出口日期指运载出口货物的运输工具办结出境手续的日期，在申报时免予填报。无实际进出境的货物，填报海关接受申报的日期。

进出口日期为 8 位数字,顺序为年(4 位)、月(2 位)、日(2 位)。

(六)申报日期

申报日期指海关接受进出口货物收发货人、受委托的报关企业申报数据的日期。以电子数据报关单方式申报的,申报日期为海关计算机系统接受申报数据时记录的日期。以纸质报关单方式申报的,申报日期为海关接受纸质报关单并对报关单进行登记处理的日期。本栏目在申报时免予填报。

申报日期为 8 位数字,顺序为年(4 位)、月(2 位)、日(2 位)。

(七)备案号

填报进出口货物收发货人、消费使用单位、生产销售单位在海关办理加工贸易合同备案或征、减、免税审核确认等手续时,海关核发的《加工贸易手册》、海关特殊监管区域和保税监管场所保税账册、《征免税证明》或其他备案审批文件的编号。

一份报关单只允许填报一个备案号,具体填报要求如下。

(1)加工贸易项下货物,除少量低值辅料按规定不使用《加工贸易手册》及以后续补税监管方式办理内销征税的外,填报《加工贸易手册》编号。

使用异地直接报关分册和异地深加工结转出口分册在异地口岸报关的,填报分册号;本地直接报关分册和本地深加工结转分册限制在本地报关,填报总册号。

加工贸易成品凭《征免税证明》转为减免税进口货物的,进口报关单填报《征免税证明》编号,出口报关单填报《加工贸易手册》编号。

对加工贸易设备、使用账册管理的海关特殊监管区域内减免税设备之间的结转,转入和转出企业分别填制进、出口报关单,在报关单"备案号"栏目填报《加工贸易手册》编号。

(2)涉及征、减、免税审核确认的报关单,填报《征免税证明》编号。

(3)减免税货物退运出口,填报《中华人民共和国海关进口减免税货物准予退运证明》的编号;减免税货物补税进口,填报《减免税货物补税通知书》的编号;减免税货物进口或结转进口(转入),填报《征免税证明》的编号;相应的结转出口(转出),填报《中华人民共和国海关进口减免税货物结转联系函》的编号。

(4)免税品经营单位经营出口退税国产商品的,免予填报。

(八)境外收发货人

境外收货人通常指签订并执行出口贸易合同中的买方或合同指定的收货人,境外发货人通常指签订并执行进口贸易合同中的卖方。

填报境外收发货人的名称及编码。名称一般填报英文名称,检验检疫要求填报其他外文名称的,在英文名称后填报,以半角括号分隔;对于 AEO(Authorized Economic Operator,经认证的经营者)互认国家(地区)企业,编码填报 AEO 编码,填报样式为:"国别(地区)代码+海关企业编码",如新加坡 AEO 企业 SG123456789012(新加坡国别代码+12 位企业编码);非互认国家(地区)AEO 企业等其他情形,编码免予填报。

特殊情况下无境外收发货人的，名称及编码填报"NO"。

（九）运输方式

运输方式包括实际运输方式和海关规定的特殊运输方式，前者指货物实际进出境的运输方式，主要有水路运输、铁路运输、公路运输、航空运输、邮件运输、其他运输（人力、兽力、管道、输送带和输电网络等方式）；后者指货物无实际进出境的运输方式，按货物在境内的流向分类。

根据货物实际进出境的运输方式或货物在境内流向的类别，按照海关规定的《运输方式代码表》选择填报相应的运输方式名称或代码。

1. 特殊情况填报要求

（1）非邮件方式进出境的快递货物，按实际运输方式填报。

（2）进口转关运输货物，按载运货物抵达进境地的运输工具填报；出口转关运输货物，按载运货物驶离出境地的运输工具填报。

（3）不复运出（入）境而留在境内（外）销售的进出境展览品、留赠转卖物品等，填报"其他运输"（代码9）。

（4）进出境旅客随身携带的货物，填报"旅客携带"（代码L）。

（5）以固定设施（包括输油、输水管道和输电网等）运输货物的，填报"固定设施运输"（代码G）。

2. 无实际进出境货物在境内流转时填报要求

（1）境内非保税区运入保税区货物和保税区退区货物，填报"非保税区"（代码0）。

（2）保税区运往境内非保税区货物，填报"保税区"（代码7）。

（3）境内存入出口监管仓库和出口监管仓库退仓货物，填报"监管仓库"（代码1）。

（4）保税仓库转内销货物或转加工贸易货物，填报"保税仓库"（代码8）。

（5）从境内保税物流中心外运入中心或从中心运往境内中心外的货物，填报"物流中心"（代码W）。

（6）从境内保税物流园区外运入园区或从园区内运往境内园区外的货物，填报"物流园区"（代码X）。

（7）保税港区、综合保税区与境内（区外）（非海关特殊监管区域、保税监管场所）之间进出的货物，填报"保税港区/综合保税区"（代码Y）。

（8）出口加工区、珠澳跨境工业区（珠海园区）、中哈霍尔果斯边境合作区（中方配套区）与境内（区外）（非海关特殊监管区域、保税监管场所）之间进出的货物，填报"出口加工区"（代码Z）。

（9）境内运入深港西部通道港方口岸区的货物，填报"边境特殊海关作业区"（代码H）。

（10）经横琴新区和平潭综合实验区（以下简称综合试验区）二线指定申报通道运往境内（区外）或从境内经二线指定申报通道进入综合试验区的货物，以及综合试验区内按选择性征收关税申报的货物，填报"综合试验区"（代码T）。

（11）海关特殊监管区域内的流转、调拨货物，海关特殊监管区域、保税监管场所之间的流转货物，海关特殊监管区域与境内（区外）之间进出的货物，海关特殊监管区域外的加工贸易余料结转、深加工结转、内销货物，以及其他境内流转货物，填报"其他运输"（代码9）。

（十）运输工具名称及航次号

填报载运货物实际进出境的运输工具名称或编号及航次号。填报内容应与运输部门向海关申报的舱单（载货清单）所列相应内容一致。

1. 运输工具名称填报要求

（1）直接在进出境地或采用全国通关一体化通关模式办理报关手续的报关单填报要求如下。

① 水路运输：填报船舶编号（来往港澳小型船舶为监管簿编号）或者船舶英文名称。

② 公路运输：启用公路舱单前，填报该跨境运输车辆的国内行驶车牌号，深圳提前报关模式的报关单填报国内行驶车牌号+"/"+"提前报关"。启用公路舱单后，免予填报。

③ 铁路运输：填报车厢编号或交接单号。

④ 航空运输：填报航班号。

⑤ 邮件运输：填报邮政包裹单号。

⑥ 其他运输：填报具体运输方式名称，如管道、驮畜等。

（2）转关运输货物的报关单填报要求如下。

① 进口。

A. 水路运输：直转、提前报关填报"@"+16位转关申报单预录入号（或13位载货清单号）；中转填报进境英文船名。

B. 铁路运输：直转、提前报关填报"@"+16位转关申报单预录入号；中转填报车厢编号。

C. 航空运输：直转、提前报关填报"@"+16位转关申报单预录入号（或13位载货清单号）；中转填报"@"。

D. 公路及其他运输：填报"@"+16位转关申报单预录入号（或13位载货清单号）。

E. 以上各种运输方式使用广东地区载货清单转关的提前报关货物填报"@"+13位载货清单号。

② 出口。

A. 水路运输：非中转填报"@"+16位转关申报单预录入号（或13位载货清单号）。如多张报关单需要通过一张转关单转关的，运输工具名称字段填报"@"。

中转货物，境内水路运输填报驳船船名；境内铁路运输填报车名（主管海关4位关区代码+"TRAIN"）；境内公路运输填报车名（主管海关4位关区代码+"TRUCK"）。

B. 铁路运输：填报"@"+16位转关申报单预录入号（或13位载货清单号），如多张报关单需要通过一张转关单转关的，填报"@"。

C. 航空运输：填报"@"+16位转关申报单预录入号（或13位载货清单号），如多张报关单需要通过一张转关单转关的，填报"@"。

D. 其他运输方式：填报"@"+16位转关申报单预录入号（或13位载货清单号）。

（3）采用"集中申报"通关方式办理报关手续的，报关单填报"集中申报"。

（4）免税品经营单位经营出口退税国产商品的，免予填报。

（5）无实际进出境的货物，免予填报。

2. 航次号的填报要求

航次是指船舶、飞机等出航编排的次第。航次号是指载运货物进出境的运输工具的航次编号。其具体填报要求如下。

（1）直接在进出境地或采用全国通关一体化通关模式办理报关手续的报关单。

① 水路运输：填报船舶的航次号。

② 公路运输：启用公路舱单前，填报运输车辆的 8 位进出境日期[顺序为年（4 位）、月（2 位）、日（2 位），下同]。启用公路舱单后，填报货物运输批次号。

③ 铁路运输：填报列车的进出境日期。

④ 航空运输：免予填报。

⑤ 邮件运输：填报运输工具的进出境日期。

⑥ 其他运输方式：免予填报。

（2）转关运输货物的报关单。

① 进口。

A．水路运输：中转转关方式填报"@"+进境干线船舶航次。直转、提前报关免予填报。

B．公路运输：免予填报。

C．铁路运输："@"+8 位进境日期。

D．航空运输：免予填报。

E．其他运输方式：免予填报。

② 出口。

A．水路运输：非中转货物免予填报。中转货物，境内水路运输填报驳船航次号；境内铁路、公路运输填报 6 位启运日期[顺序为年（2 位）、月（2 位）、日（2 位）]。

B．铁路拼车拼箱捆绑出口：免予填报。

C．航空运输：免予填报。

D．其他运输方式：免予填报。

（3）免税品经营单位经营出口退税国产商品的，免予填报。

（4）无实际进出境的货物，免予填报。

（十一）提运单号

填报进出口货物提单或运单的编号。一份报关单只允许填报一个提单或运单号，一票货物对应多个提单或运单时，应分单填报。

具体填报要求如下。

1. 直接在进出境地或采用全国通关一体化通关模式办理报关手续的

（1）水路运输：填报进出口提单号。如有分提单的，填报进出口提单号+"*"+分提单号。

（2）公路运输：启用公路舱单前，免予填报；启用公路舱单后，填报进出口总运单号。

(3) 铁路运输：填报运单号。
(4) 航空运输：填报总运单号+"_"（下画线）+分运单号，无分运单的填报总运单号。
(5) 邮件运输：填报邮运包裹单号。

2．转关运输货物的报关单
（1）进口。
① 水路运输：直转、中转填报提单号。提前报关免予填报。
② 铁路运输：直转、中转填报铁路运单号。提前报关免予填报。
③ 航空运输：直转、中转货物填报总运单号+"_"+分运单号。提前报关免予填报。
④ 其他运输方式：免予填报。
⑤ 以上运输方式进境货物，在广东省内用公路运输转关的，填报车牌号。
（2）出口。
① 水路运输：中转货物填报提单号；非中转货物免予填报；广东省内汽车运输提前报关的转关货物，填报承运车辆的车牌号。
② 其他运输方式：免予填报。广东省内汽车运输提前报关的转关货物，填报承运车辆的车牌号。

3．采用"集中申报"通关方式办理报关手续的，报关单填报归并的集中申报清单的进出口起止日期[按年（4位）月（2位）日（2位）年（4位）月（2位）日（2位）]

4．无实际进出境的货物，免予填报

（十二）货物存放地点

填报货物进境后存放的场所或地点，包括海关监管作业场所、分拨仓库、定点加工厂、隔离检疫场、企业自有仓库等。

（十三）消费使用单位/生产销售单位

（1）消费使用单位填报已知的进口货物在境内的最终消费、使用单位的名称，具体如下。
① 自行进口货物的单位。
② 委托进出口企业进口货物的单位。
（2）生产销售单位填报出口货物在境内的生产或销售单位的名称，具体如下。
① 自行出口货物的单位。
② 委托进出口企业出口货物的单位。
③ 免税品经营单位经营出口退税国产商品的，填报该免税品经营单位统一管理的免税店。
（3）减免税货物报关单的消费使用单位/生产销售单位应与《中华人民共和国海关进出口货物征免税证明》（以下简称《征免税证明》）的"减免税申请人"一致；保税监管场所与境外之间的进出境货物，消费使用单位/生产销售单位填报保税监管场所的名称[保税物流中心（B型）填报中心内企业名称]。
（4）海关特殊监管区域的消费使用单位/生产销售单位填报区域内经营企业（"加工

单位"或"仓库")。

（5）编码填报要求如下。

① 填报 18 位法人和其他组织统一社会信用代码。

② 无 18 位统一社会信用代码的，填报"NO"。

（6）进口货物在境内的最终消费或使用以及出口货物在境内的生产或销售的对象为自然人的，填报身份证号、护照号、台胞证号等有效证件号码及姓名。

（十四）监管方式

监管方式是以国际贸易中进出口货物的交易方式为基础，结合海关对进出口货物的征税、统计及监管条件综合设定的海关对进出口货物的管理方式。其代码由 4 位数字构成，前两位是按照海关监管要求和计算机管理需要划分的分类代码，后两位是参照国际标准编制的贸易方式代码。

根据实际对外贸易情况，按海关规定的《监管方式代码表》选择填报相应的监管方式简称及代码。一份报关单只允许填报一种监管方式。

特殊情况下加工贸易货物监管方式填报要求如下。

（1）进口少量低值辅料（即 5000 美元以下，78 种以内的低值辅料）按规定不使用《加工贸易手册》的，填报"低值辅料"。使用《加工贸易手册》的，按《加工贸易手册》上的监管方式填报。

（2）加工贸易料件转内销货物以及按料件办理进口手续的转内销制成品、残次品、未完成品，填制进口报关单，填报"来料料件内销"或"进料料件内销"；加工贸易成品凭《征免税证明》转为减免税进口货物的，分别填制进、出口报关单，出口报关单填报"来料成品减免"或"进料成品减免"，进口报关单按照实际监管方式填报。

（3）加工贸易出口成品因故退运进口及复运出口的，填报"来料成品退换"或"进料成品退换"；加工贸易进口料件因换料退运出口及复运进口的，填报"来料料件退换"或"进料料件退换"；加工贸易过程中产生的剩余料件、边角料退运出口，以及进口料件因品质、规格等原因退运出口且不再更换同类货物进口的，分别填报"来料料件复出""来料边角料复出""进料料件复出""进料边角料复出"。

（4）加工贸易边角料内销和副产品内销，填制进口报关单，填报"来料边角料内销"或"进料边角料内销"。

（5）企业销毁处置加工贸易货物未获得收入，销毁处置货物为料件、残次品的，填报"料件销毁"；销毁处置货物为边角料、副产品的，填报"边角料销毁"。

企业销毁处置加工贸易货物获得收入的，填报为"进料边角料内销"或"来料边角料内销"。

（6）免税品经营单位经营出口退税国产商品的，填报"其他"。

（十五）征免性质

征免性质是海关根据《中华人民共和国海关法》《中华人民共和国进出口关税条例》及国家有关政策对进出口货物实施的征、减、免税管理的性质类别。

根据实际情况按海关规定的《征免性质代码表》选择填报相应的征免性质简称及代码，持有海关核发的《征免税证明》的，按照《征免税证明》中批注的征免性质填报。一份报关单只允许填报一种征免性质。

加工贸易货物报关单按照海关核发的《加工贸易手册》中批注的征免性质简称及代码填报。特殊情况填报要求如下。

（1）加工贸易转内销货物，按实际情况填报（如一般征税、科教用品、其他法定等）。

（2）料件退运出口、成品退运进口货物填报"其他法定"（代码299）。

（3）加工贸易结转货物，免予填报。

（4）免税品经营单位经营出口退税国产商品的，填报"其他法定"。

（十六）许可证号

填报进（出）口许可证、两用物项和技术进（出）口许可证、两用物项和技术出口许可证（定向）、纺织品临时出口许可证、出口许可证（加工贸易）、出口许可证（边境小额贸易）的编号。

免税品经营单位经营出口退税国产商品的，免予填报。

一份报关单只允许填报一个许可证号。

（十七）启运港

填报进口货物在运抵我国关境前的第一个境外装运港。

根据实际情况，按海关规定的《港口代码表》填报相应的港口名称及代码，未在《港口代码表》列明的，填报相应的国家名称及代码。货物从海关特殊监管区域或保税监管场所运至境内（区外）的，填报《港口代码表》中相应海关特殊监管区域或保税监管场所的名称及代码，未在《港口代码表》中列明的，填报"未列出的特殊监管区"及代码。

其他无实际进境的货物，填报"中国境内"及代码。

（十八）合同协议号

填报进出口货物合同（包括协议或订单）编号。未发生商业性交易的免予填报。

免税品经营单位经营出口退税国产商品的，免予填报。

（十九）贸易国（地区）

发生商业性交易的进口填报购自国（地区），出口填报售予国（地区）。未发生商业性交易的填报货物所有权拥有者所属的国家（地区）。

按海关规定的《国别（地区）代码表》选择填报相应的贸易国（地区）中文名称及代码。

（二十）启运国（地区）/运抵国（地区）

启运国（地区）填报进口货物启始发出直接运抵我国或者在运输中转国（地区）未发生任何商业性交易的情况下运抵我国的国家（地区）。

运抵国（地区）填报出口货物离开我国关境直接运抵或者在运输中转国（地区）未发生任何商业性交易的情况下最后运抵的国家（地区）。

不经过第三国（地区）转运的直接运输进出口货物，以进口货物的装货港所在国（地区）为启运国（地区），以出口货物的指运港所在国（地区）为运抵国（地区）。

经过第三国（地区）转运的进出口货物，如在中转国（地区）发生商业性交易，则以中转国（地区）作为启运/运抵国（地区）。

按海关规定的《国别（地区）代码表》选择填报相应的启运国（地区）或运抵国（地区）中文名称及代码。

无实际进出境的货物，填报"中国"及代码。

（二十一）经停港/指运港

经停港填报进口货物在运抵我国关境前的最后一个境外装运港。

指运港填报出口货物运往境外的最终目的港；最终目的港不可预知的，按尽可能预知的目的港填报。

根据实际情况，按海关规定的《港口代码表》选择填报相应的港口名称及代码。经停港/指运港在《港口代码表》中无港口名称及代码的，可选择填报相应的国家名称及代码。

无实际进出境的货物，填报"中国境内"及代码。

（二十二）入境口岸/离境口岸

入境口岸填报进境货物从跨境运输工具卸离的第一个境内口岸的中文名称及代码；采取多式联运跨境运输的，填报多式联运货物最终卸离的境内口岸中文名称及代码；过境货物填报货物进入境内的第一个口岸的中文名称及代码；从海关特殊监管区域或保税监管场所进境的，填报海关特殊监管区域或保税监管场所的中文名称及代码。其他无实际进境的货物，填报货物所在地的城市名称及代码。

离境口岸填报装运出境货物的跨境运输工具离境的第一个境内口岸的中文名称及代码；采取多式联运跨境运输的，填报多式联运货物最初离境的境内口岸中文名称及代码；过境货物填报货物离境的第一个境内口岸的中文名称及代码；从海关特殊监管区域或保税监管场所出境的，填报海关特殊监管区域或保税监管场所的中文名称及代码。其他无实际出境的货物，填报货物所在地的城市名称及代码。

入境口岸/离境口岸类型包括港口、码头、机场、机场货运通道、边境口岸、火车站、车辆装卸点、车检场、陆路港、坐落在口岸的海关特殊监管区域等。按海关规定的《国内口岸编码表》选择填报相应的境内口岸名称及代码。

（二十三）包装种类

填报进出口货物的所有包装材料，包括运输包装和其他包装，按海关规定的《包装种类代码表》选择填报相应的包装种类名称及代码。运输包装指提运单所列货物件数单位对应的包装，其他包装包括货物的各类包装，以及植物性铺垫材料等。

（二十四）件数

填报进出口货物运输包装的件数（按运输包装计）。特殊情况填报要求如下。

（1）舱单件数为集装箱的，填报集装箱个数。

(2)舱单件数为托盘的，填报托盘数。

不得填报为零，裸装货物填报为"1"。

（二十五）毛重（千克）

毛重（gross weight，缩写为 G.W.），指填报进出口货物及其包装材料的重量之和，计量单位为千克，不足一千克的填报为"1"。

（二十六）净重（千克）

净重（net weight，缩写为 N.W.），指填报进出口货物的毛重减去外包装材料后的重量，即货物本身的实际重量，计量单位为千克，不足一千克的填报为"1"。

（二十七）成交方式

根据实际成交价格条款，按海关规定的《成交方式代码表》选择填报相应的成交方式的代码。

无实际进出境的，进口填报 CIF 或其代码，出口填报 FOB 或其代码。

（二十八）运费

填报进口货物运抵我国境内输入地点起卸前的运输费用，出口货物运至我国境内输出地点装载后的运输费用。

运费可按运费单价、总价或运费率三种方式之一填报，注明运费标记（运费标记"1"表示运费率，"2"表示每吨货物的运费单价，"3"表示运费总价），并按海关规定的《货币代码表》选择填报相应的币种代码。

免税品经营单位经营出口退税国产商品的，免予填报。

（二十九）保费

填报进口货物运抵我国境内输入地点起卸前的保险费用，出口货物运至我国境内输出地点装载后的保险费用。

保费可按保险费总价或保险费率两种方式之一填报，注明保险费标记（保险费标记"1"表示保险费率，"3"表示保险费总价），并按海关规定的《货币代码表》选择填报相应的币种代码。

免税品经营单位经营出口退税国产商品的，免予填报。

（三十）杂费

填报成交价格以外的、按照《中华人民共和国进出口关税条例》相关规定应计入完税价格或应从完税价格中扣除的费用，如手续费、佣金、回扣等费用。可按杂费总价或杂费率两种方式之一填报，注明杂费标记（杂费标记"1"表示杂费率，"3"表示杂费总价），并按海关规定的《货币代码表》选择填报相应的币种代码。

应计入完税价格的杂费填报为正值或正率，应从完税价格中扣除的杂费填报为负值或负率。

免税品经营单位经营出口退税国产商品的，免予填报。

（三十一）随附单证及编号

根据海关规定的《监管证件代码表》和《随附单证代码表》选择填报除本规范第十六条规定的许可证件以外的其他进出口许可证件或监管证件、随附单据代码及编号。

本栏目分为"随附单证代码"和"随附单证编号"两栏，其中"随附单证代码"栏按海关规定的《监管证件代码表》和《随附单证代码表》选择填报相应证件代码；"随附单证编号"栏填报证件编号。

（1）加工贸易内销征税报关单，"随附单证代码"栏填报"c"，"随附单证编号"栏填报海关审核通过的内销征税联系单号。

（2）一般贸易进出口货物，只能使用原产地证书申请享受协定税率或者特惠税率（以下统称优惠税率）的（无原产地声明模式），"随附单证代码"栏填报原产地证书代码"Y"，在"随附单证编号"栏填报"<优惠贸易协定代码>"和"原产地证书编号"。可以使用原产地证书或者原产地声明申请享受优惠税率的（有原产地声明模式），"随附单证代码"栏填写"Y"，"随附单证编号"栏填报"<优惠贸易协定代码>"、"C"（凭原产地证书申报）或"D"（凭原产地声明申报），以及"原产地证书编号（或者原产地声明序列号）"。一份报关单对应一份原产地证书或原产地声明。各优惠贸易协定代码如下。

① "01"为"亚太贸易协定"。
② "02"为"中国—东盟自贸协定"。
③ "03"为"内地与香港紧密经贸关系安排"（香港CEPA）。
④ "04"为"内地与澳门紧密经贸关系安排"（澳门CEPA）。
⑤ "06"为"台湾地区农产品零关税措施"。
⑥ "07"为"中国—巴基斯坦自贸协定"。
⑦ "08"为"中国—智利自贸协定"。
⑧ "10"为"中国—新西兰自贸协定"。
⑨ "11"为"中国—新加坡自贸协定"。
⑩ "12"为"中国—秘鲁自贸协定"。
⑪ "13"为"最不发达国家特别优惠关税待遇"。
⑫ "14"为"海峡两岸经济合作框架协议（ECFA）"。
⑬ "15"为"中国—哥斯达黎加自贸协定"。
⑭ "16"为"中国—冰岛自贸协定"。
⑮ "17"为"中国—瑞士自贸协定"。
⑯ "18"为"中国—澳大利亚自贸协定"。
⑰ "19"为"中国—韩国自贸协定"。
⑱ "20"为"中国—格鲁吉亚自贸协定"。
⑲ "21"为"中国—毛里求斯自贸协定"。

海关特殊监管区域和保税监管场所内销货物申请适用优惠税率的，有关货物进出海关特殊监管区域和保税监管场所以及内销时，已通过原产地电子信息交换系统实现电子联网的优惠贸易协定项下货物报关单，按照上述一般贸易要求填报；未实现电子联网的优惠贸易协定项下货物报关单，"随附单证代码"栏填报"Y"，"随附单证编号"栏填报"<优惠贸易协定代码>"和"原产地证据文件备案号"。"原产地证据文件备案号"为进出口货物的收发货物人或者其代理人录入原产地证据文件电子信息后，系统自动生成的号码。

向香港或者澳门特别行政区出口用于生产香港 CEPA 或者澳门 CEPA 项下货物的原材料时，按照上述一般贸易填报要求填制报关单，香港或澳门生产厂商在香港工贸署或者澳门经济局登记备案的有关备案号填报在"关联备案"栏。

"单证对应关系表"中填报报关单上的申报商品项与原产地证书（原产地声明）上的商品项之间的对应关系。报关单上的商品序号与原产地证书（原产地声明）上的项目编号应一一对应，不要求顺序对应。同一批次进口货物可以在同一报关单中申报，不享受优惠税率的货物序号不填报在"单证对应关系表"中。

（3）各优惠贸易协定项下，免提交原产地证据文件的小金额进口货物"随附单证代码"栏填报"Y"，"随附单证编号"栏填报"<优惠贸易协定代码>XJE00000"，"单证对应关系表"享惠报关单项号按实际填报，对应单证项号与享惠报关单项号相同。

（三十二）标记唛码及备注

填报要求如下：

（1）标记唛码中除图形以外的文字、数字，无标记唛码的填报 N/M。

（2）受外商投资企业委托代理其进口投资设备、物品的进出口企业名称。

（3）与本报关单有关联关系的，同时在业务管理规范方面又要求填报的备案号，填报在电子数据报关单中的"关联备案"栏。

保税间流转货物、加工贸易结转货物及凭《征免税证明》转内销货物，其对应的备案号填报在"关联备案"栏。

减免税货物结转进口（转入），"关联备案"栏填报本次减免税货物结转所申请的《中华人民共和国海关进口减免税货物结转联系函》的编号。

减免税货物结转出口（转出），"关联备案"栏填报与其相对应的进口（转入）报关单"备案号"栏中《征免税证明》的编号。

（4）与本报关单有关联关系的，同时在业务管理规范方面又要求填报的报关单号，填报在电子数据报关单中的"关联报关单"栏。

保税间流转、加工贸易结转类的报关单，应先办理进口报关，并将进口报关单号填入出口报关单的"关联报关单"栏。

办理进口货物直接退运手续的，除另有规定外，应先填制出口报关单，再填制进口报关单，并将出口报关单号填报在进口报关单的"关联报关单"栏。

减免税货物结转出口（转出），应先办理进口报关，并将进口（转入）报关单号填入出口（转出）报关单的"关联报关单"栏。

（5）办理进口货物直接退运手续的，填报"<ZT"+"海关审核联系单号或者《海关责令进口货物直接退运通知书》编号"+">"。

（6）保税监管场所进出货物，在"保税/监管场所"栏填报本保税监管场所编码（保税物流中心（B 型）填报本中心的国内地区代码），其中涉及货物在保税监管场所间流转的，在本栏填报对方保税监管场所代码。

（7）涉及加工贸易货物销毁处置的，填报海关加工贸易货物销毁处置申报表编号。

（8）当监管方式为"暂时进出货物"（2600）和"展览品"（2700）时，填报要求如下。

① 根据《中华人民共和国海关暂时进出境货物管理办法》（海关总署令第 233 号，以下简称《管理办法》）第三条第一款所列项目，填报暂时进出境货物类别，如暂进六，暂出九。

② 根据《管理办法》第十条规定，填报复运出境或者复运进境日期，期限应在货物进出境之日起 6 个月内，如 20180815 前复运进境，20181020 前复运出境。

③ 根据《管理办法》第七条，向海关申请对有关货物是否属于暂时进出境货物进行审核确认的，填报《中华人民共和国××海关暂时进出境货物审核确认书》编号，如<ZS 海关审核确认书编号>，其中英文为大写字母；无此项目的，无须填报。

上述内容依次填报，项目间用"/"分隔，前后均不加空格。

④ 收发货人或其代理人申报货物复运进境或者复运出境的：货物办理过延期的，根据《管理办法》填报《货物暂时进/出境延期办理单》的海关回执编号，如<ZS 海关回执编号>，其中英文为大写字母；无此项目的，无须填报。

（9）跨境电子商务进出口货物，填报"跨境电子商务"。

（10）加工贸易副产品内销，填报"加工贸易副产品内销"。

（11）服务外包货物进口，填报"国际服务外包进口货物"。

（12）公式定价进口货物填报公式定价备案号，格式为："公式定价"+备案编号+"@"。对于同一报关单下有多项商品的，如某项或某几项商品为公式定价备案的，则备注栏内填报为："公式定价"+备案编号+"#"+商品序号+"@"。

（13）进出口与《预裁定决定书》列明情形相同的货物时，按照《预裁定决定书》填报，格式为："预裁定+《预裁定决定书》编号"（例如，某份预裁定决定书编号为 R-2-0100-2018-0001，则填报为"预裁定 R-2-0100-2018-0001"）。

（14）含归类行政裁定报关单，填报归类行政裁定编号，格式为："c"+四位数字编号，例如 c0001。

（15）已经在进入特殊监管区时完成检验的货物，在出区入境申报时，填报"预检验"字样，同时在"关联报检单"栏填报实施预检验的报关单号。

（16）进口直接退运的货物，填报"直接退运"字样。

（17）企业提供 ATA 单证册的货物，填报"ATA 单证册"字样。

（18）不含动物源性低风险生物制品，填报"不含动物源性"字样。

（19）货物自境外进入境内特殊监管区或者保税仓库的，填报"保税入库"或者"境外入区"字样。

（20）海关特殊监管区域与境内（区外）之间采用分送集报方式进出的货物，填报"分送集报"字样。

（21）军事装备出入境的，填报"军品"或"军事装备"字样。

（22）申报 HS 为 3821000000、3002300000 的，属于下列情况的，填报要求为：属于培养基的，填报"培养基"字样；属于化学试剂的，填报"化学试剂"字样；不含动物源性成分的，填报"不含动物源性"字样。

（23）属于修理物品的，填报"修理物品"字样。

（24）属于下列情况的，填报"压力容器""成套设备""食品添加剂""成品退换""旧机电产品"等字样。

（25）HS 为 2903890020（入境六溴环十二烷），用途为"其他（99）"的，填报具体用途。

（26）集装箱体信息填报集装箱号（在集装箱箱体上标示的全球唯一编号）、集装箱规格、集装箱商品项号关系（单个集装箱对应的商品项号，半角逗号分隔）、集装箱货重（集装箱箱体自重+装载货物重量，千克）。

（27）申报时其他必须说明的事项。

（三十三）项号

分两行填报。第一行填报报关单中的商品顺序编号；第二行填报"备案序号"，专用于加工贸易及保税、减免税等已备案、审批的货物，填报该项货物在《加工贸易手册》或《征免税证明》等备案、审批单证中的顺序编号。有关优惠贸易协定项下报关单填制要求按照海关总署相关规定执行。其中第二行特殊情况填报要求如下。

（1）深加工结转货物，分别按照《加工贸易手册》中的进口料件项号和出口成品项号填报。

（2）料件结转货物（包括料件、制成品和未完成品折料），出口报关单按照转出《加工贸易手册》中进口料件的项号填报，进口报关单按照转进《加工贸易手册》中进口料件的项号填报。

（3）料件复出货物（包括料件、边角料），出口报关单按照《加工贸易手册》中进口料件的项号填报；如边角料对应一个以上料件项号时，填报主要料件项号。料件退换货物（包括料件、不包括未完成品），进出口报关单按照《加工贸易手册》中进口料件的项号填报。

（4）成品退换货物，退运进境报关单和复运出境报关单按照《加工贸易手册》原出口成品的项号填报。

（5）加工贸易料件转内销货物（以及按料件办理进口手续的转内销制成品、残次品、未完成品）填制进口报关单，填报《加工贸易手册》进口料件的项号；加工贸易边角料、副产品内销，填报《加工贸易手册》中对应的进口料件项号。如边角料或副产品对应一个以上料件项号时，填报主要料件项号。

（6）加工贸易成品凭《征免税证明》转为减免税货物进口的，应先办理进口报关手续。进口报关单填报《征免税证明》中的项号，出口报关单填报《加工贸易手册》原出口成品项号，进、出口报关单货物数量应一致。

（7）加工贸易货物销毁，填报《加工贸易手册》中相应的进口料件项号。

（8）加工贸易副产品退运出口、结转出口，填报《加工贸易手册》中新增成品的出口项号。

（9）经海关批准实行加工贸易联网监管的企业，按海关联网监管要求，企业需申报报关清单的，应在向海关申报进出口（包括形式进出口）报关单前，向海关申报"清单"。一份报关清单对应一份报关单，报关单上的商品由报关清单归并而得。加工贸易电子账册报关单中项号、品名、规格等栏目的填制规范比照《加工贸易手册》。

（三十四）商品编号

填报由 13 位数字组成的商品编号。前 8 位为《中华人民共和国进出口税则》和《中华人民共和国海关统计商品目录》确定的编码；9、10 位为监管附加编号，11~13 位为检验检疫附加编号。

（三十五）商品名称及规格型号

分两行填报。第一行填报进出口货物规范的中文商品名称，第二行填报规格型号。具体填报要求如下。

（1）商品名称及规格型号应据实填报，并与进出口货物收发货人或受委托的报关企业所提交的合同、发票等相关单证相符。

（2）商品名称应当规范，规格型号应当足够详细，以能满足海关归类、审价及许可证件管理要求为准，可参照《中华人民共和国海关进出口商品规范申报目录》中对商品名称、规格型号的要求进行填报。

（3）已备案的加工贸易及保税货物，填报的内容必须与备案登记中同项号下货物的商品名称一致。

（4）对需要海关签发《货物进口证明书》的车辆，商品名称栏填报"车辆品牌+排气量（注明 cc）+车型（如越野车、小轿车等）"。进口汽车底盘不填报排气量。车辆品牌按照《进口机动车辆制造厂名称和车辆品牌中英文对照表》中"签注名称"一栏的要求填报。规格型号栏可填报"汽油型"等。

（5）由同一运输工具同时运抵同一口岸并且属于同一收货人、使用同一提单的多种进口货物，按照商品归类规则应当归入同一商品编号的，应当将有关商品一并归入该商品编号。商品名称填报一并归类后的商品名称，规格型号填报一并归类后商品的规格型号。

（6）加工贸易边角料和副产品内销，边角料复出口，填报其报验状态的名称和规格型号。

（7）进口货物收货人以一般贸易方式申报进口属于《需要详细列名申报的汽车零部件清单》（海关总署 2006 年第 64 号公告）范围内的汽车生产件的，按以下要求填报。

① 商品名称填报进口汽车零部件的详细中文商品名称和品牌，中文商品名称与品牌之间用"/"相隔，必要时加注英文商业名称；进口的成套散件或者毛坯件应在品牌后加注"成套散件""毛坯"等字样，并与品牌之间用"/"相隔。

② 规格型号填报汽车零部件的完整编号。在零部件编号前应当加注"S"字样，并与零部件编号之间用"/"相隔，零部件编号之后应当依次加注该零部件适用的汽车品牌和车型。汽车零部件属于可以适用于多种汽车车型的通用零部件的，零部件编号后应当加注"TY"字样，并用"/"与零部件编号相隔。与进口汽车零部件规格型号相关的其他需要申

报的要素,或者海关规定的其他需要申报的要素,如"功率""排气量"等,应当在车型或"TY"之后填报,并用"/"与之相隔。汽车零部件报验状态是成套散件的,应当在"标记唛码及备注"栏内填报该成套散件装配后的最终完整品的零部件编号。

(8)进口货物收货人以一般贸易方式申报进口属于《需要详细列名申报的汽车零部件清单》(海关总署2006年第64号公告)范围内的汽车维修件的,填报规格型号时,应当在零部件编号前加注"W",并与零部件编号之间用"/"相隔;进口维修件的品牌与该零部件适用的整车厂牌不一致的,应当在零部件编号前加注"WF",并与零部件编号之间用"/"相隔。其余申报要求同上条执行。

(9)品牌类型。品牌类型为必填项目,可选择"无品牌""境内自主品牌""境内收购品牌""境外品牌(贴牌生产)""境外品牌(其他)"如实填报。其中,"境内自主品牌"是指由境内企业自主开发、拥有自主知识产权的品牌;"境内收购品牌"是指境内企业收购的原境外品牌;"境外品牌(贴牌生产)"是指境内企业代工贴牌生产中使用的境外品牌;"境外品牌(其他)"是指除代工贴牌生产以外使用的境外品牌。

(10)出口享惠情况。出口享惠情况为出口报关单必填项目,可选择"出口货物在最终目的国(地区)不享受优惠关税""出口货物在最终目的国(地区)享受优惠关税""出口货物不能确定在最终目的国(地区)享受优惠关税"如实填报。进口货物报关单不填报该申报项。

(11)申报进口已获3C认证的机动车辆时,填报以下信息。

① 提运单日期。填报该项货物的提运单签发日期。

② 质量保质期。填报机动车的质量保证期。

③ 发动机号或电机号。填报机动车的发动机号或电机号,应与机动车上打刻的发动机号或电机号相符。纯电动汽车、插电式混合动力汽车、燃料电池汽车为电机号,其他机动车为发动机号。

④ 车辆识别代码(VIN)。填报机动车车辆识别代码,须符合国家强制性标准《道路车辆车辆识别代号(VIN)》(GB 16735)的要求。该项目一般与机动车的底盘(车架号)相同。

⑤ 发票所列数量。填报对应发票中所列进口机动车的数量。

⑥ 品名(中文名称)。填报机动车中文品名,按《进口机动车辆制造厂名称和车辆品牌中英文对照表》(原质检总局2004年52号公告)的要求填报。

⑦ 品名(英文名称)。填报机动车英文品名,按《进口机动车辆制造厂名称和车辆品牌中英文对照表》(原质检总局2004年52号公告)的要求填报。

⑧ 型号(英文)。填报机动车型号,与机动车产品标牌上整车型号一栏相符。

(三十六)数量及单位

分三行填报。

(1)第一行按进出口货物的法定第一计量单位填报数量及单位,法定计量单位以《中华人民共和国海关统计商品目录》中的计量单位为准。

(2)凡列明有法定第二计量单位的,在第二行按照法定第二计量单位填报数量及单位。

无法定第二计量单位的,第二行为空。

（3）成交计量单位及数量填报在第三行。

（4）法定计量单位为"千克"的数量填报,特殊情况下填报要求如下。

① 装入可重复使用的包装容器的货物,按货物扣除包装容器后的重量填报,如罐装同位素、罐装氧气及类似品等。

② 使用不可分割包装材料和包装容器的货物,按货物的净重填报（即包括内层直接包装的净重重量）,如采用供零售包装的罐头、药品及类似品等。

③ 按照商业惯例以公量重计价的商品,按公量重填报,如未脱脂羊毛、羊毛条等。

④ 采用毛重作为净重计价的货物,可按毛重填报,如粮食、饲料等大宗散装货物。

⑤ 采用零售包装的酒类、饮料、化妆品,按照液体部分的重量填报。

（5）成套设备、减免税货物如需分批进口,货物实际进口时,按照实际报验状态确定数量。

（6）具有完整品或制成品基本特征的不完整品、未制成品,根据《商品名称及编码协调制度》归类规则按完整品归类的,按照构成完整品的实际数量填报。

（7）已备案的加工贸易及保税货物,成交计量单位必须与《加工贸易手册》中同项号下货物的计量单位一致,加工贸易边角料和副产品内销、边角料复出口,填报其报验状态的计量单位。

（8）优惠贸易协定项下进出口商品的成交计量单位必须与原产地证书上对应商品的计量单位一致。

（9）法定计量单位为"立方米"的气体货物,折算成标准状况（即零摄氏度及1个标准大气压）下的体积进行填报。

（三十七）单价

填报同一项号下进出口货物实际成交的商品单位价格。无实际成交价格的,填报单位货值。

（三十八）总价

填报同一项号下进出口货物实际成交的商品总价格。无实际成交价格的,填报货值。

（三十九）币制

按海关规定的《货币代码表》选择相应的货币名称及代码填报,如《货币代码表》中无实际成交币种,需将实际成交货币按申报日外汇折算率折算成《货币代码表》列明的货币填报。

（四十）原产国（地区）

原产国（地区）依据《中华人民共和国进出口货物原产地条例》《中华人民共和国海关关于执行〈非优惠原产地规则中实质性改变标准〉的规定》以及海关总署关于各项优惠贸易协定原产地管理规章规定的原产地确定标准填报。同一批进出口货物的原产地不同的,分别填报原产国（地区）。原产国（地区）无法确定的,填报"国别不详"。

按海关规定的《国别（地区）代码表》选择填报相应的国家（地区）名称及代码。

（四十一）最终目的国（地区）

最终目的国（地区）填报已知的进出口货物的最终实际消费、使用或进一步加工制造国家（地区）。不经过第三国（地区）转运的直接运输货物，以运抵国（地区）为最终目的国（地区）；经过第三国（地区）转运的货物，以最后运往国（地区）为最终目的国（地区）。同一批进出口货物的最终目的国（地区）不同的，分别填报最终目的国（地区）。进出口货物不能确定最终目的国（地区）时，以尽可能预知的最后运往国（地区）为最终目的国（地区）。

按海关规定的《国别（地区）代码表》选择填报相应的国家（地区）名称及代码。

（四十二）境内目的地/境内货源地

境内目的地填报已知的进口货物在国内的消费、使用地或最终运抵地，其中最终运抵地为最终使用单位所在的地区。最终使用单位难以确定的，填报货物进口时预知的最终收货单位所在地。

境内货源地填报出口货物在国内的产地或原始发货地。出口货物产地难以确定的，填报最早发运该出口货物的单位所在地。

海关特殊监管区域、保税物流中心（B型）与境外之间的进出境货物，境内目的地／境内货源地填报本海关特殊监管区域、保税物流中心（B型）所对应的国内地区名称及代码。

按海关规定的《国内地区代码表》选择填报相应的国内地区名称及代码，并根据《中华人民共和国行政区划代码表》选择填报境内目的地对应的县级行政区名称及代码。无下属区县级行政区的，可选择填报地市级行政区。

（四十三）征免

按照海关核发的《征免税证明》或有关政策规定，对报关单所列每项商品选择海关规定的《征减免税方式代码表》中相应的征减免税方式填报。

加工贸易货物报关单根据《加工贸易手册》中备案的征免规定填报；《加工贸易手册》中备案的征免规定为"保金"或"保函"的，填报"全免"。

（四十四）特殊关系确认

根据《中华人民共和国海关审定进出口货物完税价格办法》（以下简称《审价办法》）第十六条，填报确认进出口行为中买卖双方是否存在特殊关系，有下列情形之一的，应当认为买卖双方存在特殊关系，应填报"是"，反之则填报"否"。

（1）买卖双方为同一家族成员的。
（2）买卖双方互为商业上的高级职员或者董事的。
（3）一方直接或者间接地受另一方控制的。
（4）买卖双方都直接或者间接地受第三方控制的。
（5）买卖双方共同直接或者间接地控制第三方的。
（6）一方直接或者间接地拥有、控制或者持有对方5%以上（含5%）公开发行的有表决权的股票或者股份的。

（7）一方是另一方的雇员、高级职员或者董事的。

（8）买卖双方是同一合伙的成员的。

买卖双方在经营上相互有联系，一方是另一方的独家代理、独家经销或者独家受让人，如果符合前款的规定，也应当视为存在特殊关系。

出口货物免予填报，加工贸易及保税监管货物（内销保税货物除外）免予填报。

（四十五）价格影响确认

根据《审价办法》第十七条，填报确认纳税义务人是否可以证明特殊关系未对进口货物的成交价格产生影响，纳税义务人能证明其成交价格与同时或者大约同时发生的下列任何一款价格相近的，应视为特殊关系未对成交价格产生影响，填报"否"，反之则填报"是"。

（1）向境内无特殊关系的买方出售的相同或者类似进口货物的成交价格。

（2）按照《审价办法》第二十三条的规定所确定的相同或者类似进口货物的完税价格。

（3）按照《审价办法》第二十五条的规定所确定的相同或者类似进口货物的完税价格。

出口货物免予填报，加工贸易及保税监管货物（内销保税货物除外）免予填报。

（四十六）支付特许权使用费确认

根据《审价办法》第十一条和第十三条，填报确认买方是否存在向卖方或者有关方直接或者间接支付与进口货物有关的特许权使用费，且未包括在进口货物的实付、应付价格中。

买方存在需向卖方或者有关方直接或者间接支付特许权使用费，且未包含在进口货物实付、应付价格中，并且符合《审价办法》第十三条的，在"支付特许权使用费确认"栏目填报"是"。

买方存在需向卖方或者有关方直接或者间接支付特许权使用费，且未包含在进口货物实付、应付价格中，但纳税义务人无法确认是否符合《审价办法》第十三条的，填报"是"。

买方存在需向卖方或者有关方直接或者间接支付特许权使用费且未包含在实付、应付价格中，纳税义务人根据《审价办法》第十三条，可以确认需支付的特许权使用费与进口货物无关的，填报"否"。

买方不存在向卖方或者有关方直接或者间接支付特许权使用费的，或者特许权使用费已经包含在进口货物实付、应付价格中的，填报"否"。

出口货物免予填报，加工贸易及保税监管货物（内销保税货物除外）免予填报。

（四十七）公式定价确认

"公式定价确认"为有条件选填项，在向中华人民共和国境内销售货物所签订的合同中，买卖双方未以具体明确的数值约定货物价格，而是以约定的定价公式确定货物的结算价格的定价方式，包括结算价格仅受成分含量、进口数量影响，进口时无论能否确定结算价格，均应当填报"是"。

出口货物、加工贸易及保税监管货物（内销保税货物除外）免予填报。该栏目未填报或填报为"否"均视为非公式定价进口货物。

（四十八）暂定价格确认

"公式定价确认"填报"是"的，应当继续填报"暂定价格确认"栏目；"公式定价确认"填报"否"的，无须填写"暂定价格确认"栏目。

公式定价货物进口时结算价格未确定的，"暂定价格确认"应当填报"是"；公式定价货物进口时结算价格已确定的，"暂定价格确认"应当填报"否"。

出口货物免予填报，加工贸易及保税监管货物（内销保税货物除外）免予填报。

纳税义务人申报进口公式定价货物，在报关单"价格说明"类栏目"公式定价确认"和"暂定价格确认"均填报"是"的，应当按如下要求在报关单备注栏准确填写公式定价备案号。

（1）公式定价备案号填写格式应为"公式定价"+备案编号+"@"，如"公式定价012021000001@"。

（2）对于同一报关单下有多项商品的，如需要指明某一项或某几项商品为公式定价备案的，则公式定价备案号填写格式应为"公式定价"+备案编号+"#"+商品序号+"@"，如报关单中第二项商品为公式定价备案货物，则填写"公式定价012021000001#2@"。

（3）各字段间不得插入空格符或其他无关字符，非汉字字符用半角输入。

（四十九）自报自缴

进出口企业、单位采用"自主申报、自行缴税"（自报自缴）模式向海关申报时，填报"是"；反之则填报"否"。

（五十）申报单位

自理报关的，填报进出口企业的名称及编码；委托代理报关的，填报报关企业名称及编码。编码填报18位法人和其他组织统一社会信用代码。

报关人员填报在海关备案的姓名、编码、电话，并加盖申报单位印章。

（五十一）海关批注及签章

供海关作业时签注。

相关用语的含义。

（1）报关单录入凭单：指申报单位按报关单的格式填写的凭单，用作报关单预录入的依据。该凭单的编号规则由申报单位自行决定。

（2）预录入报关单：指预录入单位按照申报单位填写的报关单凭单录入、打印由申报单位向海关申报，海关尚未接受申报的报关单。

（3）报关单证明联：指海关在核实货物实际进出境后按报关单格式提供的，用作进出口货物收发货人向国税、外汇管理部门办理退税和外汇核销手续的证明文件。

本规范所述尖括号（<>）、逗号（,）、连接符（-）、冒号（:）等标点符号及数字，填报时都必须使用非中文状态下的半角字符。

第三节 进出口货物检验检疫申请

一、进出口商品检验检疫的基本概念

进出口商品检验检疫是指由具有权威的检验检疫机构依照相应的法律、法规或进出口合同的规定,对进出口商品的质量、数量、重量、包装、卫生、安全及装运条件进行检验并出具相应的检验证书的一系列活动。

在国际贸易中,检验检疫机构一般分为官方、半官方和民间三大类。

在我国,国家海关总署主管全国出入境商品检验检疫、动植物检疫、国境卫生检疫工作,实行垂直管理体制。

二、进出口商品报检

(一)进出口商品报检的概念

进出口商品的报检是指进出口商品的收发货人或其代理人,根据《中华人民共和国进出口商品检验法》等有关法律、法规,对法定检验的进出口商品,在检验检疫机构规定的时限和地点,向检验检疫机构办理申请检验、配合检验、付费和取得商检单等手续的全过程。检验也称为报验。检验检疫机构接受申请人报验,是检验检疫工作的开始。

(二)出入境检验检疫的报检范围

出入境检验检疫的报检范围主要包括四个方面:国家法律法规规定必须由出入境检验检疫机构(以下简称检验检疫机构)检验检疫的;输入国家或地区规定必须凭检验检疫机构出具的证书方准入境的;有关国际条约规定须经检验检疫的;申请签发原产地证明书及普惠制原产地证明书的。

具体的检验内容包括:进出口商品检验;进口商品安全质量许可检验;出口商品质量许可检验;包装检验;出口商品装运技术检验;出入境动植物检疫;出入境卫生检疫;进出口商品鉴定。

(三)出入境货物报检单据

入境报检时,应填写入境货物报检单并提供合同、发票、提单等有关单证。如有下列情况报检时,还应按要求提供有关文件。

(1)凡实施安全质量许可、卫生注册或其他需审批审核的货物,应提供有关证明。

(2)品质检验的还应提供国外品质证书或质量保证书、产品使用说明书及有关标准和技术资料;凭样成交的,须加附成交样品;以品级或公量计价结算的,应同时申请重量鉴定。

(3)报检入境废物时,还应提供国家环保部门签发的《进口废物批准证书》和经认可

的检验机构签发的装运前检验合格证书等。

（4）申请残损鉴定的还应提供理货残损单、铁路商务记录、空运事故记录或海事报告等证明货损情况的有关单证。

（5）申请重（数）量鉴定的还应提供重（数）量明细单、理货清单等。

（6）货物经收、用货部门验收或其他单位检测的，应随附验收报告或检测结果以及重量明细单等。

（7）入境的国际旅行者，应填写入境检疫申明卡。

（8）入境的动植物及其产品，在提供贸易合同、发票、产地证书的同时，还必须提供输出国家或地区官方的检疫证书；需办理入境检疫审批手续的，还应提供入境动植物检疫许可证。

（9）过境动植物及其产品报检时，应持货运单和输出国家或地区官方出具的检疫证书；运输动物过境时，还应提交国家检验检疫局签发的动植物过境许可证。

（10）报检入境运输工具、集装箱时，应提供检疫证明，并申报有关人员健康状况。

（11）入境旅客、交通员工携带伴侣动物的，应提供入境动物检疫证书及预防接种证明。

（12）因科研等特殊需要，输入禁止入境物的，必须提供国家检验检疫局签发的特许审批证明。

（13）入境特殊物品的，应提供有关的批件或规定的文件。

出境报检时，应填写出境货物报检单并提供对外贸易合同（售货确认书或函电）、信用证、发票、装箱单等必要的单证。如有下列情况报检时，还应按要求提供有关文件。

（1）凡实施质量许可、卫生注册或需经审批的货物，应提供有关证明。

（2）出境货物须经生产者或经营者检验合格并加附检验合格证或检测报告；申请重量鉴定的，应加附重量明细单或磅码单。

（3）凭样成交的货物，应提供经买卖双方确认的样品。

（4）出境人员应向检验检疫机构申请办理国际旅行健康证明书及国际预防接种证书。

（5）报检出境运输工具、集装箱时，还应提供检疫证明，并申报有关人员健康状况。

（6）生产出境危险货物包装容器的企业，必须向检验检疫机构申请包装容器的性能鉴定。生产出境危险货物的企业，必须向检验检疫机构申请危险货物包装容器的使用鉴定。

（7）报检出境危险货物时，必须提供危险货物包装容器性能鉴定结果单和使用鉴定结果单。

（8）申请原产地证明书和普惠制原产地证明书的，应提供商业发票等资料。

（9）出境特殊物品的，根据法律法规规定应提供有关的审批文件。

（四）出入境货物报检的时限和地点

1．出境货物报检的时限和地点

（1）出境货物报检时间限制。出境货物最迟应于报关或出境装运前 10 天向检验检疫机构申请报检；出境动物应在出境前 60 天报检、隔离前 7 天报检。

(2) 出境货物报检地点。出境货物所在地检验检疫机构办理报检。对由内地运往口岸分批、并批的货物，应在产地办理预检，合格后，方可运往口岸办理出境货物的查验换证手续。对由内地运往口岸后，由于改变国别或地区有不同检疫要求的、超过检验检疫有效期的、批次混乱货证不符的，或经口岸查验不合格的，须在口岸重新报检。出入境的运输工具应在出境前向口岸检验检疫机关报检或申报。

2. 入境货物报检的时限和地点

(1) 入境货物报检时间限制。申请货物品质检验和鉴定的，一般应在索赔有效期到期前不少于20天内报检；输入其他动物的应当在进境前15天报检；输入植物、种子、种苗及其他繁殖材料的，应当在进境前7天报检；动植物性包装物、铺垫材料进境时应当及时报检；运输动植物、动植物产品和其他检疫物过境的，应当在进境时报检；入境的集装箱货物、废旧物品在到达口岸时，必须向检验检疫机构报检并接受检疫，经检疫或实施消毒、除鼠、除虫或其他必要的卫生处理合格的，方准入境；输入微生物、人体组织、生物制品、血液及其制品或种畜、禽及其精液、胚胎、受精卵的，应当在入境前30天报检。

(2) 入境货物报检地点限制。法律、法规规定必须经检验检疫机构检验的进口商品的收货人或者其代理人，应当向报关地检验检疫机构报检；审批、许可证等有关政府批文中规定了检验检疫地点的，在规定的地点报检；大宗、散装进口货物的鉴重及合同规定凭卸货口岸检验检疫机构的品质、重量检验证书作为计算价格结算货款的货物，应向卸货口岸或到达站检验检疫机构报检；进口粮食、原糖、化肥、硫黄、矿砂等散装货物，按照国际贸易惯例，应在卸货口岸报检，并须在目的口岸承载货物的船舱内或在卸货过程中，按有关规定抽取代表性样品进行检验；进口化工原料和化工产品，分拨调运后，不易按原发货批号抽取代表性样品，应在卸货口岸报检；在国内转运过程中，容易造成水分挥发、散失或易腐易变的货物，应在卸货口岸报检；在卸货时，发现货物残损或短少时，必须向卸货口岸或到达站检验检疫机构报检；需要结合安装调试进行检验的成套设备、机电仪器产品以及在卸货口岸开箱检验难以恢复包装的货物，可以向收、用货人所在地检验检疫机构报检；输入动植物、动植物产品和其他检疫物的，应向进境口岸检验检疫机构报检，并由口岸检验检疫机构实施检疫；进境后需办理转关手续的检疫物，除活动物和来自动植物疫情流行国家或地区的检疫物须由进境口岸检疫外，其他均应到指定检验检疫机构报检，并实施检疫。

第四节 国际航空业务单证

一、国际航空运输的经营方式

（一）班机运输

班机是指定期开航的、定航线、定始发站、定目的港、定途经站的飞机。一般航空公司都使用客货混合型飞机（combination carrier），一方面搭载旅客，另一方面又运送少量货物。一些较大的航空公司在一些航线上开辟定期的货运航班，使用全货机（all cargo carrier）运输货物。

（二）包机运输

包机根据类型可分为民航包机和公务包机两大类。民航包机主要是指租用民航公司的民航客机执行非周期性的非固定航线的飞行任务，公务包机主要是指租用公务机公司的公务机执行非固定航线。

包机运输方式可分为整包机和部分包机两种。

> **小提示：部分包机与班机的区别**
>
> （1）部分包机时间比班机长，尽管部分包机有固定时间表，但往往因其他原因不能按时起飞。
>
> （2）各国政府为了保护本国航空公司利益，常对从事包机业务的外国航空公司实行各种限制。例如，包机的活动范围比较狭窄，降落地点受到限制，需降落指定地点外的其他地点时，一定要向当地政府有关部门申请，同意后才能降落（如申请入境、通过领空和降落地点等）。

（三）集中托运

集中托运是指集中托运人（consolidator）将若干批单独发运的货物组成一整批，向航空公司办理托运，采用一份航空总运单集中发运到同一目的站，由集中托运人在目的地指定的代理收货，再根据集中托运人签发的航空分运单分拨给各实际收货人的运输方式。这是航空货物运输中开展最为普遍的一种运输方式，是航空货运代理的主要业务之一。

集中托运所涉及的文件有以下几方面。

（1）航空货运单。在集中托运业务中，涉及两种航空货运单：一种是托运人和集运商之间使用的分运单（house air waybill，HAWB），另一种是集运商和航空公司之间使用的主运单（master air waybill，MAWB）。

（2）集中托运货物舱单。集中托运货物舱单主要有各个分运单号，及其中货物的运送目的地、件数、重量和体积等项目。

（3）识别标签。对于集中托运货物，要在每一件货物上贴上识别标签，在识别标签上特别注明主单号和分单号。

（四）联运方式

陆空联运是火车、飞机和卡车的联合运输方式，简称TAT（train-air-truck）；或火车、飞机的联合运输方式，简称TA（train-air）。通过运用这几种复合一贯制的运输方式，可以真正地实现"门到门"的运输服务模式，从而能够更好地适应现代物流对及时性和准确性的要求。

我国空运出口货物通常采用陆空联运方式。我国幅员辽阔，而国际航空港口岸主要集中在北京、上海、广州等特大城市。虽然省会城市和一些主要城市每天都有班机飞往上海、北京、广州，但班机所带货量有限，费用比较高。如果采用国内包机，费用更高。因此，在货量较大的情况下，往往采用陆运至航空口岸，再与国际航班衔接。

（五）航空快递

航空快递业务又称航空急件传送，是目前国际航空运输中最快捷的运输方式。航空快递是指航空快递企业利用航空运输，收取收件人的快件并按照向发件人承诺的时间将其送交指定地点或者收件人，掌握运送过程的全部情况并能将即时信息提供给有关人员查询的门对门速递服务，也被称为"桌到桌运输（desk to desk service）"。其运送对象多为急需的药品和医疗器械、贵重物品、图纸资料、样货、单证和书报杂志等小件物品。航空快递的主要业务方式有三种：门/桌到门/桌（door/desk to door/desk）；门/桌到机场（door/desk to airport）；专人派送。

航空快递业有自己独特的运输单据——交付凭证（proof of delivery，POD）。交付凭证一式四份。第一联留在始发地并用于出口报关；第二联贴附在货物表面，随货同行，收件人可以在此联签字表示收到货物（交付凭证由此得名），但通常快件的收件人在快递公司提供的送货记录上签字，而将此联保留；第三联作为快递公司内部结算的依据；第四联作为发件凭证留存发件人处，同时该联印有背面条款，一旦产生争议时可作为判定当事各方权益，解决争议的依据。

★ 小提示

航空快递的收件范围主要有文件和包裹两大类。其中文件主要是指商业文件和各种印刷品，对于包裹一般要求毛重不超过32千克（含32千克）或外包装单边不超过102厘米，三边相加不超过175厘米。随着航空运输行业竞争不断激烈，快递公司为吸引更多的客户，对包裹大小的要求趋于放松。

二、航空运单

航空货运使用的是航空运单。航空运单（airway bill）是承运人与托运人之间签订的运输契约，也是承运人或其代理人签发的货物收据。航空运单还可作为核收运费的依据和海关查验放行的基本单据。但航空运单不是代表航空公司的提货通知单。在航空运单的收货人栏内，必须详细填写收货人的全称和地址，而不能做成指示性抬头。

（一）航空运单的填写责任

根据《华沙公约》第六条第一款与第五款，以及《中华人民共和国民用航空法》第一百一十三条和第一百一十四条的规定，托运人应当填写航空货运单正本一式三份，承运人根据托运人的请求填写航空货运单的，在没有相反证明的情况下，应当视为代托运人填写。其他法律体系关于本项的立法取向与《华沙公约》也是一致的。

实践中，航空货运单上往往记载着一些格式性的条款，并在揽货时反复多次使用，其中不乏一些限制、免除承运人责任的条款。这些条款的有效性在不同层面是不一样的。首先是法律法规的规定，如果违反了法律、行政法规的强制性规定的条款，是无效的。如在赔偿责任领域，航空法已经对赔偿的责任限制做出了强制性的规定，那么如果在航空货运单上对赔偿责任的约定低于法律规定的责任限制，那么这样的规定可以说是无效的。在格式条款不违法的基础上，此种情况则属于《中华人民共和国合同法》（以下简称《合同法》）中第三十九条第一款规定的"限制其责任的条款"。该条款对双方是否具有法律拘束力，应取决于当事人在订约时是否已经意识到该限制其责任条款的存在。判断该问题的法律依据是《合同法》第三十九条第一款的内容，即提供格式条款的一方应采取合理的方式，提请对方注意免除或者限制其责任的条款。这类条款的效力，取决于格式条款提供方是否提请对方注意到了这类条款。在航空货运实践中，如果存在这类条款，那么航空承运人或代理人最好在航空货运单的条款末尾处注明该类格式条款在货运单中具体的位置，以证明在揽货过程中尽到了注意义务，使格式条款真正地发生法律效力。

（二）航空运单的注意事项

一张航空运单只能用于一个委托人在同一时间、同一地点托运的由承运人承运的，运往同一目的站的同一收货人的一件或多件货物。但一份航空运单可用于不同种类的货物，且可用于联程运输。航空运单由航空公司注册印刷。任何IATA（International Air Transport Association，国际航空运输协会）成员都不允许印制可以转让的航空货运单，货运单上的"不可转让"字样不可被删去或篡改，即航空运单不可以转让。航空运单的法律依据有效期为2年。

（三）航空运单的内容与填制规范

图9-3是中国国际航空公司所制航空运单，供读者参照。

航空公司所使用的航空运单大多借鉴IATA所推荐的标准格式，差别并不大。这里只介绍标准格式，也称中性运单。需要填写的栏目说明如下。

（1）始发站机场：需填写IATA统一制定的始发站机场或城市的三字代码，这一栏应该和（9）栏相一致。

1A：IATA统一编制的航空公司代码，如中国国际航空公司的代码就是999。

1B：运单号。

（2）发货人姓名、住址（shipper's name and address）：填写发货人姓名、地址、所在国家及联络方法。

（3）发货人账号：只在必要时填写。

（4）收货人姓名、住址（consignee's name and address）：应填写收货人姓名、地址、所在国家及联络方法。与海运提单不同，因为空运单不可转让，所以"凭指示"之类的字样不得出现。

（5）收货人账号：同（3）栏一样只在必要时填写。

（6）承运人代理的名称和所在城市（issuing carrier's agent name and city）。

（7）代理人的IATA代号。

（8）代理人账号。

（9）始发站机场及所要求的航线（airport of departure and requested routing）：这里的始发站应与（1）栏填写的相一致。

Shipper's Name and Address	Shipper's Account Number									999—		
DESUN TRADING CO., LTD. HUARONGMANSION RM2901 NO.85 GUANJIAQIAO, NANJING 210005, CHINA TEL: 0086-25-4715004 FAX: 0086-25-4711363						Not Negotiable Air Waybill Issued by			中国国际航空公司 AIR CHINA BEIJING CHINA			
						Copies 1, 2 and 3 of this Air Waybill are originals and have the same validity.						
Consignee's Name and Address	Consignee's Account Number					It is agreed that the goods described herein are accepted for carriage in apparent good order And condition (except as noted) and SUBJECT TO THE CONDITIONS OF CONTRACT ON THE REVERSE HEREOF. ALL GOODS MAY BE CARRIED BY AND OTHER MEANS INCLUDING ROAD OR ANY OTHER CARRIER UNLESS SPECIFIC CONTRARY INSTRUCTIONS ARE GIVEN HEREON BY THE SHIPPER. THE SHIPPER'S ATTENTION IS DRAWN TO THE NOTICE CONCERNING CARRIER'S LIMITATION OF LIABILITY. Shipper may increase such limitation of liability by declaring a higher value for carriage and paying a supplemental charge if required.						
NEO GENERAL TRADING CO. P.O. BOX 99552, RIYADH22766, KSA TEL: 00966-1-4659220 FAX: 00966-1-4659213												
Issuing Carrier's Agent Name and City						Accounting Information						
Agent's IATA Code		Account No.				FREIGHT PREPAID						
Airport of Departure (Addr. of First Carrier) and Requested Routing NANJING												
By First Carrier Routing and Destination		to	by	to	by	Currency USD	CHGS Code	WT/VAL PPD COLL X	Other PPD COLL X	Declared Value for Carriage		Declared Value for Customs
Airport of Destination DAMMAMPORT		Flight/Date FX0910		For carrier Use Only Flight/Date APRIL 7, 2001		Amount of Insurance			INSURANCE - If Carrier offers insurance, and such insurance is requested in accordance with the conditions thereof, indicate amount to be insured in figures in box marked "Amount of Insurance."			
Handing Information												
(For USA only) These commodities licensed by U.S. for ultimate destination .... Diversion contrary to U.S. law is prohibited												
Gross Weight	Kg lb	Rate Class Commodity Item No.	Chargeable Weight	Rate Charge		Total			Nature and Quantity of Goods (incl. Dimensions or Volume)			
19074.44	K	N	19074.44	20.61		393124.21			CANNED MUSRHOOM PIECES & STEMS 24 TINS X 425 GRAMS			
Prepaid 393124.21		Weight Charge		Other Charges								
		Valuation Charge		AWC: 50.00								
		Tax										
		Total other Charges Due Agent		Shipper certifies that the particulars on the face hereof are correct and that insofar as any part of the consignment contains dangerous goods, such part is properly described by name and is in proper condition for carriage by air according to the applicable Dangerous Goods Regulations.								
		Total other Charges Due Carrier 50.00										
				Signature of Shipper or his Agent								
Total Prepaid 393174.21		Total Collect		7/APRIL/2001		NANJING			DESUN TRADING CO., LTD.			
Currency Conversion Rates		CC Charges in Dest. Currency		Executed on (date)		at(place) Agent			Signature of Issuing Carrier or its			
For Carrier's Use only at Destination		Charges at Destination		Total Collect Charges		999—						

图 9-3 航空运单

（10）支付信息（accounting information）：此栏只有在采用特殊付款方式时才填写。

（11A）（C、E）.去往（to）：分别填入第一（二、三）中转站机场的IATA代码。

（11B）（D、F）.承运人（by）：分别填入第一（二、三）段运输的承运人。

（12）货币（currency）：填入ISO货币代码。

（13）收费代号：表明支付方式。

（14）运费及声明价值费（WT/VAL，weight charge/valuation charge）。

此时可以有两种情况：预付（PPD，prepaid）或到付（COLL，collect）。需要注意的是，航空货物运输中运费与声明价值费支付的方式必须一致，不能分别支付。

（15）其他费用（other）：也有预付和到付两种支付方式。

（16）运输声明价值（declared value for carriage）：在此栏填入发货人要求的用于运输的声明价值。如果发货人不要求声明价值，则填入"NVD（no value declared）"。

（17）海关声明价值（declared value for customs）：发货人在此填入对海关的声明价值，或者填入"NCV（no customs valuation）"，表明没有声明价值。

（18）目的地机场（airport of destination）：填写最终目的地机场的全称。

（19）航班及日期（flight/date）：填入货物所搭乘航班及日期。

（20）保险金额（amount of insurance）：只有在航空公司提供代保险业务而客户也有此需要时才填写。

（21）操作信息（handling information）：一般填入承运人对货物处理的有关注意事项，如"shippers certification for live animals（托运人提供活动物证明）"等。

22A～22L为货物运价、运费细节。

（22A）货物件数和运价组成点（No. of pieces RCP，rate combination point）：填入货物包装件数。如10包即填"10"。当需要组成比例运价或分段运价相加时，在此栏填入运价组成点机场的IATA代码。

（22B）毛重（gross weight）：填入货物总毛重。

（22C）重量单位：可选择千克（kg）或磅（lb）。

（22D）运价等级（rate class）：针对不同的航空运价共有6种代码，它们是M（minimum，起码运费）、C（specific commodity rates，特种运价）、S（surcharge，高于普通货物运价的等级货物运价）、R（reduced，低于普通货物运价的等级货物运价）、N（normal，45千克以下货物适用的普通货物运价）、Q（quantity，45kg以上货物适用的普通货物运价）。

（22E）商品代码（commodity item No.）：在使用特种运价时需要在此栏填写商品代码。

（22F）计费重量（chargeable weight）：此栏填入航空公司据以计算运费的计费重量，该重量可以与货物毛重相同也可以不同。

（22G）运价（rate/charge）：填入该货物适用的费率。

（22H）运费总额（total）：此栏数值应为起码运费值或者是运价与计费重量两栏数值的乘积。

（22I）货物的品名、数量，含尺码或体积（nature and quantity of goods incl. dimensions or volume）：货物的尺码应以厘米或英寸为单位，尺寸分别以货物最长、最宽、最高边为基础。体积则是上述三边的乘积，单位为立方厘米或立方英寸。

（22J）该运单项下货物总件数。

（22K）该运单项下货物总毛重。

（22L）该运单项下货物总运费。

（23）其他费用（other charges）：指除运费和声明价值附加费以外的其他费用。根据 IATA 规则各项费用分别用三个英文字母表示。其中前两个字母是某项费用的代码，如运单费就表示为 AW（air waybill fee）。第三个字母是 C 或 A，分别表示费用应支付给承运人（carrier）或货运代理人（agent）。

（24~26）分别记录运费、声明价值费和税款金额，有预付与到付两种方式。

（27~28）分别记录需要付予货运代理人（due agent）和承运人（due carrier）的其他费用合计金额。

（29）需预付或到付的各种费用。

（30）预付、到付的总金额。

（31）发货人的签字。

（32）签单时间（日期）、地点、承运人或其代理人的签字。

（33）货币换算及目的地机场收费记录。

第五节　国际海运业务单证

一、国际海运的经营方式

海上运输是随着航海贸易的发展应运而生的。为了适应不同货物和不同贸易合同对运输的要求，并且合理利用远洋船舶的运输能力，从而获得最优的经济效益，当前国际海上运输普遍采用的运营方式有两大类：班轮运输和租船运输。

（一）班轮运输概述

班轮运输（liner shipping）是指轮船公司将船舶按事先制定的船期表（sailing schedule），在特定海上航线的若干个固定挂靠的港口之间，定期为非特定的众多货主提供货物运输服务，并按事先公布的费率或协议费率收取运费的一种船舶经营方式。

班轮运输托运程序一般分为四步，即订舱—装配—装船—换取提单。

（二）租船运输概述

租船运输又称租船，是海洋运输的一种方式，是指租船人向船东租赁船舶用于货物运输的一种方式。租船运输适用于大宗货物运输，有关航线和港口、运输货物的种类以及航行的时间等，都按照承租人的要求，由船舶所有人确认。租船人与出租人之间的权利、义务以双方签订的租船合同确定。

租船方式主要有定程租船和定期租船两种。

💡 小提示：租船运输的基本特点

（1）租船运输是根据租船合同组织运输的，租船合同条款由船东和租方双方共同商定。
（2）一般由船东与租方通过各自或共同的租船经纪人洽谈成交租船业务。
（3）不定航线，不定船期。船东对于船舶的航线、航行时间和货载种类等按照租船人的要求来确定，提供相应的船舶，经租船人同意进行调度安排。
（4）租金率或运费率根据租船市场行情来决定。
（5）船舶营运中有关费用的支出取决于不同的租船方式，由船东和租方分担，并在合同条款中订明。例如，装卸费用条款 FIO 表示租船人负责装卸费，若写明 liner term，则表示船东负责装卸费。
（6）租船运输适宜大宗货物运输。
（7）各种租船合同均有相应的标准合同格式。

二、班轮货运单证

在班轮运输中，从办理物品的托运手续开始，到物品装船、卸船直至交付的整个过程，都需要编制各种单证。这些单证是货方（包括托运人和收货人）与船方之间办理货物交接的证明，也是货方、港方、船方等有关单位之间从事业务工作的凭证，又是划分货方、港方、船方各自责任的必要依据。

在这些单证中，有的是受国际公约和各国国内法规约束的，有的则是按照港口当局的规定和航运习惯而编制使用的。尽管这些单证种类繁多，而且因各国港口的规定会有所不同，但主要单证是基本一致的，并能在国际航运中通用，如图 9-4 所示。

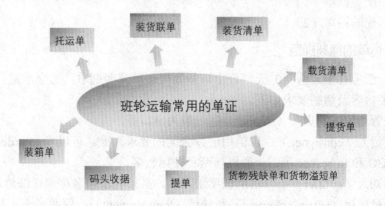

图 9-4 班轮货运主要单证

（一）海运托运单的含义和作用

托运单（booking note：B/N）是托运人根据买卖合同和信用证的有关内容为承运人或其代理人办理货物运输的书面凭证。经承运人或其代理人对该单的签认，即表示已接受这一托运，承运人与托运人之间对货物运输的相互关系即告建立。海运托运单是由托运人填写并盖章确认的，专门用于委托船公司或其代理人承运而缮制的一种表单，表单上列有出运后缮制提运单所需要的各项内容，并印有"托运人证实所填内容全部属实并愿意遵守承运人的一切运输章程"的文字说明。

海运托运单有电子托运单和纸质托运单两种形式。

电子托运单是利用电信技术，各承运人将船期表和其他订舱信息和数据，如港口、船期、航期、载货量、舱位、箱量、停泊码头等，放在公共数据中心，作为各托运人网上订舱的操作平台。托运人可以在自己的办公地将托运单的电子数据报文通过终端申报方式发送到船公司的计算机系统，船公司或其代理人收到电子托运单数据后，根据船舶载货量和具体托运内容来安排舱位，一旦船公司确认订舱后，便发送"接受订舱"的电子回执给托运人，并进一步将确定的船名、航次、关单号和船舶动态等信息数据发送给托运人，完成电子托运订舱的全部手续。电子托运单有形式简单、订舱速度快、差错率低、可与纸质托运单共存的特点，改变了"凭场站收据换海运提单"这种传统的、低效率的做法。

纸质托运单一式十联，其各联作用如下。

第一联：集装箱货物托运单（货主留底）（B/N）。

第二联：集装箱货物托运单（船代留底）。

第三联：运费通知（1）。

第四联：运费通知（2）。

第五联：装货单（S/O）。

第五联副本：缴纳出口货物港务费申请书。

第六联：大副联（场站收据副本）。

第七联：场站收据（D/R）。

第八联：货代留底。

第九联：配舱回单（1）。

第十联：配舱回单（2）。

（二）托运单的缮制规范

发货人一般应在装运前 10 天制好出口货物托运单或明细单，送交承运公司办理托运手续。其主要内容及缮制要求如下。

（1）经营单位或发货人（shipper）：一般为出口商。

（2）收货人（consignee）：以信用证或合同的要求为准，可以填 to order、to order of ××、×× CO.和 to beaber 等，一般以前两种使用较多。

（3）通知人（notifer）：以信用证要求为准，必须有公司名称和详细地址。

（4）分批装运（partial shipment）和转运（transhipment）：要明确表示是否可以分批和转运。

（5）运费（freight）：应注明是"运费预付（freight prepaid）"还是"运费到付（freight collect）"。

（6）装运日期（shipping date）：按信用证或合同规定的装运期填写。

（7）货物描述及包装数量（description of goods；No.s of packages）：填写商品的大类名称及外包装的种类和数量。

（8）总毛重、总净重及总体积（total gross weight, net weight & measurement）：按实际填写。

图 9-5 为海运托运委托书示例，供读者参考。

Shipper（发货人）			BOOKING ORDER		
Consignee（收货人）					
Notify Party（通知人）			DATE:		
			TO:		
			Contacts:		
			Telephone:		
Port of Loading（装货港）		Port of Discharge（卸货港）	运输方式	海运（ ） 空运（ ） 铁路（ ） 公路（ ） 其他（ ）	
			箱型	20'GP（ ） 40'GP（ ） 40'HQ（ ） 拼箱（ ） 其他（ ）	
			贸易方式	CIF（ ） CNF（ ） FOB（ ） 其他（ ）	
			价格条款	运费预付 Freight（ ） 运费到付 Collect（ ）	
Marks & Numbers 唛头	Description of goods & HS code 货物品名与海关编码	No.of Containers or pkgs & Kind of packages 件数与包装		Gross Weight/kgs 毛重（公斤）	Volume/cbm 体积（立方米）
委托人需求备注：	提货地址： 送货地址： 是否购买保险：				

特约事项：
1. 委托人同意受托人作为其代理人，向承运人或承运人的代理等进行货物运输等货运代理工作，同意受托人为委托人利益需要转委托第三人处理委托事项。
2. 委托人保证委托信息真实、合法。如实际出运货物与委托书内容不符或夹带国家规定禁止进出口之物品，委托人承担一切风险、责任和费用。
3. 委托人保证其货物包装安全、牢固、适航。货物最终计费尺寸以包装后仓库实际测量为准。
4. 委托人取消拖车委托须提前一天通知，如因取消拖车或取消订舱委托产生了压车费、箱使费、亏舱费等，由委托人承担。
5. 委托人若不能按约定时间支付运杂费，受托人有权留置提单、相关单据或货物等，留置期间发生的风险和费用由委托人承担。
6. 委托人可购买货运险，未经委托人指示视为不需要受托人代办保险，如出现任何货物损失，委托人、发货人、收货人等第三方免除受托人赔偿责任。
7. 因自然天气、码头（机场）拥挤、海关查验、实际承运人原因等非委托人原因造成的运输延误或取消，受托人不承担责任，如产生费用由委托人承担。
8. 操作过程中由于非受托人原因而临时产生的改单费、电放费、滞箱费、堆存费、查验费、目的港费用等额外费用由委托人承担。
9. 货物到达目的港之日起30日内，如收货人未完成清关、提货等事宜，视为委托人同意按弃货流程处理货物，并承担因弃货产生的所有费用和责任。
10. 与此委托有关的任何争议，委托人同意提交受托人所在地有管辖权的人民法院。

委托人盖章签字

图 9-5 海运托运委托书

（三）海运提单的定义和作用

1．提单的概念

提单（bill of lading，B/L）是船公司或其代理人签发给托运人，用以证明海上货运合同和货物已经由承运人接收或者装船，以及承运人保证在目的港据以交付货物，且可以转让的单证。提单中载明的向记名人交付货物，或者按照指示人的指示交付货物，或者向提单持有人交付货物的条款，构成承运人据以交付货物的保证。

2．提单的作用

海运提单的作用主要体现在以下三个方面。

（1）货物收据。提单是承运人签发给托运人的收据，确认承运人已收到提单所列货物并已装船，或者承运人已接管了货物，已代装船。

（2）运输契约证明。承运人之所以为托运人承运有关货物，是因为承运人和托运人之间存在一定的权利、义务关系，双方权利、义务关系以提单作为运输契约的凭证。

（3）货权凭证。提单是货物所有权的凭证。谁持有提单，谁就有权要求承运人交付货物，并且享有占有和处理货物的权利，提单代表了其所载明的货物。

3．电子提单

电子提单（electronic bill of lading）是指通过电子数据交换系统（electronic data interchange，EDI）传递的有关海上货物运输合同的数据。

电子提单不同于传统提单，它是无纸单证，即按照一定规则组合而成的电子数据。各有关当事人凭密码通过EDI进行电子提单相关数据的流转，既解决了因传统提单晚于船舶到达目的港，不便于收货人提取货物的问题，又具有一定的交易安全性。1990年在国际海事委员会第34届大会上通过了《国际海事委员会电子提单规则》，1996年联合国国际贸易法委员会也通过了《联合国国际贸易法委员会电子商务示范法》，这些国际规则的建立都为电子提单逐渐取代纸质提单提供了政策支持。1997年，我国交通部颁布了《海上国际集装箱运输电子数据交换管理办法》，为我国有关电子提单的使用和管理提供了相关依据。

（四）海运提单的分类

（1）根据提单有无不良批注可分为清洁提单和不清洁提单。

（2）根据货物是否已装船分为已装船提单和备运提单。

（3）根据提单是否可以流通分为记名提单、不记名提单和指示提单。

（4）根据运输方式可分为直达提单、转船提单和联运提单。

（5）根据运费支付方式可分为运费预付提单和运费到付提单。

（6）根据提单的效力可分为正本提单和副本提单。

（五）海运提单的内容与缮制

（1）托运人（shipper）：一般为信用证中的受益人。如果开证人为了贸易上的需要，要求做第三者提单（third party B/L），也可照办。

（2）收货人（consignee）：如要求记名提单，则可填上具体的收货公司或收货人名称；如属指示提单，则填为"指示"（order）或"凭指示"（to order）；如需在提单上列明指示人，则可根据不同要求，做成"凭托运人指示"（to the order of shipper）、"凭收货人指示"（to the order of consignee）或"凭银行指示"（to the order of ×× bank）。

（3）被通知人（notify party）：这是船公司在货物到达目的港时发送到货通知的收件人，有时即为进口人。在信用证项下的提单，一般为信用证的申请人，如信用证上对提单被通知人有具体规定时，则必须严格按信用证要求填写。如果是记名提单或收货人指示提单，且收货人又有详细地址的，则此栏可以不填。如果是空白指示提单或托运人指示提单，则此栏必须填列被通知人名称及详细地址，否则船方就无法与收货人联系，收货人也不能及时报关提货，甚至会因超过海关规定申报时间被没收。

（4）提单号码（B/L No.）：一般列在提单右上角，以便于工作联系和查核。发货人向收货人发送装船通知（shipment advice）时，也要列明船名和提单号码。

（5）船名（name of vessel）：应填列货物所装的船名及航次。

（6）装货港（port of loading）：应填列实际装船港口的具体名称。

（7）卸货港（port of discharge）：填列货物实际卸下的港口名称。如属转船，第一程提单上的卸货港填转船港，收货人填二程船公司；第二程提单装货港填上述转船港，卸货港填最后目的港，如由第一程船公司出联运提单（through B/L），则卸货港即可填最后目的港，提单上列明第一和第二程船名。如经某港转运，要显示"VIA ××"字样。在运用集装箱运输方式时，使用"联合运输提单"（combined transport B/L），提单上除列明装货港、卸货港外，还要列明"收货地"（place of receipt）、"交货地"（place of delivery）以及"第一程运输工具"（pre-carriage by）、"海运船名和航次"（ocean vessel，voy No.）。填写卸货港，还要注意同名港口问题，如属选择港提单，就要在这栏中注明。

（8）货名（description of goods）：一般需要与货物出口时向当地海关申报的品名一致，在信用证项下货名必须与信用证上规定的一致。

（9）件数和包装种类（number and kind of packages）：要按箱子实际包装情况填列。

（10）唛头（shipping marks）：信用证有规定的，必须按规定填列，否则可按发票上的唛头填列。

（11）毛重、尺码（gross weight，measurement）：除信用证另有规定者外，一般以千克为单位列出货物的毛重，以立方米列出货物体积。

（12）运费和费用（freight and charges）：一般为预付（freight prepaid）或到付（freight collect）。如 CIF 或 CFR 出口，一般均填上"运费预付"字样，千万不可漏列，否则收货人会因运费问题提不到货，虽可查清情况，但拖延提货时间，也将造成损失。如是 FOB 出口，则运费可制作"运费到付"字样，除非收货人委托发货人垫付运费。

（13）提单的签发、日期和份数：提单必须由承运人或船长或他们的代理签发，并应明确表明签发人身份。一般表示方法有：carrier、captain，或"as agent for the carrier：×××"等。提单份数一般按信用证要求出具，如"full set of"一般理解成三份正本若干份副本等，其中一份正本完成提货任务后，其余各份失效。提单还是结汇的必需单据，特别是在跟单信用证结汇时，银行要求所提供的单证必须一致，因此提单上所签的日期必须与信用证或合同上所要求的最后装船期一致或先于装船期。如果卖方估计货物无法在信用证装期前装上船，应尽早通知买方，要求修改信用证，而不应利用"倒签提单""预借提单"等欺诈行为取得货款。

图 9-6 是某公司的海运提单，供读者参考。

1. Shipper Insert Name, Address and Phone AIGE IMPORT & EXPORT COMPANY ROOM 2501, JIAFA MANSION, BEIJING WEST ROAD, SHANGHAI 200001, P.R.CHINA	B/L No. COBL0001082
2. Consignee Insert Name, Address and Phone TO ORDER	国际货运有限公司 INTERNATIONAL TRANSPORTATION CO.,LTD.

ORIGINAL
Port-to-Port or Combined Transport
BILL OF LADING

RECEIVED in external apparent good order and condition except as other-Wise noted. The toTALSW number of packages or unites stuffed in the container. The description of the goods and the weights shown in this Bill of Lading are Furnished by the Merchants, and which the carrier has no reasonable means Of checking and is not a part of this Bill of Lading contract. The carrier has Issued the number of Bills of Lading stated below, all of this tenor and date, One of the original Bills of Lading must be surrendered and endorsed or sig-Ned against the delivery of the shipment and whereupon any other original Bills of Lading shall be void. The Merchants agree to be bound by the terms And conditions of this Bill of Lading as if each had personally signed this Bill of Lading.
SEE clause 4 on the back of this Bill of Lading (Terms continued on the back Hereof, please read carefully).
*Applicable Only When Document Used as a Combined Transport Bill of Lading.

3. Notify Party Insert Name, Address and Phone (It is agreed that no responsibility shall attach to the Carrier or his agents for failure to notify) RIQING EXPORT AND IMPORT COMPANY P.O.BOX 1589, NAGOYA, JAPAN		
4. Combined Transport* Pre - carriage by	5. Combined Transport* Place of Receipt	
6. Ocean Vessel Voy. No. TBA 011W	7. Port of Loading SHANGHAI	
8. Port of Discharge NAGOYA	9. Combined Transport* Place of Delivery	

Marks & Nos. Container / Seal No.	No. of Containers or Packages	Description of Goods (If Dangerous Goods, See Clause 20)	Gross Weight Kgs	Measurement
CANNED LITCHIS JAPAN C/NO.1-1000 MADE IN CHINA	1000CARTONS	CANNED LITCHIS 850Gx24TINS/CTN FRIGHT COLLECT	22440KGS	22.588CBM

Description of Contents for Shipper's Use Only (Not part of This B/L Contract)

10. ToTALSW Number of containers and/or packages (in words)
Subject to Clause 7 Limitation

11. Freight & Charges	Revenue Tons	Rate	Per	Prepaid	Collect
Declared Value Charge					

Ex. Rate:	Prepaid at	Payable at	Place and date of issue SHANGHAI 2010-06-24
	Total Prepaid	No. of Original B(s)/L 3/3	Signed for the Carrier, **AIGE IMPORT & EXPORT COMPANY**

LADEN ON BOARD THE VESSEL
DATE 2010-06-24   BY

AIGE ZHANG

图 9-6 海运提单

（六）海运提单的签发和转让

有权签发提单的人有承运人及其代理、船长及其代理、船主及其代理。代理人签署时必须注明其代理身份和被代理方的名称及身份。签署提单的凭证是大副收据，签发提单的日期应该是货物被装船后大副签发收据的日期。提单有正本和副本之分。正本提单一般签发一式两份或三份，这是为了防止提单流通过程中万一遗失时，可以应用另一份正本。各份正本具有同等效力，但其中一份提货后，其余各份均告失效。副本提单承运人不签署，份数根据托运人和船方的实际需要而定。副本提单只用于日常业务，不具备法律效力。

海运提单作为货权凭证，只要具备一定的条件就可以转让，转让的方式有两种：空白背书和记名背书。提单的流通性小于汇票的流通性，其主要表现为，提单的受让人不像汇票的正当持票人那样享有优于前手背书人的权利。具体来说，如果一个人用欺诈手段取得一份可转让的提单，并把它背书转让给一个善意的、支付了价金的受让人，则该受让人不能因此而取得货物的所有权，不能以此对抗真正的所有人。相反，如果在汇票流通过程中发生这种情况，则汇票的善意受让人的权利仍将受到保障，他仍有权享受汇票上的一切权利。鉴于这种区别，有的法学者认为提单只具有"准可转让性"（quasi-negotiable）。

第六节　国际集装箱业务单证

一、国际集装箱运输概述

集装箱运输始于 1956 年 4 月的美国，当时一家叫作海陆运输（Sea Land）的公司将一艘 T-2 型油轮在航线上首航。试航 3 个月后，因其装卸速度快、装卸费用少、货运周转速度快、经济效益好等特点，受到货主的好评，从此集装箱运输在国际贸易中被广泛使用，并在 20 世纪 70 年代得到迅速发展。据有关学者统计，2021 年全球 100 大集装箱港口的吞吐量达到 6.76 亿标箱（TEU）。目前我国沿海港口集装箱运输的发展大体呈现三个区域：以香港、深圳为龙头的珠江三角洲地区；以上海、宁波—舟山为中心的长三角地区；以青岛、天津、大连为代表的环渤海地区。2014 年全球港口集装箱吞吐量前十的港口中，中国有 7 家港口入围。

集装箱（container）是指具有一定强度、刚度和规格，专供周转使用的大型装货容器。使用集装箱转运货物，可直接在发货人的仓库装货，运到收货人的仓库卸货，中途更换车、船时，无须将货物从箱内取出换装。

集装箱标准按使用范围分为国际标准、国家标准、地区标准和公司标准四种。

集装箱运输方式根据货物装箱数量和方式分为整箱（full container load，FCL）和拼箱（less than container load，LCL）两种。

集装箱的交接方式主要有四种：FCL/FCL、LCL/LCL、FCL/LCL、LCL/FCL，其中以FCL/FCL 交接效果最好，也最能发挥国际集装箱运输的优越性。

集装箱的交接地点有三类：发货人或收货人的工厂、仓库，集装箱堆场（container yard，

CY）和集装箱货运站（container freight station，CFS）。这些交接地点形成了集装箱运输中货物交接点的九种组合方式：门到门、门到场、门到站、场到门、场到场、场到站、站到门、站到场、站到站。

 小提示

国际标准集装箱是指根据国际标准化组织（International Organization for Standardization，ISO）第104技术委员会制定的国际标准来建造和使用的国际通用的标准集装箱。集装箱标准化历经了一个发展过程，国际标准化组织ISO/TC104技术委员会自1961年成立以来对集装箱国际标准做过多次补充、增减和修改，现行的国际标准为第1系列共13种，其宽度均一样（2438 mm），长度有四种（12 192 mm、9125 mm、6058 mm、2991 mm），高度有四种（2896 mm、2591 mm、2438 mm、<2438 mm）。

二、国际集装箱运输单证

20世纪80年代，我国各口岸基本上采用的是传统的货运单证。1990年12月5日，国务院第68号令发布了《中华人民共和国海上国际集装箱运输管理规定》，交通部又于1992年6月9日以第35号令发布了《中华人民共和国海上国际集装箱运输管理规定实施细则》，这样一来，我国各口岸的集装箱货物运输主要单证基本上统一起来。在集装箱货物进出口业务中，除采用了与传统的散杂货运输中相同的商务单证外，在船务单证中根据集装箱运输的特点，采用了空箱提交单、集装箱设备交接单、集装箱装箱单、场站收据、提货通知书、到货通知书、交货记录、卸货报告和待提集装箱报告等。现做一个简单介绍。

（一）空箱提交单（equipment despatch order）

空箱提交单又称集装箱发放通知单（container release order），俗称提箱单，是船公司或其代理人指示集装箱堆场将空集装箱及其他设备提交给本单持有人的书面凭证。

集装箱的空箱提交单一式三份，发货人或其代理人凭订舱委托书，接受订舱委托后，由船公司或其代理人签发，除自留一联备查外，发货人或其代理人和存箱的集装箱堆场或空箱储存场各执一联。

（二）集装箱设备交接单（equipment interchange receipt）

集装箱设备交接单简称设备交接单（equipment receipt，E/R），是进出港区、场站时，用箱人、运箱人与管箱人或其代理人之间交接集装箱和特殊集装箱及其设备的凭证；是拥有和管理集装箱的船公司或其代理人与利用集装箱运输的陆运人签订有关设备交接基本条件的协议（equipment interchange agreement）。

设备交接单分出场（港）设备交接单和进场（港）设备交接单两种，各有三联，分别为：管箱单位（船公司或其代理人）留底联；码头、堆场联；用箱人、运箱人联。

设备交接单位的各栏分别由管箱单位的船公司或其代理人，用箱人或运箱人，码头、堆场的经办人填写。船公司或其代理人填写的栏目有：用箱人/运箱人、船名/航次、集装箱的类型及尺寸、集装箱状态（空、重箱）、免费使用期限和进（出）场目的等。由用箱人、运箱人填写的栏目有：运输工具的车号；如果是进场设备交接单，还须填写来自地点、集装箱号、提单号、铅封号等栏目。由码头、堆场填写的栏目有：集装箱进、出场日期，检查记录；如果是出场设备交接单，还须填写所提集装箱号和提箱地点等栏目。

（三）集装箱装箱单（container load plan）

集装箱装箱单是详细记载每一个集装箱内所装货物名称、数量、尺码、重量、标志和箱内货物积载情况的单证，对于特殊货物还应加注特定要求，如对冷藏货物要注明对箱内温度的要求等。它是集装箱运输的辅助货物舱单。

集装箱装箱单每一个集装箱一份，一式五联，其中码头、船代、承运人各一联，发货人、装箱人两联。集装箱货运站装箱时由装箱的货运站缮制；由发货人装箱时，由发货人或其代理人的装箱货运站缮制。

（四）场站收据（dock receipt，D/R）

场站收据是由发货人或其代理人编制，是承运人签发的，证明船公司已从发货人处接收了货物，并证明当时货物状态，船公司对货物开始负有责任的凭证，托运人据此向承运人或其代理人换取待装提单或装船提单。它相当于传统的托运单、装货单、收货单等一整套单据，共有十联（有的口岸有七联）。其构成如下。

集装箱货物托运单两联：第一联，货主留底；第二联，船代留底。运费通知两联：第三联运费通知（1）和第四联运费通知（2）。第五联，装货单，即场站收据副本（1），包括缴纳出口港务费申请书附页。第六联，大副联，即场站收据副本（2）。第七联，场站收据正本。第八联，货代留底。第九联、第十联，配舱回单（1）和（2）。

（五）特殊货物清单

在集装箱内装运危险货物、动物货、植物货，以及冷冻货物等特殊货物时，托运人在托运这些货物时，必须根据有关规章，事先向船公司或其代理人提交相应的危险货物清单、冷藏货集装箱清单和动物货清单、植物货清单，或称为×××装货一览表。

1. 危险货物清单（dangerous cargo list）

危险货物的托运人在装运危险货物时，必须根据有关危险货物运输和保管的规章，如《国际海运危险货物规则》，事先向船公司或其代理人提交危险品清单。

危险品清单一般需记载以下一些主要内容：船名、航次、船籍、装货港、卸货港、提单号、货名、国际危规类别、标志、页号、联合国编号、件数及包装、货重、集装箱号、铅封号、运输方式和装船位置等。

2. 冷藏货集装箱清单（list of refrigerated containers）

冷藏货集装箱清单是装载冷冻货物或冷藏货物的冷藏集装箱的汇总清单。冷藏货集装箱清单由货运代理人或装箱人缮制。它记载的内容主要包括船名、航次、船籍、装货港、开航日期、卸货港、集装箱号码、铅封号、规格、提单号、货物名称、货物重量、箱重、总重和要求温度等。

3. 动物货清单（zoological cargo list）和植物货清单（botanical cargo list）

关于动物及其尸体、骨、肉、皮、毛和装载这些货物的容器和包装等货物和关于植物、种子、新鲜水果和装载这些货物的容器和包装等货物的进口,根据进出境动植物检疫法,需要由动植物检疫机构检查和批准方可进出口。

这些检查和进出口是由收发货人或其代理人来申请办理的,但船公司或其代理人必须在船舶卸货以前,按接受检疫的货物和集装箱,分别编制动物货清单、植物货清单提交给检疫机构。但是若不单独编制这种清单,也可用单独的舱单来代替。

(六)提货通知书(delivery notice)

提货通知书是船公司在卸货港的代理人向收货人或通知人(往往是收货人的货运代理人)发出的船舶预计到港时间的通知。它是船公司在卸货港的代理人根据掌握的船舶动态和装箱港的代理人寄来的提单副本或其他货运单证、资料编制的。

提货通知书只是船公司或其代理人为使货运程序能顺利进行而发出的单证,对于这个通知发出得是否及时,以及收货人或其代理人是否能收到,作为承运人的船公司并不承担责任,也就是说,承运人并不对此通知承担责任风险。作为进口商的货运代理人,为了保证进口货物代理的服务质量,也应主动与船公司的代理人联系,及早获取进口货物提货通知书,便于提前做好接卸进口货物的准备。

(七)交货记录(delivery record)

交货记录共五联:到货通知书1联,提货单1联,费用账单2联,交货记录1联。交货记录在船舶抵港前有船舶代理依据舱单、提单副本等卸船资料预先缮制。到货通知书除进库日期外,所有栏目有船舶代理填制,其余4联相对应的栏目同时填制完成。提货单盖章处由责任单位盖章,费用账单剩余项目由场站、港区填制,交货记录出库情况由场站、港区的发货员填制,并由发货人、提货人签名。

(八)其他单证

1. 卸货报告(outturn report)

卸货报告是集装箱堆场或货运站在交付货物后,将交货记录中记载的批注,按不同装载的船名,而分船编制的交货状态的批注汇总清单。船公司根据这一报告掌握货物灭失和发生损坏的情况,以便采取必要措施;同时也可作为收货人对货物灭失或损坏提出索赔时,船公司理赔的重要依据。不过,有些船公司不要求提交这一单据,而以交货记录作为理赔的依据。

2. 待提集装箱(货物)报告[report of undelivered container(cargo)]

待提集装箱(货物)报告是集装箱堆场或货运站编制并送交船公司的,表明经过一段时间尚未能疏运,仍滞留在堆场或货运站的重箱或货物的书面报告。据此,船公司或其代理人可向收货人及其代理人发出催提货物的通知,以利疏港和加速集装箱的周转。

实际业务中,船公司向收货人发出的到货通知书中,通常都有关于提货期限和对不按时提取货物将按规定对货物进行处理的规定。例如,有的港口在到货通知书上就明确规定:"根据海关规定,货物到港(站)14天内未能及时向海关申报,由此引起的海关滞报金,由收货人承担。""货物到港10天内未能及时提取货物,由此引起的港口疏港所发生的费用，由收货人承担。货物抵港 3 个月不提取，将作为无主货处理。"

 案例分析

案例一
我某进出口公司向香港一进口商出口一批货物，香港开来的信用证中的唛头为三角形中一个繁体的"东"字，我出口公司缮制唛头时使用了简体"东"字，结果遭到开证行的拒付，理由是唛头属于货物包装上的标志，原则上必须和指定的字体和符号相同，不得随意更改，后经开证行联系开证人方予付款，延迟收汇一个月。请评论这个事件给出口公司的教训。

【分析】必须按照信用证规定的唛头制作，否则单证不符，银行有权拒付。

案例二
我某外贸公司与澳大利亚客商签订一份销售合同，目的港为悉尼。由于单证员疏忽，制单时误填为墨尔本，以致进口货物到达该地。设想一下，这种疏忽会给我方带来什么经济影响？

【分析】制单错误，导致单证不符，银行和进口商会拒付，甚至会因为发错港口而无人认领，导致货物变成无主货物，被海关没收，我出口商银货两空。

资料来源：豆丁网．《国际贸易单证实务》案例汇编[EB/OL]．（2019-11-21） [2023-01-10]．https://www.docin.com/p-2278641626.html.

 本章小结

本章介绍了常见的进口单证和出口单证的种类及其含义，全面总结了航空、海运和集装箱运输单证的填报规范和注意事项，重点分析了信用证和汇票的区别与联系，详细介绍了报关报检业务单证及填制规范。

延伸阅读

制作虚假单证逃避海关监管

2022 年 3 月 14 日，某科技有限公司委托某报关有限公司，以一般贸易监管方式向海关申报出口 1 票货物，申报货物共 4 项，其中第一、二、三项货物申报品名为小四轮，申报商品编号为 8703101900，申报数量共计 129 辆，申报总价共计 34 950 美元。经海关查验，发现上述小四轮实际为全地形车，应归入商品编号 8703101100 项下，属于国家限制出口货物，出口需提交出口许可证。经查，陈某委托某科技有限公司生产并出口该票货物，某科技有限公司和陈某明知出口全地形车需提交出口许可证，在无法及时申领到所需出口许可证的情况下，制作虚假单证资料，向代理单位隐瞒真实货物情况，通谋以伪报品名的方式逃避海关监管，逃避国家有关进出境的限制性管理。当事人出口全地形车，为逃避海关监

管，将其申报为小四轮，经计核，上述 129 辆全地形车价值计人民币 22.18 万元，构成违反海关法律规范的走私行为。

【违反规定】

如上所述，上述当事人有违反海关法律规范的违规行为。

违反了《中华人民共和国海关法》第二十四条第一款之规定：进口货物的收货人、出口货物的发货人应当向海关如实申报，交验进出口许可证件和有关单证。国家限制进出口的货物，没有进出口许可证件的，不予放行，具体处理办法由国务院规定。构成同法第八十二条第一款第（一）项：违反本法及有关法律、行政法规，逃避海关监管，偷逃应纳税款、逃避国家有关进出境的禁止性或者限制性管理，运输、携带、邮寄国家禁止或者限制进出境货物、物品或者依法应当缴纳税款的货物、物品进出境的，是走私行为。《中华人民共和国海关行政处罚实施条例》第七条第（二）项之规定，违反海关法及其他有关法律、行政法规，逃避海关监管，偷逃应纳税款、逃避国家有关进出境的禁止性或者限制性管理，经过设立海关的地点，以藏匿、伪装、瞒报、伪报或者其他方式逃避海关监管，运输、携带、邮寄国家禁止或者限制进出境的货物、物品或者依法应当缴纳税款的货物、物品进出境的，是走私行为。

根据《中华人民共和国海关法》第八十二条第二款之规定，有前款所列行为之一，尚不构成犯罪的，由海关没收走私货物、物品及违法所得，可以并处罚款。根据《中华人民共和国海关行政处罚实施条例》第九条第（二）项之规定，有本实施条例第七条、第八条所列行为之一的，应当提交许可证件而未提交但未偷逃税款，走私国家限制进出境的货物、物品的，没收走私货物、物品及违法所得，可以并处走私货物、物品等值以下罚款。

海关决定对当事人做出如下行政处罚：没收走私货物 129 辆全地形车。

资料来源：源助企业管理咨询．作虚假单证逃避海关监管风险案例[EB/OL]．（2023-01-04）[2023-01-10]．https://mp.weixin.qq.com/s/ANi0LDBpLItco4PCNmd5fg．

本章习题

参考文献

1. 中国国际货运代理协会网，http://zizhan.cifa-china.com/cn/index.html.
2. 中国智慧物流网，http://56smart.com.cn/.
3. 中华物流网，http://www.zhwlw.com.cn/.
4. 中国物流与采购网，http://www.cflp.org.cn/.
5. 中华人民共和国商务部网站，http://www.mofcom.gov.cn/.
6. 中国国家铁路集团有限公司网，http://www.china-railway.com.cn/.
7. 中华人民共和国交通运输部网，http://www.mot.gov.cn/.
8. 中华人民共和国海关总署网，http://www.customs.gov.cn/.
9. 锦程物流网，http://www.jctrans.com/.
10. 中国国际海运网，http://www.shippingchina.com/.
11. 中国道路运输网，http://www.chinarta.com/.
12. 中国铁路货运网，http://www.zgtlhy.com/.
13. 中国航空运输协会网，http://www.cata.org.cn/.
14. 刘文歌，刘丽艳．国际物流与货运代理[M]．北京：清华大学出版社，2012．
15. 杨长春，顾永才．国际物流[M]．7版．北京：首都经济贸易大学出版社，2020．
16. 陈言国．国际物流实务[M]．2版．北京：清华大学出版社，2020．
17. 孙家庆．国际货运代理[M]．6版．大连：东北财经大学出版社，2021．
18. 杨志刚，邬丽君，汪媛媛．国际物流运输实务与法规指南[M]．北京：化学工业出版社，2014．
19. 中国国际货运代理协会．国际海上货运代理理论与实务[M]．北京：中国商务出版社，2020．
20. 中国国际货运代理协会．国际航空货运代理理论与实务[M]．北京：中国商务出版社，2020．
21. 中国国际货运代理协会．国际陆路货运代理与多式联运理论与实务[M]．北京：中国商务出版社，2020．
22. 中国国际货运代理协会．国际货物运输代理概论[M]．北京：中国商务出版社，2020．
23. 中国国际货运代理协会．国际货运代理理论与实务[M]．北京：中国商务出版社，2020．
24. 田振中，孙红霞．国际物流操作实务[M]．2版．北京：中国财富出版社有限公司，2022．
25. 王任祥．国际物流[M]．3版．杭州：浙江大学出版社，2021．

26．黄新祥，陈雅萍，施丽华．国际物流[M]．北京：清华大学出版社，2014．

27．孙秋菊．现代物流概论[M]．3版．北京：高等教育出版社，2020．

28．朱强．物流运输管理实务[M]．4版．北京：高等教育出版社，2020．

29．周启蕾，许笑平．物流学概论[M]．北京：清华大学出版社，2017．

30．王忠伟，庞燕．国际物流与供应链管理[M]．北京：中国商务出版社，2021．

31．张良卫．国际物流学[M]．北京：机械工业出版社，2019．

32．戴正翔．国际物流单证实务[M]．北京：清华大学出版社，北京交通大学出版社，2014．

33．盖地．税务筹划学[M]．3版．北京：中国人民大学出版社，2013．